丛书编辑◎重庆图书馆　丛书主编◎任　竞

图文双语境·文旅丛书

山水之城·美丽之地

巴风渝韵

话古今

邹克纯◎撰文

游　江◎绘

把重庆历史文化、自然风景解读给更多人，带到更大的世界去。

西南师范大学出版社
国家一级出版社　全国百佳图书出版单位

图书在版编目 (CIP) 数据

巴风渝韵话古今 / 邹克纯撰文；游江绘. — 重庆：西南师范大学出版社, 2021.4
(图文双语境·文旅丛书 / 任竞主编)
ISBN 978-7-5697-0743-4

Ⅰ. ①巴… Ⅱ. ①邹… ②游… Ⅲ. ①文化史-重庆 Ⅳ. ① K927.19

中国版本图书馆 CIP 数据核字 (2021) 第 051358 号

图文双语境·文旅丛书

巴风渝韵话古今

丛书编辑◎重庆图书馆　丛书主编◎任　竞
邹克纯◎撰文　　游　江◎绘

责任编辑	何雨婷
特约编辑	陈　涌　姚良俊
书籍设计	双安文化　向加明
出版发行	西南师范大学出版社
	网址　www.xscbs.com
	地址　重庆市北碚区天生路 2 号
	邮编　400715
经　　销	全国新华书店
印　　刷	重庆友源印务有限公司
幅面尺寸	175mm×175mm
印　　张	10.5
插　　页	1
字　　数	250 千字
版　　次	2021 年 4 月　第 1 版
印　　次	2021 年 4 月　第 1 次印刷
书　　号	ISBN 978-7-5697-0743-4
定　　价	68.00 元

编者的话

BIANZHE DE HUA

图文双语境·文旅丛书由五本书组成,即《重庆十八梯风情档案》《重庆城的老龙门阵》《大足石刻人文档案》《川江词典》《巴风渝韵话古今》。双语境,就是从文字与图画这两个方面所进行的行文表达模式。在双语境中,不仅文字是作者情志的表达途径,图画也是与文字相偕而行的表达符号。这种图文双语境也是一种双向补充,是对文本内涵和意蕴的双向拓展,从而使读者获得更为交汇融合、意蕴深邃的阅读效果。

本丛书从各自的角度对重庆悠久的历史与美丽的自然风光进行了深入反映。重庆丰富灿烂的文化与深厚的历史底蕴是经过漫长的时间历练而来的。一方面,巴渝文化不仅是组成中华文明的要素之一,而且在现代以卓越的形态绽放出了新的风米;另一方面,重庆的自然风光、城市景观可谓是美幻迭出。如果说主城区的魔幻 D+ 城市景观是科学技术与重庆特有地理条件超越性融合的巧妙展现,那么周边区县的风景名胜则为这一构筑思想的天然延续空间,假以时日,这种美致的城市空间形态必将进一步扩大,那些镶嵌在各处的风景名胜必将在新重庆的城市形态下得到彰显,焕发出新的巴渝神韵。

本丛书以"一座城——'十八梯',一条江——'川江',一座山——'大足石刻',摆'老龙门阵'"为主线,绘出了数千年的"巴风渝韵"。每本各有侧重,其大致情况如下:

第一,《重庆十八梯风情档案》是山城重庆街市风貌与民俗风情的生动反映。"十八梯"可以说是巴渝文化、重庆人文风情的生动缩影。随着城市化的发展,"十八梯"将以全新的面貌呈现在人们面前,《重庆十八梯风情档案》就是在这一历史性的场景之下走进了人们的视野。本书以丰富的图片将"十八梯"的变化过程生动地体现出来,让人们对"十八梯"的前世今生有了清晰的认识,令人印象极为深刻。

第二,"龙门阵"一般侧重于对一个地方市井里弄的传说或民俗等进行描写。本丛书中的《重庆城的老龙门阵》自然并未从这一叙述传统中跳脱开来,但以小见大、见微知著的宏大叙事则是其另一个述写的动机。

第三,《大足石刻人文档案》以"硬处着笔,冷处着眼"的方式展开:历经数千年,我们仍能从冷厉而不失柔和的刻线与缝隙中感悟到巴渝佛教文化的圭臬。从本书中,我们看到的不仅是仙风与神格,而且更有万千姿态的人生故事。遍观大足石刻,无论是"五山"那些典型的摩崖造像,还是各处的碑文铭刻,都能让我们领略到"儒释道"三教融合的文化轨迹,窥得巴渝之地源远流长的文化融合与创新。

第四,"川江"自然指的是长江上游河段,因为这部分河段大部分都处于原四川境内,所以被称作"川江"。故此,《川江词典》就是从长江上游河段这一地理空间下的时间视角对此间发生的很多故事的记述或回顾。从巴渝文化的探索来看,这不失为一个不可多得的角度,从河流入手来挖掘渔猎起家的巴文化,进而从中发现巴渝文化的发展脉络与路径。

第五,《巴风渝韵话古今》从对一条条石板路、一个个残留的城垣的研判中展开:在变迁的时空中,"巴风渝韵"似乎已从耳畔唇边溜走,或者藏匿在了新的城市轮廓之中,但冷不丁地我们仍然能从迅疾变幻的时空中捕捉到一些痕迹,甚至从那些迅疾变化的时新潮流中获得一些灵感,来构筑新的巴渝风采。这些自然要从人们所熟知的"展言子"说起,更要从人们每日离不了的渝菜来回味,等等。如此,我们方能觅得巴渝文化的灵魂,获得巴渝风韵的精髓,进而总领出新时代巴渝文化可能的发展趋势与方向。

总之,在探索巴渝之大美的过程中,我们不仅要从巴山渝水的自然风光、民俗风情中来勾勒出集体无意识中的巴文化印象,更要在动态不居的重庆味道与魔幻D+的城市轮廓中辨析出巴渝文化的符号密码。如此,方能成就"行千里,致广大"的山水之城,美丽之地。

序言（邹克纯）

XUYAN

  重庆是一座地域特征极为鲜明的城市，因而在历史上产生了诸多独特的城市别名。不过对于土生土长的重庆人来说，喜欢的故乡称呼还是"山城"或者"雾都"。就是这个"雾都"的美名，于2017年又大大地火了一把。爱奇艺网站举办了中国首档hip hop大型选秀节目《中国有嘻哈》，一个叫GAI爷的重庆崽儿在表演中扯起喉咙劲爆爆喊了一嗓子"勒（这）是雾都"，这句Rapper唱词便迅速蹿红。一时间，四面八方、南腔北调的人都在扯着喉咙人吼"勒（这）是雾都"！

  历史上的重庆，主要指母城渝中半岛。这是一座地处四川盆地东南缘的山城兼江城，半岛两江夹峙，水气十分充沛，而四围群山环抱，静风频率大，又致使蒸发的江水不易扩散，潮湿空气常处于饱和状态，常常凝结成雾。正因为重庆多雾，方才赢得了"雾重庆""雾都"之美誉。跟世界上著名的"六大雾都"相比较，东京年平均雾日约55天，安卡拉约80天，伦敦约94天，重庆则约104天。

每逢雾季，山城上空浓雾弥漫，就像罩上了一层天然的防空网。据说，抗日战争时期连前来轰炸的日本飞机对重庆的雾也忌惮三分。而趁着雾季日军空袭减弱之机，陪都文化界会重新活跃起来，在各大影院、戏院里连续放映电影或演出戏剧，谓之"雾季公映"。其时有一出招引来众多粉丝的话剧，剧名就叫作《雾重庆》。

故乡重庆的雾自幼便深深地留在了我的印象里。环城而过的长江与嘉陵江昼夜奔流不息，漫漫水气升腾起来，依山而建的吊脚楼，层层叠叠的万家灯火，便全都沉浸在茫茫雾色之中，远山也融入迷迷蒙蒙的画境，汽车亮着灯在白雾笼罩的盘山道上穿梭。秋冬之际雾愈浓，早晨有雾，中午有雾，晚上也有雾，阳光似乎披上了一层薄纱。大雾遮天蔽日之时，人在雾中行走能见度仅几米，更是汽车停驶，轮船封渡。从前的那雾，那江，那山，那吊脚楼……真是充斥着谜一样的色彩，于是有人喟叹："重庆，是个让人看不清的城市。"

如今重庆的雾已经减少了许多，或是因为钢筋水泥建筑增多了，抑或人烟稠密的缘故，也不知此说科学与否。但我由此联想开来，恰如这座城市从前的云遮雾绕一样，重庆乃至巴渝地区过往的历史、文化也仿佛被包裹在了重重的迷雾之中。

考察史料文献可见，元代以前留存的巴渝地方文献资料零星而分散。以重庆主城为核心编修并流传下来的七部地方志全是明代以后的，即明成化《重庆府志》（残本）、明万历《重庆府志》（残本）、清道光《重庆府志》、清乾隆《巴县志》、清同治《巴县志》、清光绪《巴县乡土志》和民国《巴县志》。即便元以后，巴渝地区乃至整个四川盆地也依旧很不宁静，元末、明末接踵发生了两次严重的兵燹战乱和大规模的移民运动，使得明清以降留存的巴渝文献资料也同样极为有限。巴县知县王尔鉴于清乾隆十六年（1751年）开始纂修《巴县志》时就感到颇为吃力，他曾在"县志序"中感慨："巴渝郡县百余年无《志》。"可是王尔鉴也不会料到，从他于清乾隆二十五年（1760年）修成"王志"，到清同治六年（1867年）再次修《巴县志》，这中间居然又空白了一百零七年。

如此之巴渝历史记载，自然难免会让人"看不清"，会让人感觉"巴渝无文化"了。但是，历史资料被湮没、被遗忘，却并不等于"没有历史"或者"历史灭亡"。我们需要做的，恰恰是拨开历史的迷雾，去重新探寻、梳理，还巴渝历史文化一个清晰的面貌。又有人说："即便有过巴渝文化，有许多也是在四川境内而非重庆境内。"这其实也是一种误解，历史上阶段性的重庆行政区划与巴渝文化区域是两个不同的概念。事实上，还有许多古巴渝遗迹至今仍在现在的重庆范围之内。

解读巴渝文化的一个重要内容，是解读重庆这座城市的历史文化。那么城市文化又是什么呢？简要地概括，就是人类进化到城市生活阶段的产物，是人类在城市中创造的物质和精神财富的总和，是城市的人格化表现，是人类城市生活的空间化表述。

文化，是城市的灵魂。作为人类生活的聚落形态，是地域赋予了城市文化的基本底色，形成城市文化的原初积淀，恰如俗语所云："一方水土养一方人，一方人创造一方文化。"亦即"江南佳丽地，金陵帝王都"之义。具体说到重庆这座城市，我以为可以概括出这样三个最根本的文化形态来，就是山水文化、移民文化和码头文化——山水文化是其根，移民文化是其魂，码头文化是其形。

从某种意义上说，成功的城市都是有文化的城市。一旦城市文化物化为城市独具特色的文明，内化为一种催人奋发的城市精神，就会蝶变为一种无以估量的价值力量。城市文化建设甚至比城市的经济发展更加重要——经济可以复制，文化无法克隆。正是基于这一点，美国前总统克林顿曾如是说："北京如果想变成纽约，100年就可以了；但是要把纽约变成北京，1000年也做不到。"

在我们这个文明古国里，古代名城可谓浩若烟海，但是经不住历史长河的逝水冲刷，或沦为无足轻重的小地方，或连遗址也不复存在，历经数千年风雨沧桑而不衰落的城市真是屈指可数，而重庆恰恰就属于这凤毛麟角，至今仍是大城市。仅凭这一点即可以毫无愧色地说，重庆城市文化非但不是"没有"，反倒是源远流长，博大精深，瑰丽多姿。重庆城市历史文化的溯源、探寻、梳理、重构，乃是一件时不我待的事，是一个赖以助推重庆可持续发展的重要问题。

跟重庆城市文化研究比起来，上溯探究远古巴文化则显得更加扑朔迷离。不过，尽管目前田野考察实物与文献史料记载都较为有限，但是历经考古工作者们五六十年来的辛勤研究，也并非全然无迹可寻。有一学术观点认为，早在距今5000至4000年前的新石器时代末叶，远古巴文化的主体就已经在大三峡的山地中落地生根，包含山地文化、巫文化、盐药渔文化、尚武文化等诸多内容，具有极其独特的地域文化色彩。

在研究巴文化的时候，厘清其与蜀文化的联系与区别是必要的。

在漫长的历史阶段里，"巴"与"蜀"都被

视为一体存在,早已形成一种水乳交融的关系,共称"巴蜀文化"。直至20世纪50年代,有人单独提出"巴文化"的概念,让许多人一时难以接受。的确,将巴蜀文化草率地割裂开来是不妥的,譬如一个文化现象"川剧",你若硬要将其改称为"渝剧"或"巴剧",那只会贻笑大方。

但是,从上古迄今巴文化与蜀文化的差异也是实实在在存在的。在史前与上古时期,形成于盆地东部的巴文化和盆地西部的蜀文化,确实各自具有山地文化与平原文化的不同特征。举个例子来说,吊脚楼就是远古巴人独传的山地干栏式建筑。在秦统一之前,"巴"与"楚"皆傍依三峡而生,共以巫文化作为文化纽带,其时巴文化与楚文化的共同点倒显得要更多一些;而凭借着四川盆地逐渐融汇、成为一体的"巴蜀文化",主要发生在秦灭巴蜀以后。就是到了今天,以重庆为核心的地区所形成的刚性文化和以成都为核心的地区所形成的柔性文化,那色彩差异也依旧十分明显。

文化是有生命的。纵观绵延数千年的巴渝族群演绎史与重庆城市发展史,不管是依山傍水的吊脚楼,遍布巴渝各地的制盐场,还是大足石刻、钓鱼城,抑或李杜等文人吟咏巴山渝水的诗篇,战时"陪都",直至今日构建的独步天下的"桥都",处处透露着巴渝基因世代承袭的痕迹。

可喜的是,近几十年来一些有识之士已经开始着手整理、编纂巴渝历史,探究巴渝文化及重庆城市文化,笼罩于过往的迷雾亦将随之一点点散去。同时,普及巴文化的另一条腿也得迈开。目前,大众急需一种易读易懂、且善且美、亦雅亦俗的巴渝文化读物。巴渝文化研究终究得从象牙塔里走出来。

我出生在重庆,自幼在爬坡上坎儿中生活,在长江、嘉陵江中击水嬉戏,在大街小巷充满历史韵味的街名前品玩,故乡之恋早已变成一种浓得化不开的情结,对巴渝文化有一种挥之不去的兴趣。于是,这些年在阅读相关文字之际,便时断时续地写下了一些关于巴渝文化的札记;经过一段时间的耙梳、整理、归纳、品析,便集成了一篇篇的随笔。

这些散淡轻灵的文字,不是学术论文,亦非教科书,只是草根式的闲聊,有一些历史知识,也有一些文学趣味。我关注历史,更关注文化,试图以另辟蹊径的新鲜视角,以读、品、悟的方式,去探寻云遮雾绕的文化点滴遗踪。

子曰:"下学而上达,知我者其天乎!"此或可权充作一部巴渝文化通俗事典,与"正经文章"共收互补之功,亦未可知。唯愿读者诸君在闲暇轻松的阅读中能有一二得。

目录

MULU

编者的话
序　　言

溯源篇

神秘的远古巴人 ·· 003
雄起之邦 ··· 009
夷城钩沉 ··· 015
巴子五都 ··· 021
一个连接江与河的先民族群 ······························ 029
盆地缘　巴蜀情 ··· 038

母城篇

古城重庆觅旧痕 ··· 057
山上长出的城 ·· 063
地名背后的重庆（上）··································· 072
地名背后的重庆（下）··································· 079

时常是掩埋死者的地方。城楼上的巨手雕塑为纪念"一九二七年"三·三一"惨案"而立，以示川军阀镇压重庆民众的罪证。

城墙于二零零五年拆除旧身，现为墙北侧。保存古渝州最为完整的古城木墙。

图二 尊二年现场写生,二零一二年冬月十九锦制尧砥

王长年子月张明亮烟制

吊脚楼情思⋯⋯⋯⋯⋯⋯⋯⋯⋯⋯⋯⋯⋯⋯⋯⋯⋯⋯⋯⋯⋯⋯⋯⋯⋯⋯⋯⋯⋯⋯⋯⋯ 086
"洋房子"风云⋯⋯⋯⋯⋯⋯⋯⋯⋯⋯⋯⋯⋯⋯⋯⋯⋯⋯⋯⋯⋯⋯⋯⋯⋯⋯⋯⋯⋯ 092
中国的桥和"桥都"⋯⋯⋯⋯⋯⋯⋯⋯⋯⋯⋯⋯⋯⋯⋯⋯⋯⋯⋯⋯⋯⋯⋯⋯⋯⋯ 099

文脉篇

说　巫⋯⋯⋯⋯⋯⋯⋯⋯⋯⋯⋯⋯⋯⋯⋯⋯⋯⋯⋯⋯⋯⋯⋯⋯⋯⋯⋯⋯⋯⋯⋯ 119
盐巴里的巴文化⋯⋯⋯⋯⋯⋯⋯⋯⋯⋯⋯⋯⋯⋯⋯⋯⋯⋯⋯⋯⋯⋯⋯⋯⋯⋯⋯ 127
独具风貌的山水城⋯⋯⋯⋯⋯⋯⋯⋯⋯⋯⋯⋯⋯⋯⋯⋯⋯⋯⋯⋯⋯⋯⋯⋯⋯⋯ 134
移民长歌⋯⋯⋯⋯⋯⋯⋯⋯⋯⋯⋯⋯⋯⋯⋯⋯⋯⋯⋯⋯⋯⋯⋯⋯⋯⋯⋯⋯⋯⋯ 144
码头、袍哥及其他（上）⋯⋯⋯⋯⋯⋯⋯⋯⋯⋯⋯⋯⋯⋯⋯⋯⋯⋯⋯⋯⋯⋯⋯ 153
码头、袍哥及其他（下）⋯⋯⋯⋯⋯⋯⋯⋯⋯⋯⋯⋯⋯⋯⋯⋯⋯⋯⋯⋯⋯⋯⋯ 160

风俗篇

闲聊重庆话⋯⋯⋯⋯⋯⋯⋯⋯⋯⋯⋯⋯⋯⋯⋯⋯⋯⋯⋯⋯⋯⋯⋯⋯⋯⋯⋯⋯ 177
重庆的味道（上）⋯⋯⋯⋯⋯⋯⋯⋯⋯⋯⋯⋯⋯⋯⋯⋯⋯⋯⋯⋯⋯⋯⋯⋯⋯⋯ 185
重庆的味道（下）⋯⋯⋯⋯⋯⋯⋯⋯⋯⋯⋯⋯⋯⋯⋯⋯⋯⋯⋯⋯⋯⋯⋯⋯⋯⋯ 193
巴风渝韵　乡愁依依（上）⋯⋯⋯⋯⋯⋯⋯⋯⋯⋯⋯⋯⋯⋯⋯⋯⋯⋯⋯⋯⋯⋯ 202
巴风渝韵　乡愁依依（下）⋯⋯⋯⋯⋯⋯⋯⋯⋯⋯⋯⋯⋯⋯⋯⋯⋯⋯⋯⋯⋯⋯ 209
门外观戏⋯⋯⋯⋯⋯⋯⋯⋯⋯⋯⋯⋯⋯⋯⋯⋯⋯⋯⋯⋯⋯⋯⋯⋯⋯⋯⋯⋯⋯⋯ 216

插件：游江画重庆

山城的风景与从前的生活⋯⋯⋯⋯⋯⋯⋯⋯⋯⋯⋯⋯⋯⋯⋯⋯⋯⋯⋯⋯⋯⋯⋯ 045
我和别人的故乡⋯⋯⋯⋯⋯⋯⋯⋯⋯⋯⋯⋯⋯⋯⋯⋯⋯⋯⋯⋯⋯⋯⋯⋯⋯⋯⋯ 109
游江住在磁器口⋯⋯⋯⋯⋯⋯⋯⋯⋯⋯⋯⋯⋯⋯⋯⋯⋯⋯⋯⋯⋯⋯⋯⋯⋯⋯⋯ 165
重庆的女人⋯⋯⋯⋯⋯⋯⋯⋯⋯⋯⋯⋯⋯⋯⋯⋯⋯⋯⋯⋯⋯⋯⋯⋯⋯⋯⋯⋯⋯ 227

通远门,位于重庆渝中区金汤街中段,是古渝州十六公里方城门中唯一一座通陆路的城门。"通远"之意,即通向远方之意。城内第一条街取名"金汤街"。"金汤"即"金城汤池"之意,有固若金汤、城墙坚防之期。

● 通远门,金汤街(烙画) 张明志©作

● 渝中半岛（烙画） 张明志©作

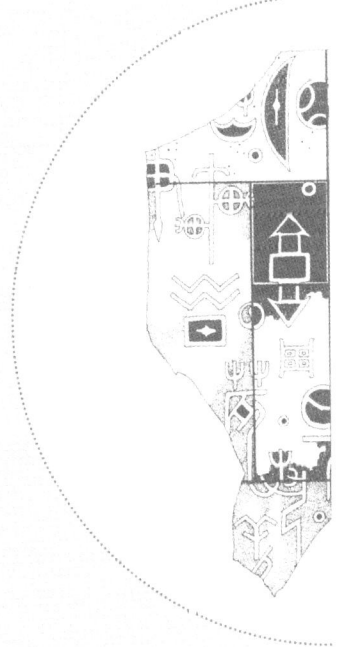

溯源篇

BAFENG YLYUN HUA GUJIN
SUYUAN PIAN

闲来瀹盏茶，凝目叩乡音。
浓浓巴人意，悠悠桑梓情。
寻章读品悟，掩卷乐哀嗔。
灯下一毫墨，遥追千古魂。

神秘的远古巴人

一

远古巴人,是在一种半传说的氛围中展开自己的故事的。有人认为,既然是缥缈的传说,历史价值就不会有多大。我却不这样看!世界上哪一个民族的远祖又不是先与神话、传说结缘,方才进入"规规矩矩"的历史的呢?这一点恰恰证明了巴人历史的久远。

了解远古巴人得说到甲骨文,最早的巴人故事就藏在甲骨文里。而要谈甲骨文,又得先谈谈一个叫王懿荣的人。王懿荣是清末光绪年间的国子监祭酒,也是一位著名的金石学家。所谓"国子监",乃中国古代(自隋以降)教育部与中央官学的一个综合体;"祭酒"则是国子监的头号官员,相当于当今社会"主管""首席"之称谓。提到研究甲骨文的著名学者,很多人会立刻想到民国时期的"甲骨四堂"(雪堂罗振玉、观堂王国维、鼎堂郭沫若、彦堂董作宾),其实号称"东怪"的王懿荣涉足甲骨文比他们都早,他才是中国近代发现和研究甲骨文的第一人，因而被誉为"甲骨文之父"。

王懿荣发现甲骨文的传说有好多个版本。清末刘鹗的《铁云藏龟·自序》云："庚子岁有范姓客，挟百余片走京师，福山王文敏公懿荣见之狂喜，以厚价留之。"这位金石学家之所以"狂喜"，是因为他惊讶地发现，河南商人携来的名曰"龙骨"的中药材上有许多刻痕绝非天生的纹路，它们之间似乎存在着某种联系。王懿荣把大大小小的"龙骨"拼接到一起，居然拼成了两三块儿类似龟板的东西，并且辨认出上面刻着"日、月、山、水"等象形文字。之后，王懿荣继续考察、琢磨，借助《周礼·春官》《史记·龟策列传》等史籍，最终推断出这些所谓的"龙骨"都是商代先民用来祭神占卜的龟板，"至其文字，则确在篆籀之前"。后来证实，它们出土于河南安阳殷墟，也就是商朝的都城遗址。

这是一次非同寻常的发现，"龙骨"上的刻痕就是迄今为止发现的最古老的中国文字，史学界称之为"甲骨文"。如果说，钻木取火标志着人类告别了茹毛饮血的野蛮岁月，那么文字的出现，则意味着人类走出了结绳记事的洪荒时代。甲骨文的发明，无疑是照亮中华古老文明的一盏明灯。

根据郭沫若先生主编的《甲骨文合集》，就在这些久远的甲骨卜辞中已经出现了"巴方"的字样，比如"令妇好从沚伐巴方"之类。这个"巴方"，也许就是有关巴人、巴国最早的文献记载。接下来，《山海经》《世本》《后汉书》《水经注》《晋书》《太平广记》和《华阳国志》等典籍均记录了上古巴人点点滴滴的活动踪迹。综合诸多典籍记载与传说来看，巴人大约在夏代就已完成了部族联盟，还参与过夏禹治水等活动，进而脱离了穴居，修筑了城市。甲骨卜辞言及的"巴方"，应该就是《山海经·海内经》说的"西南有巴国"。有学术观点认为，巴人最早的"国家"建立在长江三峡的末端，今日湖北与重庆的交界处。

之所以叫作"巴方"，应该跟夏商两代实行的方国制度有关。有学者将夏商时的政体称作"联合城邦制"：王畿周边的邦国称为"国"，如虞国、芮国、阮国、崇国、苏国、九国、鄂国、莘国等；偏远地区的部族则称作"方"，如人方、羌方、鬼方、土方、巴方等。如《易经》载："高宗（武丁）伐鬼方，三年克之。"

武王灭殷之后，西周另行分封制，分别将王族、功臣、姻亲以及一些殷商投降贵族分封到四面八方去建立诸侯国，这中间就包括了"以其宗姬封于巴"(《华阳国志·巴志》)。同时又做了一项规定,偏远地区的分封国不论大小,爵位皆不能超过子爵,名曰"子"国,即所谓"远国虽大,爵不过子,故吴、楚及巴皆曰子"(《华阳国志·巴志》)。以此之故,西周时期的"巴方"又被称为"巴子国"。

从春秋末叶至战国,是巴国的鼎盛时期。据晋代常璩《华阳国志·巴志》记载,其时领土覆盖面甚为广阔,东至鱼复(今重庆奉节及湖北西南一带),西至僰道(今四川泸州、宜宾一带),北接汉中(今陕西汉水流域),南极黔涪(今重庆黔江、涪陵一带)。

这里需要指出一点,"巴"是一个复合概念,其内涵和外延都十分复杂,包含了地、族、人、国、文化等多个层次。本文所言及的"巴文化",不仅指从夏代巴国建立到战国末秦灭巴国这一过程里的方国文化,同时也指巴渝地区的一种地缘文化,它上可溯及巴渝地区石器时代的人类活动遗迹,下可绵延至今日重庆及其周边的地域文化现象。

经过数千年的盛衰兴替、深刻变化,远古巴人的许多因素都已被历史的浪潮冲刷、淹没,但其基本文化形态、人文精神和民俗风情,却在这块儿土地上长期根植、繁衍,积淀为传统,并借以区别于其他各种各样的地域文化。

二

关于巴人的起源及其早期发展历史,史学界一直存在着纷纭的争论。

前文谈到的"巴"地域广阔,星罗棋布于其上的众多远古部落,自然就呈现出千差万别的状态。他们虽都打着一样的"巴"字旗号,实际上却各属于不同血统的氏族,"此巴非彼巴"。

对于这个问题或者应该这样看:一个原始部族共同体的形成,往往不止一个部落,这是一个基本现象——只有一个部落反倒不可思议;而且,巴人的迁徙流动性很大,分散的居住方式决定了其组织结构也松散,由是形成一个松散的部族联合体,也是顺理成章的事儿。正如管维良先生在《巴族史》中指出的:巴人"氏族林立,部落棋布"。董其祥先生也谈到,巴人部族有合川的濮、阆中的賨、南充的充、奉节的鱼、渠县的卢、巫山的巫蜑、秭归的夔、云阳开县的彭、涪陵的枳等。即便在巴郡南郡蛮的内部,最初也有巴、樊、瞫、相、郑五姓,板楯蛮内部则有罗、朴、昝、鄂、庹、夕、龚七姓。后来建立的巴国与巴人部族同理,对此《华阳国志·巴志》就有记载:巴国"其属有濮、賨、苴、共、奴、獽、夷、蜑"八族。

关于先秦巴人的起源,学界众说纷纭,诸如甘南天水说、陕南汉水说、长阳清江说、三峡巫山说、鄂豫丹江说、湘北岳阳说等。仅巫山说就出现了两种解释:一说认为,巴人源起于新石器时代的大溪文化;另一说则认为,大溪文化先孕育的是直系后裔"巫人"("巫蜒"或"巴蜒"),之后演化成了"巴人"。

被论及较多的巴人部落则有四支:宗姬巴、板楯巴、廪君巴和枳巴,分别活动于汉水、渝水、夷水和枳水。不妨对此做一点联想,他们似乎恰好分别属于华夏族、賨族、蜒族和獽蜒族。

先来说说宗姬巴。周灭商以后分封了七十一个诸侯国,陕南汉水上游的安康一带属于分封诸侯国之一,被称作巴子国,敕封到那里的姬姓宗人也就被称作了宗姬巴。但前文已经说过,西周时候的"巴子国"并非最早的巴国。《华阳国志·巴志》记载:"周武王伐纣,实得巴蜀之师。"可见周以前巴国就已经存在,只是"武王既克殷,以其宗姬封于巴,爵之以子",从前的巴国改称了巴子国而已。

顺带说说"汉水上游",英国剑桥大学李约瑟博士很重视这个地段对于华夏文明的孕育作用。他在《中国科学技术史》一书中说道:"汉水上游是古代世界的盛地,因为汉水发源于秦岭南麓,从这里有道路通往渭河流域,北面的关中地区和西南面的四川地区。因此在整个中国的历史上,汉水流域是长江流域和上述几个地区之间的著名通道,同时也是古老华夏文明的源头地。"

枳巴,指的是活动于枳(今涪陵)一带的巴人。枳,位于四川盆地东部长江和乌江的交汇处。因此地留下了大量的巴王陵墓,古时的乌江又称涪水,所以后来"枳"就取了个新的名儿叫作"涪陵"。但枳巴也不是巴人的源头,很可能和廪君巴同属一脉。商周之际,廪君巴西入三峡,都城随之迁到了枳(涪陵),由是才产生了"枳巴"这么个新称谓。

板楯巴,生活在渝水(嘉陵江)中游及渠江沿线,其核心区域在四川盆地的东北部一带,也被称作板楯蛮或者賨人。这支巴人很古老,巴国晚期阆中还曾是都城,但学界并未判定这里为巴人的源头。

当然，以上所述巴人的来源及其支系全都带有一定的假说性质，权且当作陈述一些资料，以供读者诸君们做见仁见智的思考吧。只是想把"甘南天水说"和"长阳清江说"挑出来着重谈一谈，着重谈一谈"廪君巴"。

史学界有一种观点认为，有一支巴人是由黄河流域辗转迁徙到长江流域来的。传说这个巴人部族在夏以前原本居住在甘肃南部的渝水（嘉陵江）上游，后来才东迁到了渝鄂交界处的湖北长阳，在长江支流夷水（湖北境内的长江支流清江）滨驻卜脚来，散落居住在武落钟离山的石穴里。因为其首领称作廪君，所以族群就称了"廪君蛮"；又传说廪君死后化作了白虎，所以也叫"白虎夷"；史籍上的惯常称谓则叫"巴郡南郡蛮"。商周时期，廪君巴继续溯长江西上，逐渐征服、融合了长江流域和渝水（嘉陵江）流域的其他巴人部族，这才真正形成了有着共同疆域、共同语言和共同文化的"巴人"。

这一观点反映出一个有趣的现象：从一些史料记载及民间传说看，宗姬巴的活动范围在黄河流域，枳巴和板楯巴的活动范围在长江流域，而廪君巴的踪迹则横跨了黄河流域和长江流域，似乎体现着两河文化的交汇、交融。当然，巴人于两河流域的迁徙目前也依旧是传说成分居多，并非信史或定论。

另一个有趣的现象，巴人的早期活动似乎涉及嘉陵江。板楯巴生活在嘉陵江中游；廪君巴最早也生活在嘉陵江的上游，尽管他们顺着黄河、长江转了一大圈，终究还是转回了嘉陵江。对此我们除了感慨冥冥中的天意，也得到了这么一点领悟——嘉陵江似乎在上古就已是连接两河文化的一条奇特通道。

总而言之，远古巴人的迁徙就已经贯通了中华大地的两条母亲河——黄河与长江，并且巴人与中原部族还拥有共同的先祖（比如伏羲、夏禹等）。这些都是十分有趣的问题，后文会专章述及。

三

在中华民族的历史上，远古巴人的确创造了一系列辉煌灿烂的文化，但令人疑惑的是，公元前316年秦灭巴以后，巴人似乎突然间"消失"了。传说，东汉末年的曹植就已经弄不太清楚巴人的情况了。巴人之"消失"，便成为考古学家们一直苦苦探索的课题。

巴人与巴文化"消失"，应是一种历史的误读。秦灭巴只是消灭了巴国，史籍上并无秦人大肆屠戮巴人的记载，更不要说灭绝巴人了。那么，秦汉以后的巴人到哪里去了呢？我想，巴人的去向可能有两种情况：

其一，秦统一天下的过程，也就是强势的中原文化覆盖弱势文化的过程，其中当然也包括了巴文化。在秦始皇"车同轨、书同文"的文化政策笼罩之下，原巴国中心地区的文化被大量覆盖，其地的巴人也逐渐被同化。这就是秦末汉初以来巴文化消失于史书记载的重要原因之一。

但是，巴人在文字记载意义上的"消失"，并不等于作为一个族群以及该地域文化的"消失"。以重庆为中心的川东地区至今仍保持着极富独特个性的巴渝地方文化色彩，这是一个事实。换一个例证来说，楚国被秦国灭亡以后，也并未阻断荆楚文化与三湘文化的传承。

其二，在秦汉之际及以后的长期发展中，巴人辗转迁徙，分散于渝东、川北、鄂西、黔东、湘西等山区，逐渐与其他族群融合为巴賨、巴氏、巴濮、五溪蛮等。

延续至今的土家族人，大多数学者公认他们是巴人的后裔。土家族主要分布于湘鄂渝黔毗连的武陵山地区，史籍中先称他们为"土人""土民"，到清末时地方志中开始使用"土家"的名称。

在原巴国较偏远的地区，也有相对纯粹的巴人后裔延续着香火。比如20世纪70年代，三峡悬棺里发现了一只陪葬的青花瓷碗，这一考古发现便雄辩地证明了巴人在秦汉以后的延续。至少说明，直至明代中叶峡江地区仍有巴人后裔在生活，因为悬棺葬是巴人葬俗中一种极具代表性的形式，而青花瓷特殊的烧制工艺又形成于明代中期。

诚然，远古巴人的神秘踪迹以及去向扑朔迷离，诸多典籍史册记载充斥着浓郁的神话传说色彩，而非严格的历史，但并不妨碍探讨下去。因为，先人的文墨中透露出了一个不容忽视的重要事实：在中华民族古老的文明中，确确实实闪现着巴文化的身影；且远在上古三代时期，巴人就已经"土植五谷，牲具六畜"（《华阳国志·巴志》），巴文化就已经颇具形态了。

拉拉杂杂谈了这么多，就是想表述一个观点，远古巴人是中国的先民部族之一，这是毋庸置疑的。

雄起之邦

一

外地人提到重庆，多半会联想到那个著名的重庆方言词：雄起。其实这个词不仅仅流行于重庆，在整个四川盆地流传也甚为广泛。而随着1994年中国首个足球甲A联赛在成都拉开序幕，"雄起"之声更是从此传遍了大江南北、长城内外。

"雄起"的具体含义是什么，争论颇多。在规范的汉语标准语和八大方言体系中，这一类型的词倒也见得着，诸如雄视、雄踞、雄霸、雄图云云，但它们作为动词使用时都是及物动词，唯独"雄起"是个不及物动词，咀其义，呼其声，那味道与气势都完全不同。用大白话说，重庆方言"雄起"的本义就是"勃起"，是个十足的"骚言子儿"，后来才引申出了挺住、拼搏、抗争、加油等意思。这倒和古语词"雄飞、雌伏"对应之义相近，正所谓"大丈夫当雄飞，安能雌伏"也！

为"雄起"这个词的归属权，川渝两地还起过一番争执。可以肯定地说,"雄起"是重庆人发明的。两千年前常璩在《华阳国志》里就说了:巴族"其民质直好义,土风敦厚……而其失在于重迟鲁钝,俗素朴,无造次辨丽之气";而蜀人则"君子精敏,小人鬼黠"。啥意思呢?简单说就是巴人耿直好斗,蜀人工于心计。川西是"蜀文化"母土,文化色彩带柔,男人说话的口音都有些哆:"端端走,抵拢倒拐。"连成都人自己都说,喊起口号来都"母兮兮"的。而从"巴文化"里走出来的重庆就大不同了,女人身上也隐射着巴人先祖的雄毅气质。重庆女人虽说大多容颜姣好,可举手投足间却总带三分男子气概,在重庆女人身上,温柔实属稀罕之物。故此,只有当你用浊重的重庆腔调呼喊"雄起"并配以刚健的肢体动作时,那才显得出"雄起"的原汁原味来,那才叫铿锵有力,掷地有声!

二

巴文化是典型的雄性文化。

我们就从巴人的"巴"字说开去。与巴人起源说一样,"巴"的含义与来源史学界历来也说法不一。

一曰"水流形状说"。顾颉刚先生就认为,"巴"字源于巴人"老家"阆中的两条河。《尚书·禹贡》曰:"梁州之城,古之巴国也。阆白二水东南流,曲折如巴字,故谓之巴。"

二曰"地形说"。认为"巴"的本意就是"坝"。《广韵》云:"蜀人谓平川为坝。"

三曰"石说"。依据在于,重庆、鄂西的方言都称石为巴。顾炎武的《天下郡国利病书》就曾载:"石耶人呼石板为巴贯。"并且,廪君蛮的首领廪君亦有生于石穴的传说。

四曰"植物名称说"。谓巴楚之地多生芭茅草,故国家以草得名。唐代司马贞作《索隐》解释道:"苴音巴……或巴人、巴郡,本因芭苴得名,所以其字遂以苴为巴也。"

五曰"蚕说"。有人指出,在巴蜀文物符号以及汉字小篆中,"巴"字都为蚕形。

六曰"虫蛇说"。《山海经·大荒北经》载曰:"西南有巴国,有黑蛇,青首,食象。"东汉许慎的《说文解字》谈到"巴"字时也说:"巴,虫也,或曰食象蛇。""巴蛇吞象"的成语即产生于此。

七曰"白虎说"。认为"巴"就是"虎",说"巴"就是巴人称呼老虎的一种发音。而巴人既自认为是虎之族,"虎"又等同于"巴",于是中原人及与巴邻近的族群便称他们为"巴人"了。这种说法源于渝鄂交界处的廪君蛮一族，其主要依据是廪君蛮对于白虎的图腾崇拜。据《世本》等古籍记载：巴郡南郡蛮的首领"廪君死，魂魄世为白虎。巴氏以虎饮人血，遂以人祠焉"。所以，巴郡南郡蛮又有另外一个名字，叫作白虎夷。据说在鄂西一带的土家族居住地，至今还流传着许多关于廪君化白虎的传说，遗留着许多以白虎命名的地名。若依据这种观点，巴人的雄性元素就更加显明了。

上面这些说法差异甚大，但细细品味，多数传说都透出一种粗犷与野性。"白虎说"是其中一种尤具代表性的观点。

当然，也有人质疑"白虎说"，认为"白虎"并非所有巴人的图腾。或以《华阳国志·巴志》为据：夷水廪君之巴，其族为巫蜒，以白虎为图腾；阆中渝水之巴，则源于古氐族，以蛇为图腾，并且"专以射白虎为事"。或举《后汉书·南蛮西南夷列传》所载："时有巴郡阆中夷人，能作白竹之弩，乃登楼射杀白虎。昭王嘉之，而以其夷人，不欲加封，乃刻石盟要。"既然夷水的巴郡南郡蛮"以白虎为图腾"，而渝水的板楯蛮却"以蛇为图腾"，而且还"专以射白虎为事"，足见他们不同族。

我认为，这种看法较为机械。如果承认巴郡南郡蛮与板楯蛮有一个融合的过程，那么融合之前部族各有图腾就不足为怪了。龙图腾的黄帝一族击败了凤图腾的炎帝一族，二者不也共同传下了炎黄子孙吗？何况，射白虎之事发生在秦昭襄王时，那已是秦人灭巴以后的事，与早期巴人部族各有所属更是不相干了。

真相可能是巴郡常有一只白虎率群虎为患，于是，占领巴郡的秦人便重募国中善射虎者杀虎，顺带着巧妙利用巴人中崇蛇、崇虎的矛盾，有效地镇压了巴人的一次反秦叛乱。秦昭襄王曾说过这样的话："白虎为患，盖廪君之魂也。"这非但不足以说明板楯蛮和巴郡南郡蛮不同族，换个角度看，反倒是印证了早期巴人以白虎为图腾的存在性。

上述哪种说法更加接近于"巴"的原意，自然可以继续探讨下去，但是巴人源远流长的"尚武"之风却显而易见，不容置疑。古巴人的性情就如其生于斯、长于斯的大山大江一样，质朴、刚毅、勇武、百折不回，故史上一向有"蜀出相，巴出将"的说法。

巴郡南郡蛮之尚武好勇见于许多古籍记载，其首领廪君便是凭借勇武而崭露头角的。据《后汉书·南蛮西南夷列传》载："巴郡南郡蛮，本有五姓：巴氏、樊氏、瞫氏、相氏、郑氏，皆出于武落钟离山。其山有赤、黑二穴，巴氏之子生于赤穴，四姓之子皆生黑穴。未有君长，俱事鬼神，乃共掷剑于石穴，约能中者，奉以为君。巴氏子务相乃独中之，众皆叹。又令各乘土船，约能浮者：当以为君。余姓悉沉，唯务相独浮，因共立之，是为廪君。"这则记载谈到，巴郡南郡蛮原来有五个姓氏部族，都生活在湖北长阳的武落钟离山中。后来，他们想推选一个共同的君长，就通过竞技来做决定。巴氏中一个名叫"务相"的年轻人接连战胜了其他四姓的竞技者，于是就当选了五姓共拥的首领，称作"廪君"，而这五姓部族共同体也改称作"廪君族"了。

跟巴郡南郡蛮一样，板楯蛮同样民风剽悍。《华阳国志·巴志》载："阆中有渝水，賨民多居水左右，天性劲勇。"《史记·司马相如列传》载："巴西阆中有俞水，僚人居其上，皆刚勇好舞。"

三

巴人尚武，亦是形势使然。巴族长期处于商、周、楚、秦等强大部族的包围之中，必须不断征战才能保卫家园。极为艰难困苦的生活条件也培育了他们的勇武精神。他们在荒莽的大巴山、秦岭中斩蛇蟒，射虎豹，猎牧捕鱼，取卤制盐，垦荒种田，兴修水利，自强不息，方得以繁衍。

远古巴人连歌舞都充满了"杀气"。据史料记载，巴渝舞除祭祀歌舞和娱乐歌舞外，还有相当数量的战斗歌舞。表演示武的巴渝舞时，演员身披铠甲，手持弩箭，边歌边舞，极为剽悍。巴渝舞魏时改为"昭武舞"，晋时改为"宣烈舞"，依然"锐气剽于中叶，跞容世于乐府"（左思《魏都赋》）。西晋傅玄根据巴渝舞重新填词的《宣武舞歌》尤为生动。如《惟圣皇篇·矛俞第一》："肆舞士，剑弩齐列，戈矛为之始。进退疾鹰鹞，龙战而豹起。"又如《短兵篇·剑俞第二》："剑为短兵，其势险危。疾逾飞电，回旋应规。武节齐声，或合或离。电发星骛，若景若差。"《华阳国志·巴志》描述巴人助周武王伐纣的情景也堪称绘声绘色："巴师勇锐，歌舞以凌殷人前徒倒戈。"你看，巴人的军队进攻敌人时竟然"前歌后舞"，蔑视、凌迫殷的军人于阵前倒戈投降，其景其情可谓壮观矣！

巴人之勇武，之大义凛然，之笃诚笃信，以战国时期的巴蔓子将军最具代表性。据《华阳国志》记载："周之季世，巴国有乱。将军蔓子请师于楚，许以三城。楚王救巴，巴国既宁，楚使请城。蔓子曰：'藉楚之灵，克弭祸难，诚许楚王城，将吾头往谢之，城不可得也！'乃自刎，以头授楚使。"巴蔓子为救国救民向楚国借兵，许诺"克弭祸难"后以三座城池作为答谢；如今仗打赢了，既要信守承诺又要保护国家城池，两者难全，便凛凛然以死向楚国谢罪。

巴蔓子自刎之举感动了楚王，"楚王叹曰：'使吾得臣若蔓子，用城何为！'乃以上卿之礼葬其首"。巴人更是举国悲痛，在国都江州厚葬了巴蔓子将军无头的遗体。

今传巴蔓子葬地共有四处：其一，湖北荆门山之阳，传为楚王礼葬巴蔓子头颅的地方；其二，湖北恩施城西北都亭山，有巴蔓子墓，也称作"蛮王墓"；其三，重庆忠县传说为巴蔓子出生地，其城西北一里有"蔓子冢"，城东有"巴王庙"；其四，重庆渝中区七星岗也有一座巴蔓子墓。

关于重庆渝中区这座巴蔓子墓，明代曹学佺所撰之《蜀中名胜记》中就有记载："郡学后莲花坝，有石麟石虎，相传为古时巴君冢。"清代《巴县志》和民国《巴县志》也均记载，莲花池之墓为巴蔓子将军墓地。另有史籍记载，清代雍正、乾隆、道光年间，巴郡官民曾多次"修立墓表""砌以石""行春秋至祭"，明确祭祀巴蔓子将军。民国十一年（1922年），巴蔓子墓得以较大的修葺，并竖立了"东周巴将军蔓子墓"的碑石。这次修葺是由川军第一军军长兼川东边防督办但懋辛主持操办的。保留至今的就是民国初年那座巴蔓子墓，重庆民间俗称其为"将军坟"。

巴蔓子的故事多有传说色彩。我疑心，"巴蔓子"就是一个泛指的姓名，因为"巴"这个姓特别是"蔓子"这个名，似乎不大符合巴渝地区的实际。或是其时巴国周边的部族、国家先以"巴蛮子"将军相称，而后代巴人觉得"蛮"字不雅，于是谐其音改称了"巴蔓子"将军，也未可知。

四

纵观巴人先祖，无论是掷剑定乾坤的廪君，助武王伐纣的勇锐巴师，还是不惜割头以保疆土的巴蔓子将军，都透射出一种勇武豪侠气概。古往今来，这种尚武之风代代传承，已经沉淀、内化为一种秉性、习俗和精神：耿直、热情、仗义、勇于抗争；当然，也有鲁莽、粗鄙。我们姑且不说顶着日机大轰炸建造精神堡垒的陪都军民，就看看今日犹存的一些乡风俚俗，也令你大开眼界：万千球迷齐声高呼"雄起"的壮观场面，三伏天汗流浃背烫火锅的怪异嗜好，乃至美女男风的独特世象——重庆人的巴人基因让他们体现的乃祖雄风，无不依稀可察。

夷城钩沉

一

诚如远古巴人迁徙史的扑朔迷离，古巴国是怎样形成的，巴人修筑的第一座城市又在哪里，也同样云遮雾绕。

根据文史典籍记载，巴人最初建立的国家在中国西南部是没有疑问的,比如先秦古籍《山海经》即谓"西南有巴国",西汉刘向的《世本》也说巴人源于鄂西。对照甲骨文中出现的"巴方""武丁伐巴人"等字样，认为巴人至迟在殷商时期就已经完成了部族联盟、进入了城邦国家"文明时代"的观点，也应该是可信的。但遗憾的是，这都仅是些零星记载。

一些文史典籍也谈到了早期巴人修筑国都的情况，甚至指出了巴人最早的国都叫夷城。比如《华阳国志》《晋书》等史籍，就记载了巴人是如何脱离穴居及修筑夷城的。北宋的地理总志《太平寰宇记》载："夷城山石曲，泉水亦曲。廪君望之而叹。山崖为崩，上有平石方二丈五尺，因立城其旁而居之，四姓臣之。"但是，这些资料同样语焉不详。

直到1983年发现了香炉石遗址，巴人如何建立国家以及如何修筑国都夷城，才似乎清晰起来，尽管这仍算一种学术观点。

香炉石遗址，位于湖北长阳县渔峡口镇东南0.5千米处的清江北岸。因为该遗址的东面矗立着一座近乎垂直状的巨石，俗称香炉石，遗址因此命名。经过发掘考证，学界普遍认为，香炉石遗址就是古巴国夷城的遗址。从遗址的出土文物看，都是距今4000—3000年前夏商周三代的遗物，倒是与远古巴人的活动时间吻合，与夷城的修筑年代吻合。再从遗址的地貌特征上看，地势东北高西南低，呈斜坡状，西南面临近清江，属于典型的傍河山寨型遗址，这与典籍上记载的古巴国的夷城也十分相似。

香炉石遗址是一处内涵极为丰富的早期巴文化遗址。遗址面积达3万多平方米，1988年、1989年和1995年先后进行了三次考古发掘，在遗址中心地区共挖掘400余平方米。地层堆积也十分清楚，出土了三代各时期巴人的石器、陶器、骨器和铜器等文化遗物近万件及一批商朝的巴人墓葬。

出土文物中还发现了一些很有意思的东西：如大批商周时期的甲骨，其数量是彼时长江以南各省出土最多的一次；又如有两枚商末周初的陶印章，是迄今为止我国出土最早的陶印章。此外，不仅出土了许多常见的用牛、羊、猪等家畜肩胛骨制作的卜骨，还出土了一种用鱼类鳃盖骨制作的卜骨，其制作材料非常新颖，中原地区从未出土过，这应该是早期巴人渔盐文化的佐证。

当然，在湖北长阳土家族自治县出土的早期巴人文物，并不限于香炉石遗址一处。比如在长阳县鸭子口乡千渔坪村曾出土过一件乐器，一种叫作虎钮錞于的铜制军乐器，其形如圆筒，上大下小，顶上多作虎形钮，可悬挂，就是巴族特有的乐器。

说香炉石遗址就是古巴国夷城的遗址，还可以再补充一点。清江最初称作夷水，而巴人修筑的这个城市恰好在夷水之滨，那么这个城市很可能就是史籍上言及的夷城——因"夷水"而命名，似乎也是顺理成章的推论。

二

神秘的夷城背后，藏着一段神秘的传说：在原始部族时期，生活于鄂西夷水沿岸的巴人因还未筑城建国,都散居在夷水畔武落钟离山的岩石洞穴里。

这里提到的"夷水"和"武落钟离山"两个地名,得先聊聊。

夷水,是长江中游的一条支流,长江湖北段仅次于汉水的第二大支流。《汉书·地理志》记载:"夷水东至夷道入江。"北魏郦道元《水经注》记载:"夷水,即佷山清江也,水色清照十丈,分沙石。蜀人见其清澈,因名清江也。"北宋曾巩《襄州宜城县长渠记》云:"春秋之世曰鄢水……其后曰夷水。又其后曰蛮水,郦道元所谓夷水避桓温父名,改曰蛮水是也。"

武落钟离山,则是武落山与钟离山的合称。武落山古时又名佷山。在长阳俗语中,"落"是一个量词单位,即"堆"或"叠",武落山就是五堆山、五叠山的意思,也就是一山五峰。武落山东隔长杨溪另有一座山叫撞钟垴山。传说此山上悬挂有一口钟,撞击它便发出高亢悦耳的声音,但实际上可能是一块儿巨大的钟乳石。因为撞钟垴山与武落山被长杨溪隔断了,所以又称撞钟垴山为钟离山。后来史家将武落山和钟离山合起来,就称作"武落钟离山"了。

武落钟离山主峰海拔高397.5米,山上巉岩嶙峋,石穴遍布;山下四面环水,碧波荡漾,五峰错落有如飘浮水面。不妨想象一下,当年有一支远古巴人,从甘南辗转来到了江汉流域,见清江与武落钟离山山清水秀、风水绝佳,便定居下来。长阳一带向有"佷山故地,夷水名疆"之说,所言不虚也。

这支巴人最初来到长阳清江之时,还是原始部落,居住在武落钟离山的洞穴里。许多古籍都记载了巴人当时的穴居情况。据北宋《太平寰宇记》载:"武落山,一名难留山,在县西七十八里,本廪君所出处也。"《后汉书·南蛮西南夷列传》亦有载:"巴郡南郡蛮……皆出于武落钟离山。其山有赤、黑二穴,巴氏之子生于赤穴,四姓之子皆生黑穴。"《水经·夷水注》也记载了:夷水"东迳难留城南,城即山也,独立峻绝……东北面又有石穴,可容数百人,每乱,民入室避贼,无可攻理,因名难留城也"。

这里所说"武落山,一名难留山"之"难留",就是难民居留之意。可能从甘南迁徙而来的巴人最初就利用了这些石穴。现代考古也发现,佷山一带绵延数十千米的洞穴都有古人居住过的痕迹,佷山脚下还出土了许多石斧、夹砂陶片等远古人类使用的器物。

古籍还说到了这支巴族五氏合一演变为廪君巴的情况。《水经·夷水注》记载："昔巴蛮有五姓，未有君长，俱事鬼神，乃共掷剑于石穴。"《后汉书·南蛮西南夷列传》记载得更为详细："巴郡南郡蛮，本有五姓：巴氏、樊氏、曎氏、相氏、郑氏……未有君长，俱事鬼神，乃共掷剑于石穴，约能中者，奉以为君。巴氏子务相乃独中之，众皆叹。又令各乘土船，约能浮者：当以为君。余姓悉沉，唯务相独浮，因共立之，是为廪君。"

这些古籍谈到，刚到武落钟离山的巴人还处于"未有君长"的阶段，便商量着组成部落联盟，推选一个共同的首领。但这个首领得竞争上岗，通过掷剑和乘船的技能比赛来甄别。竞技者先向石穴掷剑，只有巴氏中一个名叫务相的年轻人单独击中；又乘坐土船，四姓竞技者的土船都沉了，只有务相一个人的土船浮着不沉。于是务相脱颖而出，大家心悦诚服地推选他当了五姓的共同首领，称作"廪君"。

首领既叫廪君，五姓部族的共同体也就称作了廪君族，或曰廪君蛮。相传廪君务相死后化作了白虎，白虎也就成为这一族的图腾，故廪君蛮又被称作白虎蛮或白虎夷。史籍上则常称这支巴人为巴郡南郡蛮。

关于廪君化白虎的传说，在《后汉书·南蛮西南夷列传》里寻得一些相关的文字："廪君死，魂魄世为白虎。巴氏以虎饮人血，遂以人祠焉。"清道光年间的《长阳县志》亦有载："白虎垄，在县西二百三十里……巴人廪君化为白虎处：白虎垄。旧志谓廪君化白虎处指此。"距香炉石遗址西北一千米处，还真有一个白虎垄。这是一座冠状山丘，直径约40米，高约8米，其地貌与周边山峦明显不同，但无法判断它究竟是土丘还是坟茔。

与白虎垄一例类似，长阳一带遗存的诸多地名、民俗、古语都提供了民俗史的证明，这里确实存在着廪君一族活动的大量踪迹。

长阳一带世代相传着"向王天子"的民歌和诗歌，这个向王天子可能就是指廪君务相。因为"向"与"相"谐音，所以"向王"应该就是"相王"。如清代彭秋潭所撰《竹枝词》云："土船夷水射盐神，巴姓君王有旧闻。向王何许称天子，务相当年号廪君。"《中国歌谣集成·湖北卷长阳分册》也记载了一首土家族的古老歌谣："向王天子吹牛角，吹出一条清江河。声音高，洪水涨；声音低，洪水落。

牛角弯、弯牛角，吹出一条弯弯拐拐的清江河。"据说，历代船工经过向王庙、向王滩时，都要烧香敬奉，求向王保佑平安。

在长阳境内，清江两岸所立的向王庙多达40余座，还有许多座向王桥。向王庙较多的地方有很多带"巴"字、"虎"字的地名，如巴山、巴王沱、巴山峡、巴王洞等地名有20余处，白虎山、白虎垄等地名有50余处。

另外，湘鄂川黔等地的土家族人很早就将武落钟离山视作了圣山，到此来寻根祭祖的朝拜者一直络绎不绝，这或许也算是巴人曾在长阳清江一带活动的一点佐证吧。

三

武落钟离山五姓合一后，"向王天子"廪君便雄心勃勃地扩充领地。他率领部族沿清江溯流西上，逐步征服了夷水诸部落，战胜了"盐水女神"这个人数众多的母系部族，势力日渐壮大起来。廪君一族就是在这样的基础上，脱离了原始族群的军事民主制阶段，建立起了巴国最早的政治中心和军事据点——夷城。如《后汉书·南蛮西南夷列传》所云："廪君于是君乎夷城，四姓皆臣之。"

关于夷城，《晋书》《水经注》《太平寰宇记》《蜀中名胜记》和地方志等史料都有所载，记载、考证的夷城方位、地貌、地势、地物等，都与香炉石遗址的山、水、物之特征十分相似。

《晋书·李特传》的记载最为详细。廪君射杀盐神，征服盐水女部之后，"复乘土船，下及夷城。夷城石岸曲，泉水亦曲，望之如穴状，叹曰：'我新从穴中出，今又如此，奈何？'岸即为崩，广三丈余，而阶陛相乘，廪君登之。岸上有石坪，方一丈，长五尺，廪君休其上，投策计算，皆著石焉。因立城其旁而居之。其后种类遂繁"。

这段文字生动地描述了廪君当初选址筑城的情景，尤其是他急于脱离穴居生活的心情。也许，廪君原本指望寻找一处依山傍水的平地来筑城，但眼前看到的地方却是"石岸曲，泉水亦曲"，"望之如穴状"。他不由有些失望，感叹道："我刚从洞穴走出来，如今又要进洞穴，这可怎么办哪？"谁知廪君话音未落，石岸便崩裂为平地，"广三丈余"；同时，他脚下倏地生出了无数级台阶，一直通向高岸的平地。廪君沿着象征天子身份的台阶走上去，在一块儿"方一丈，长五尺"的平石上小憩。接着，廪君又"投策计算"，蓍草都标注在了平石上面，呈现出吉祥的卦象。廪君这才下定决心在这里依山临水筑城，创建起了最初的巴国。从那以后，廪君一族就在这水曲山险、易守难攻的城郭里繁衍生息，而他们的后裔也越来越兴旺了。

恩格斯在《家庭、私有制和国家的起源》中说："在新的设防城市的周围屹立着高峻的城墙并非无故：它们的壕沟深陷为氏族制度的墓穴，而它们的城楼已经耸入文明时代了。"他在《马尔克》一文中对此也有表述："只要村子一旦变作城市，也就是说，只要它用壕沟和墙壁防守起来，村制度也就变成了城市制度。"廪君一族修筑夷城做国都，标志着巴族国家的正式诞生，意味着巴族的史前时代结束而进入了文明时代。

夷城充分显示出了国家机构对内对外的职能。对内，正如《后汉书·南蛮西南夷列传》所述，廪君统一了"五姓"，"于是君乎夷城，四姓皆臣之"；对外，在征服盐水女部后即修城池，筑关隘，以加强对被征服部族的统治以及防御外族的侵扰，恰如《水经注》所述："昔廪君浮土舟于夷水，据捍关而王巴。"

关于夷城建立的时间，学界其说不一。据学者考证，务相廪君曾经协助过夏禹治水，清江一带的土家族也流传着大量"向王天子治水"的传说和歌谣，那么夷城的修筑至迟应是在夏禹时期。《华阳国志》中有这样的记载："禹会诸侯于会稽，执玉帛者万国，巴蜀往焉。"可见，禹在会稽召集开会的"万国"中，就已经有巴国了。

综合古籍资料记载来看，很可能直到东周的前半段，夷城都充当着巴国的国都。春秋之时，巴国地域大致在陕南的西汉水（今汉水）和川东北的东汉水（今嘉陵江）之间，着重开发出了今日鄂西、川东地区的大片区域。其时，巴国与楚国邻里邦交甚好，与邓国等国的交往也很频繁。到了战国初期，巴楚联盟破裂，彼此争城夺野，巴国势弱，不得已沿长江向西拓展，国都才被迫西迁，疆域也随之出现了很大的变迁，大致为"东至鱼腹（今奉节），西至僰道（今宜宾），北接汉中，南及黔涪（黔江、涪陵）"的范围，从而形成了"川东巴国，川西蜀国"的局面，而夷城则已在楚国的版图之中了。

巴子五都

一

按照一种学术观点,远古巴人最早建立的国都在湖北长阳,就是廪君族在夷水滨修筑的那座夷城。后来廪君族迫于形势西迁,离开了鄂西,国都也随之发生了变迁。

导致巴国西迁的原因大致有二。从主观原因看,远古巴人靠盐安身立命,犹如游牧民族追逐水草一样,向西是为了追逐盐源之地。从客观原因看,则是抵挡不住东面强楚的挤压,向西拓展乃是不得已而为之的举措。

巴国在溯长江向西拓展疆域的过程中,经历了多次迁都,历史上向有"巴子五都"之说。有学者根据《华阳国志》等古籍的说法,判定夷城之后又建立过五个国都,分别是平都(今重庆丰都)、枳城(今重庆涪陵)、江州(位于今重庆土城)、垫江(今重庆合川南)、阆中(今四川阆中)。但史籍所载甚少且语焉不详,因此关于五都的起始终止、变迁脉络、城市情况等，皆存有不少疑问。

这五都中，关于枳城、江州、阆中三处，无论古籍记载还是考古发现，都较为明确，而垫江与平都所述则较为含糊。《华阳国志·巴志》云："巴子虽都江州，或治垫江，或治平都，后治阆中。其先王陵墓多在枳。"从这段话似乎可以看出这么两层意思。其一，既然"先王陵墓"大量集中在枳城，五都中枳就有可能建都最早；"后治阆中"，则明确指出了阆中是最后一个都城；而江州建都自然就是中间一段时间了。其二，说"虽都江州，或治垫江，或治平都"，或指明了垫江、平都与江州是在同一个时期定作都城的。

根据第二点所述，巴国建都江州时同时出现了三个都城，这又该如何理解呢？有的古文献将垫江、平都称作"巴子别都"，或许就是答案。所谓"别都"，其义大约类似于陪都，指正式首都以外另设的副都或辅都，古代称之为"两京制"。炎黄时期就出现了中国最早的陪都，经夏朝继承，商朝发展，至西周初年设立雒邑（今洛阳）趋于完善。后世一直遵从了这种制度。有人概括了陪都的三种类型：一是对首都起重大辅助作用的，如西周之雒邑、隋唐之洛阳、明代之南京；二是政治象征性的，如东汉帝都南阳、唐代北都太原、明代中都凤阳、清代陪都盛京；三是徒具形式的，如东晋、南朝称西晋故都洛阳为中京，另如唐代中都河中府，明代的兴都。照此推理，对于平都、垫江就好解释了，它们就是巴国定都江州时的两个陪都。

关于巴国五个都城的迁徙路线，古籍没有交代。但根据史籍探寻与考古发现的蛛丝马迹，有人做了一个判断，廪君巴族大致经历了一个由长江中游向长江上游—向渝水流域—向四川盆地的迁徙过程，其路线先由东向西，再由南向北，也就是沿着夷城—平都—枳城—江州—垫江—阆中的路线做了一番迁徙。就其国都来说，若排除平都、垫江这两个别都，那么巴国迁都的先后次序就是枳城—江州—阆中。

二

在夷城之后的"巴子五都"中，首先应该说说枳城。

枳城位于武陵山中乌江与长江的交汇处。在巴国早期历史中，枳城的地位十分尊崇。《左传》云："凡邑有宗庙先君之主曰都，无曰邑。"而"枳"就是巴国先王宗庙陵寝集中的地方。

《华阳国志·巴志》即如是记载："巴国先王陵墓多在枳。"也许因为乌江古名涪水，而巴王的陵墓又大多修建在这里，所以后人就把"枳"这个称谓改了，称作如今的"涪陵"。

巴王陵汇聚涪陵不只依据于古籍，大量考古发现也印证了这一点。1972年4月，涪陵白涛镇陈家嘴小田溪发生了一件奇事，一些乡民在一个小山坡上挖土制砖的时候，无意间发现了许多重要文物，有铜剑、铜镇、编钟、兽头等。随后，相关部门在这里进行了考古发掘。这，就是后来闻名于世的"小田溪巴王墓群"。

小田溪巴王墓群位于涪陵城区东南19千米的乌江西岸，面积宽达8万平方米。从1972年至1984年，重庆市博物馆、四川省文物考古所等单位先后在这里进行了四次发掘清理工作，发现并发掘出8个长方形竖穴土坑墓群，出土了大批战国时期的珍贵文物。1993年，在三峡水库淹没区的调查中又发现了9个墓群。2002年9月至12月，重庆市文物考古所再一次对小田溪展开大规模发掘，这次的发掘面积达5000平方米，发现并发掘出战国墓葬10座，汉代墓葬1座，共出土文物近400件。

从小田溪出土的文物看，铜器上多有虎钮、手心纹、花蒂纹等饰物，具有明显的巴文化特征。而且发现墓葬规模较大，随葬品等级较高，其中还找到了罕见的玉具剑、鸟形尊、错金铜编钟、"王"字图语铭文等器物，更加证实了这是巴国王室墓葬。

作为一座中国古代名城，涪陵穿越3000多年时空延续至今，无愧为灿烂巴文化的有力证明。在漫长的历史中，涪陵留下了文化三绝，巴国王室陵墓仅是其中之一，此外还有震惊世人的白鹤梁题刻与点易洞。

白鹤梁乃造山运动时天然形成的一块儿巨型石梁，位于涪陵城北的长江中心，其形酷似卧伏的巨鳄，"身长"约1600米，"背"宽约15米。相传，古代每逢秋冬时节便有成群白鹤栖息于梁上，白鹤梁因以得名。又传，唐代白石渔人和尔朱真人同在此梁上修炼，后又一起乘白鹤仙去，名即由此而来。

白鹤梁是三峡文物景观中唯一的全国重点文物保护单位。在5000多平方米的梁石岩面上，遗有自唐广德元年（763年）至当代的题刻163幅共3万多字。历代诗人、游人在梁上留题纪胜，汇颜、柳、苏、黄各大名家书法于一石，集真、草、隶、篆诸书体于一身；

且梁上字皆因石就势凿刻，纵横错落，异彩纷呈，令人惊叹击节。

上述163幅题刻中，水文题刻占了108幅。这些题刻记录了自唐以来1200多年间长江中上游72个年份的枯水水文资料，对于研究和利用长江灌溉、航运、发电及城市建设、桥梁建设等均具有重大的史料价值与科学价值，因此联合国教科文组织将白鹤梁誉为"保存完好的世界唯一古代水文站"。

引人注目的还有14尾石鱼图，其中3尾图做了水文标志。尤其是在石梁中段水际，有一对唐代凿刻的线雕鲤鱼。据史籍记载，白鹤梁常年淹没于水位线之下，冬季水枯之时也不一定显露出水面，凡唐代双鱼出水之年一定是丰年。此现象被引为远近奇观。

白鹤梁有水下碑林之称。三峡工程兴建后水位线上移，白鹤梁永远沉没于水下，国家文物局批准建造了白鹤梁水下博物馆，"水下碑林"之美誉就更是名副其实了。

涪陵还有一绝就是点易洞。点易洞位于长江北岸，与涪陵城隔江相望。据《涪州志》记载，北宋程颐被谪贬涪州时，曾在此注《易》六载，他的理学代表作《易传》就是在这里写成的。洞内留有朱熹的题诗："渺然方寸神明舍，天下经纶具此中。每向狂澜观不足，正如有本出无穷。"程朱理学是宋元以下儒学精髓之集大成者，对中华文化传统形成和中华民族性格塑造起着重大的作用。从一个角度说，这个哲学思想体系正是在巴渝大地发祥的。

三

枳以后，巴国的另一个重要国都是江州。有学者认为，巴族的枳与江州，就有如周的宗周与成周，秦的雍与咸阳。宗周和雍，乃周人和秦人的先王宗庙所在地；成周和咸阳，乃周人和秦人的政治经济文化中心。以此来类比枳和江州倒颇为得体。

巴国定都江州后，日趋强盛。如前文所云，此时巴国的地域"东至鱼复，西至僰道，北接汉中，南极黔涪"。

一些古籍对巴国建都江州屡有记述，对巴王陵亦有零星记载。如南宋《舆地纪胜》载："巴县西北五里前后有石兽石龟各二，麒麟石虎各一，即古巴国之君也。"明代《蜀中名胜记》载："郡学后莲花坝，有石麟石虎，相传为古时巴君冢。""治北康村有小阜二十余，俗称古陵，也曰巴子冢。"

可惜，上述古籍记载的遗迹现已不复存在。但是，另有几处出土文物对巴人的生存与活动提供了有力的实证：一是1954年，在重庆市九龙坡区铜罐驿镇冬笋坝（原属巴县）发现了一处巴人船棺墓葬；二是20世纪80年代中期，重庆市渝中区干厮门出土了一批战国时期的巴人青铜兵器，有柳叶形剑、弩机、箭镞等；三是2008年，在重庆市渝北区东部长江北岸的洛碛镇发现了一处巴人古墓群。

冬笋坝曾有过大规模的考古发掘，清理出土了52座坑墓，判定其形成时间为战国后期至西汉。有21座坑墓尤为奇特抢眼，放置着用整段木材挖凿而成的独木舟形棺材。专家由是将此类墓葬命名为船棺葬。船棺葬和悬棺葬，都是战国秦汉之际巴蜀地区盛行的丧葬习俗。另有人推测，巴人先民傍水而居，其三大经济支柱捕鱼、制盐、制丹砂，都离不开用船做生产工具或运输工具，这大概就是巴人形成船棺葬的原因。此外还有个特殊的现象，船棺的端头全都朝着江水，或许意味着巴人不忘其先民乃是沿江迁徙而来的，头枕江水就是寄托自己的灵魂归宿。

冬笋坝除发现了独特的船棺，在近千件出土文物中，还有大批的扁茎无格剑、圆刃亚腰钺等，这也属于巴人独有的兵器。在青铜器上面，还发现了巴人铸刻的100多个独特的图像文字符号，至今尤待破解，更是弥足珍贵。

专家对洛碛镇巴人古墓葬做了两次大的发掘，一次是2008年8月，一次是2008年12月。8月发现的巴人古墓群，包括6座古墓和5处遗址，出土了大批随葬品，如商周青铜器、六朝钱币、宋代瓷器、金戒指、金耳环等。12月发现的则是2000多年前（战国末期）的一座巴人贵族墓。该墓葬位于洛碛镇洛碛村赵家湾，坐北朝南，背山面水，0.5千米外即长江，风水极佳。墓长近9米，规模比涪陵的巴王墓还大。

从巴人贵族墓出土了玉器、青铜器、陶器、漆木器等40余件随葬品，绝大部分系巴渝地区首见。出土器物造型精美，具有很高的艺术价值。如20多件玉器，主要是精美的玉璧和玉璜。玉璧有人碗粗，厚近1厘米，表面有谷状刻纹。陶器中的蜻蜓眼，是一种穿成串佩戴的饰品，类似于西藏天珠。

巴人贵族墓附近还发现了26座墓葬，其中有战国至西汉的土坑墓、汉代砖室墓、宋代石室墓、明代砖室墓和石室墓等。有专家估计，这附近可能还有更大的墓葬存在。

洛碛镇巴人古墓葬的发现、发掘，至少有三点意义。其一，这些出土文物对于复原和研究巴人丧葬制度、丧葬习俗有重要意义。其二，墓葬时间从战国一直延续到了明代，为研究这一漫长历史阶段里巴渝地区的文化、生活，提供了珍贵的实物资料。其三，出土文物中既有展现巴文化因素的兵器和陶器，又有展现楚文化因素的玉器，表现出了多元文化交汇的势头，对研究秦灭巴蜀后的晚期巴文化以及巴楚关系、巴楚文化交流，提供了重要材料。

巴国建都江州长达700余年。若以西周初年武王封巴子国到东周慎靓王五年（前316年）秦灭巴计，几乎伴随了两周始末。直到战国后期，秦惠文王实施"得蜀则得楚，楚亡天下并"的战略目标，派遣张仪、司马错率军先后灭掉了蜀国和巴国，这才结束了江州作为巴都的历史。

四

阆中是古巴国的最后一个都城。巴国由江州迁都阆中，应是遭受到楚国和蜀国的夹击所致：战国中后期东方的楚国兴起，不断向西推进，形成了"江州以东，其人半楚"的局面；而四川盆地内的另一个大国——蜀国又常常向东来犯，与巴国争夺川中之地，以致两国间征战不断，成为世仇。

《战国策·燕策》中有如下记述，苏代为燕昭王分析天下大势时曾以"楚得枳而国亡"作为例证，证明巴国迁都确实是因为楚的威逼所致。其时楚国大举进攻巴国，先后占领了鄂西南、川东及黔涪一带，直逼江州，迫使巴国君臣不得不向川中转移，先驻别都垫江，后又迁都阆中。

推算迁都阆中的时间，应该是在战国中期以后秦灭巴以前。既然张仪、司马错率军灭巴是在公元前316年，那么迁都阆中就应该早于这一年。根据一些学者的观点，巴国于公元前330年迁都阆中。

阆中做都城的时间并不长，但其历史内涵却不失厚重。

阆中大约因山有环拱之象而得名。《太平寰宇记》有云："其山四合于郡，故曰阆中。"古字"阆"的含义之一为"高大"，如《管子·度地篇》载："城外为之郭，郭外为之土阆。"古城阆中四围青山相拥，嘉陵江环绕，正所谓"三面江光抱城郭，四围山势锁烟霞"，俨然一幅浑然天成的水墨丹青。自然景观如此奇秀多姿，独具特色，因此一向被称为风水宝地。

阆中历来是川北政治、经济、军事和宗教中心，商周时就是古巴国的北部重镇，危难之际还曾迁都于此。秦统一天下后，于公元前314年置阆中县，迄今也有2300多年历史了。历代王朝都在阆中设置过郡、州、府、道等治所，特别是清代，中央政府还将四川省会设在这里，达17年之久。

阆中历史上涌现过不少名人，蜀汉名将张飞曾坐镇阆中7年，南宋抗金骁将张宪、元明之际"蜀中花木兰"韩娥也都生在阆中。

阆中这地方还出天文学家，比如西汉的天文学家落下闳、东汉的天文学家任文孙、任文公父子，三国时的祖孙三代天文学家周舒、周群、周巨，连唐代作《推背图》的两位先生袁天罡、李淳风，都与阆中有关系。中国历史上第一部有完整文字记载的历法《太初历》，就是落下闳所著。阆中因此也成为我国古代天文研究的中心，在市区嘉陵江南岸的锦屏山公园里，专门建有纪念古代阆中籍天文学家的观星楼。

由于阆中天文研究人才辈出，历代许多天文专家也被吸引到这里。电视剧《神探狄仁杰》中的天文学大家袁天罡，就是制造"洛河神异"那位，他也迁居到了阆中。袁天罡是初唐高宗时迁来的，在蟠龙山建立了观星台以测天象，死后就葬在了阆中。著名天文学家、数学家李淳风追逐袁天罡行踪于664年来到阆中，死后也葬在了阆中。

地灵人杰的阆中还引来了无数文人墨客，诸如杜甫、司马光、苏轼父子、陆游、文同、张善子、丰子恺、萧军等，在此留下了大量诗篇和墨宝。

阆中的地理环境相对封闭，古城倒像是因此得到了天然的保护，迄今风貌如昔。91条窄窄的古街巷纵横交错，交汇处往往有楼台拔地而起。这些街巷在平面布局、空间处理等方面以及在建筑物外观造型、构造方法、细部装饰、材料选用等方面，都具有独特的风格，其中20多条街巷甚至还保留着唐宋遗风。

现存古建筑有元代2处、明代4处、清代前期12处。古民居多属明清风格，或具明代疏朗淡雅味，或具清代精美繁复的特点，并且多以典雅精致的雕绘艺术为特色。建筑布局大部分是四合院，一些院内回廊曲径，古朴典雅，具有南方园林特色。临街的小木屋都有外柱廊，出檐数尺供行人遮阳避雨。挂牌保护的居住点143处，这些官宅、民居的共同特点是古、雅、幽、翠。

作为一座古城，阆中从古至今地名不改，这在全国也是少有的现象。静静漫步在古城的青石板路上，但见满城古民居错落跌宕，活色生香，悠悠岁月仿佛正无声地淌过，幽远的巴渝气息扑面而来，不由你不生出思古之幽情。

依照一种学术观点，巴国共存在了700余年，几乎伴随了两周始末。若按创建夷城始计，其建国时间则更长。在如此漫长的历史过程中，巴子五都自然还潜藏有更多被岁月湮没的史迹轶事，就留待日后逐步探赜索隐吧。

一个连接江与河的先民族群

一

中华民族有两大母亲河——黄河和长江。有趣的是,就像是默契合作一般,这两条古老的河流都相偕发源于青藏高原,然后又南北分向横贯中华大地,由是共同孕育出了灿烂的中华文化。同样有意思的是,根据目前的考古发现,两大流域里对中国文化有着启蒙式影响的原始文化——黄河中游的仰韶彩陶文化和长江下游的河姆渡黑陶文化。——都发生在距今约7000年前。

但是,黄河文明和长江文明相互间的交汇、交融,却经历了一个漫长而复杂的历史过程。细细考察会发现,这一过程中也闪现着远古巴人的身影。

顾颉刚先生早年曾言:"古蜀国的文化究竟是独立发展的,它的融合中原文化是战国以来的事。"故此,有必要在这里先做一点说明:既然远古"巴人"的内涵所指、先世来源以及巴蜀与中原的关系都一直存在着纷纭的争议，至今仍属解不开的千古谜团，那么也就不必强求遽下定论了，倒不如各抒己见，以求碰撞出最后的真知。

我们先来看看前贤们对于"巴人""巴国"的不同理解。徐中舒先生认为巴人本为江汉诸姬之一，后来因与濮人长期杂居而成了一族，故称作"巴濮"。蒙文通、邓少琴、缪钺、蒙默、童恩正、董其祥等先生则倾向于巴人不止一种，巴国不止一个。例如邓少琴先生认为远古数巴并存，既有清江廪君的白虎之巴，也有源出氐羌的太皞之巴。而蒙默先生则认为先秦时代至少有四个巴国，即廪君之巴、宗姬之巴、巴夷賨国和枳巴，分别活动在夷水、汉水、渝水及涪陵水会，分属蜒族、华夏族、賨族和獽蜒族。

再来看看古文献中对于巴人先世来源的一些记载，同样也是众说纷纭，莫衷一是。或云巴人源出黄帝，如《华阳国志》引《洛书》曰："人皇始出，继地皇之后，兄弟九人，分理九州为大囿，人皇居中州，制八辅。华阳之壤，梁岷之域，是其一囿，囿中之国则巴、蜀矣。"或云源出太皞（伏羲），如《山海经·海内经》记载："西南有巴国。太皞（伏羲）生咸鸟，咸鸟生乘厘，乘厘生后照，后照是始为巴人。"或云源出"夏后启之臣曰孟涂"，见于《山海经·海内南经》的记载："是司神于巴，人请讼于孟涂之所……居山上，在丹山西。"《路史》罗苹注云："丹山之西即孟涂之所埋也。丹山乃今巫山。"以上这些古文献记载说巴人或源出黄帝，或源出伏羲，或源出启之臣孟涂，虽不能贸然将其判定为信史，但是透过它们却也能隐约查察到巴与中原交汇的端倪。

至于《华阳国志·巴志》所载"周武王伐纣，实得巴蜀之师"，就更是广为人知的典故了。《巴志》里还列了一份巴人向周武王交纳贡品的清单："桑蚕麻纻、鱼盐铜铁、丹漆茶蜜、灵龟巨犀、山鸡白鵫、黄润鲜粉……皆纳贡之。"由此可见，上古之时秦巴之间也并非人烟不通，巴与中原发生交汇的可能性也是存在的。

今人杨和森先生的《图腾层次论》一书，则明确提及了巴人跨越两河的迁徙问题：彝族、纳西族、傈僳族、巴人等最早都可以追溯到伏羲时代。《墨子·疆国》说"秦西有巴戎"，"鄂西、川东一带古代巴国的巴人为甘南天水地区的西戎。天水东连陕西，南接古代巴国。伏羲氏族的后代有一支'降处于巴，是生巴人'，表明他们已从西北延续至今川东、鄂西一带"。

当然，以上这些都只算是学界各抒己见的看法而已，本随笔依据某一观点展开的析述也与之同理。虽不能遽求定论，只是借之为读者触发一两点启示，那也是有益的。

二

远古巴人活动的一个重要区域是嘉陵江流域，我们不妨就从嘉陵江说起。

嘉陵江的地理位置很特殊。察看中国地图可以看到一个耐人寻味的现象，它源于黄河文明区，却隶属于长江文明区，而且是长江水系中流域面积最大的支流。换言之，嘉陵江的上游段在黄河文明区，中下游段在长江文明区。

嘉陵江的源头也很有意思：有两个源头，东源头在陕西省宝鸡市，西源头在甘肃省天水市，东源头水量更大，西源头水流更长，但两个源头都在秦岭之中，又刚好处在连接黄河、长江两大流域的特殊地理位置上。

东西两个源头在陕西省略阳县白水镇合流，经阳平关继续南流就进入了长江流域；在四川省广元市元坝区昭化镇接纳了白龙江；再流经苍溪、阆中、南部县、蓬安、南充、武胜、合川，接纳了渠江、涪江；在重庆渝中半岛的朝天门汇入长江。

"嘉陵江"这一大名儿在黄河流域就已经正名了，一说是因为它流经了陕西凤县东北的嘉陵谷，《九域志》《甘肃新通志》《四川通志》等史籍上皆有"源出大散关西南嘉陵谷"之谓；另一说则认为是流经了嘉陵道的缘故。这里所说的"道"，是指汉代行政区划的"道"，相当于现在的县。如《水经注》所云："汉水南入嘉陵道而为嘉陵水。"

概括而言，黄河、长江呈东西走向，而嘉陵江总体呈南北走向，由此联结起了黄河流域和长江流域的大片土地。长期活动于嘉陵江沿线的远古巴人，就依凭着这条贯通南北的水上要道，天然地交汇、交融着南北两大文明。

巴人促进南北文化交融的先行意义，自然不仅体现在嘉陵江的空间作用上，更体现在它的文化内涵上。就阅读体会而言，巴文化中至少有这样一些现象是颇为启人遐思的。

一般认为，华夏先祖的始迹在黄河流域。夏、商、周三代均定都于中原，围绕中原四方的少数民族则统称为"夷"。细分则大致为：

东方曰夷，西方曰羌（或戎），南方曰蛮（或越），北方曰狄（或胡）。巴人显然处于"南蛮"的地带之内。自夏代始，中原文化才开始南渐，黄河、长江两大文明才逐步进入融汇的滥觞期。若按照前文的学术观点来看，廪君蛮巴人在夏之前就已经从黄河流域转入长江流域了。因此，巴人很可能是最早交融黄河、长江文明的先民族群之一。

不妨再将巴人的几个主要支系做一下比较，看看其对于促进南北交融的可能性：廪君蛮横跨两河流域，自然会带来中原文化色彩；宗姬巴乃武王克殷后分封至巴地的姬姓宗亲，原本就属于中原华夏族系的一支，促进两河文明的交融也顺理成章；而板楯蛮（賨人）生活在嘉陵江中游一带，想来兼而接受南北文化影响也较为容易。在西汉杨雄的《蜀都赋》和魏晋左思的《蜀都赋》中，就曾点滴描述过迁徙而来的巴人和原居濮人杂处的情况，譬如"东有巴賨，绵亘百濮""左绵巴賨，百濮所充"。这些诗句的大致意思是：这里从前是百濮聚居的地方，如今也成为巴賨分布的区域。

考察早期巴人的活动还会发现，其中还屡屡有伏羲和禹的踪迹。这两位先祖竟然也跟巴人、巴地有着千丝万缕的联系。这意味着，巴文化与伏羲文化、炎黄文化确实存在着深厚的内在联系。

此外，早期巴人的一些民俗风情带有南北交混的痕迹，也令人颇感意外。比如，奇特的悬棺葬本是远古巴族的独特丧葬形式之一，主要盛行于长江三峡，但在陕西商洛一带，也有一种与之性质相似、风格相近的丧葬形式——崖墓葬。更有趣的是，这种崖墓洞穴商洛当地人直接就称作"巴人洞"。至于究竟是"悬棺"演变为"崖墓"还是"崖墓"演变为"悬棺"并不重要，重要的是这种相距两千余里的变形再现，或许也是巴文化联系中原文化的另一类佐证吧！

三

接下来重点谈谈伏羲。伏羲，是中国神话传说中的"三皇"之一，对于"三皇"的祀奉，应该是中华民族最古远的认祖归宗了。而远古巴人部族和中原部族一样，也将伏羲祀奉为自己的先祖。透过共同的认祖归宗，我们不仅解读到巴是一个很古老的部族，同时也解读出远古巴人和中原华夏民族交汇交融的神秘密码。

远古巴人与伏羲的渊源,还真不能轻率否定说它是空穴来风。

就拿伏羲的出生地来说吧。这个问题一直为学术界瞩目且争论不休,说他生于甘肃、陕西、河南、山东、江苏、四川的都有,兼跨了黄河、长江两大流域。比如按郭沫若等史学家的看法,伏羲应该是上古时代东夷部落的首领,活动区域在东部沿海。如果是那样的话,离巴人的活动区域就远了。但我们注意到,在诸多关于伏羲出生地的推测中,竟然有两处与巴人的活动区域息息相关,这就很值得我们去推敲其中蕴含的意义了。

多数人认同伏羲的出生地为甘肃天水。根据"天水"说,伏羲出生在今日甘肃省天水市秦安县境内,一个古县名叫作"成纪"的地方。因为伏羲乃"孕十二岁而生",而古人谓十二年为一"纪",所以伏羲的出生地就被称作"成纪"了,含有"成一纪之元"的意思。《国语·周语下》有"纪之以三,平之以六,成于十二,天之道也"的说法,明代《律学新说》也有"天之大数,莫过于十二"的说法。那么所谓"成纪"之说,应该是反映了先民们对于伏羲降生伟大事件的一种崇敬心理。这个传说同时还体现出另一个重要的意义点,就是伏羲出生在嘉陵江的西源头。

还有一种伏羲生地说也与巴人紧密相关,就是"四川阆中"说。这个传说谈到了伏羲的母亲华胥。这个华胥,东晋《拾遗记》说她"是九河神女",实际上她或许是中国上古时期一个母系氏族的首领。据南宋罗泌《路史》记载,华胥生活在华胥水边,因为踩到了雷神的足迹而怀上了伏羲。对此《路史》还专门做了如是注释:"华胥之渊,盖因华胥居之而名,乃阆中渝水地也。"也就是说,传说中的华胥之水就是阆中渝水,伏羲就出生在嘉陵江的中上游阆中。

当然,认为"华胥生伏羲"并不就等于同意"阆中"说。比如有人就认为,伏羲并不是生在"华胥之渊",而是生在"雷泽"。如北魏《水经注》即曰:"瓠河又右迳雷泽北,其泽薮在大城阳县故城北十余里,昔华胥履大迹处也。"《太平御览》卷七八引纬书《诗含神雾》亦曰:"大迹出雷泽,华胥履之,生宓牺。"至于这个神秘的"雷泽"究竟在什么地方,又各有分歧。有说雷泽指江苏太湖,也有说雷泽在河南濮阳。

本书并无意考据伏羲的准确出生地,只是觉得传说中的伏羲出生地有两处都落在了嘉陵江流域，甚是耐人玩味。从"天水"到"渝水"，似乎印证着一个结论：古远之时，巴人部族便有了和中原部族共同的祖宗认同；冥冥中，似乎早已预示着巴人将在联系黄河、长江的文明中起一种特殊的作用。

关于伏羲是巴人始祖的传说，自然不止上述这些。前文还引用过《山海经》的记载"西南有巴国，太皞（伏羲）生咸鸟，咸鸟生乘厘，乘厘生后照，后照是始为巴人"，此处就不再赘述了。在南方民族的神话传说中，也大多认为自己的始祖是伏羲和女娲，尤其是在巴蜀地区，此说流传悠久而广泛。

另据现代考古发现，巴蜀地区发掘的汉代石刻像中也多有伏羲和女娲的造像，尽管其反映的是秦以后的文化现象，但也可由此窥见巴蜀与中原的联系在秦汉之时已交融有年，已十分深厚了。

四

原始社会末期，华夏民族出现了三位著名的部落联盟首领——尧、舜、禹，后人尊他们为圣人。三圣之一的禹，传说是黄帝轩辕氏第六代玄孙。

这位大禹可是中国历史上赫赫有名的君王，在华夏大地上建立"夏"的人是他，划国土为九州的人是他，铸造象征最高权力"九鼎"的人也是他。而最为后人传颂的，还是洪荒时代他率领人民治理滔天的洪水以及为治水"三过其门而不入室"的千古佳话。大禹吃苦耐劳、公而忘私的精神，已经成为中华民族精神的重要组成部分。

大禹不只存活于口口相传的传说、神话中，先秦诸多典籍如《山海经》《左传》《世本》《尚书》《诗经》《楚辞》及诸子文中皆有相关记载和评述，秦汉以后的历代典籍及各朝地方志、诗歌、碑文就更称卷帙浩繁。文献史料大多谓禹兴于西羌（四川盆地的汶川一带），归葬于会稽（今浙江省绍兴市）。如南朝宋裴的《集解》引皇甫谧的《帝王世纪》云："孟子称禹生石纽，西夷人也，传曰'禹生西羌'是也。"《史记·夏本纪》云："十年，帝禹东巡狩，至于会稽而崩。"事实上，汶川和绍兴两地留存的大禹踪迹也较多。1919年出土的秦公簋（春秋青铜器）和2002年发现的遂公盨（西周青铜器），则从田野考察角度进一步确认了"大禹治水""为政以德"等内容，具有很高的信史价值。

值得注意的是，无论典史记载还是民间

传说,大禹的踪迹所涉范围都甚为广泛,遍及四川、重庆、贵州、湖南、湖北、河南、山西、山东、陕西、安徽、江苏、浙江等十余个省市,几乎遍布了整个九州大地。

不过,跟上文说的伏羲一样,本书并无意对大禹其人其事做全面翔实的考证,只是想侧重谈谈大禹和远古巴蜀文化的渊源,即大禹与巴蜀相关的史实及传闻,如其出生地、娶妻生子、治理洪水等,进而窥视巴文化与中原文化以及长江中下游文化之间存在的深厚内在联系。

大禹出生于何地,历代说法不一。先秦史家并未明确其地望所在,如《大戴礼记》仅仅说了:"鲧娶于有莘氏之子,谓之女志氏,产文命。"到西汉,司马迁在《史记》中做了某种模糊的判断,云:"禹者,黄帝之玄孙而帝颛顼之孙也。"又云:"匈奴,其先祖夏后氏之苗裔也。"这意思是,禹是黄帝的后代,后来的匈奴人也是禹传下来的一支,那么禹应该是中原人。东汉许慎的《说文解字》做了类似解释:"夏,中国之人也。"而东汉以后,大禹出生地的说法就多了起来,几乎遍布了黄河流域和长江流域。

但汉以后,禹生于四川的说法(即"石纽说"),似乎渐渐成为主流论调。关于这个"石纽说",最早的几部典籍做了如是之记叙。东汉赵晔的《吴越春秋》云:禹"家于西羌,地曰石纽。石纽在蜀西川也"。三国谯周(或西汉杨雄)的《蜀王本纪》云:"禹本汶山广柔县人也,生于石纽。"东晋常璩的《华阳国志》云:"石纽,古汶山郡也,崇伯得有莘氏女,治水行天下,而生禹于石纽之刳儿坪,长于西羌,西夷之人也。"中国早期地理总志——唐代的《元和郡县图志》和宋代的《太平寰宇记》也都认可这种观点。唐以后的历史文献更是把禹的出生地说得十分具体,即汶山郡广柔县(今四川省北川县)石纽山(或村、乡、邑)。

如果说禹的出生地还属于大范围的"巴蜀故地",那么有关禹娶妻生子、治理洪水的诸多轶闻传说与"遗迹",则广泛地遗存于纯粹的"巴故地",特别是重庆主城一带以及峡江地区。是故,历来有"禹生于汶山石纽,娶于江州涂山"之说。

重庆许多地名(含街道名称)的由来,似乎都和大禹与其妻涂山氏有着千丝万缕的关系,诸如月牙岩、三块石、结茅台、打儿窝、弹(诞)子石、虎乳溪、望儿楼以及长江中的乌龟（呼归）石，城西方向的歌乐山等。主城长江南岸的涂山上还建有禹王庙、禹王宫。

先聊聊这个乌龟（呼归）石吧。重庆南岸区涂山脚下有一块儿伸入长江的椭圆形礁石，当地人称其为乌龟石，因为这块儿巨石酷似一只乌龟，"龟头"高昂，"四肢"清晰可见。但人们又叫它呼归石。相传，当年大禹和涂山氏就是在重庆涂山成的婚，但婚后数日便受舜帝之命去疏通九河，一去就是三年，而且中途三过家门而不入。涂山氏思念丈夫，天天站在江边呼唤丈夫归来，日久天长便化作了石头。有人说，百姓或是借助这个凄美动人的传说以感念大禹治水的功德。

据说歌乐山也跟大禹治水有关。大禹治水成功以后，召集众多宾客在这里歌舞宴乐，歌乐山由此得名。

巫山神女和大禹的传说也很动人，她向大禹传授天书，帮助大禹劈开三峡、惩治妖孽、点化百姓，而自己最终却化作了神女峰。《巫山县志》中可以查到如是记述："大禹错开，遇神女授册，始劈三峡。"

在禹文化中涂山占有很重的分量，须着重说说。据说涂山乃禹之妻涂山氏一族的聚居地，大禹在这里娶妻生子，也是从这里出发前往治水的。此说最早见于《尚书·皋陶谟》：禹"娶于涂山，辛壬癸甲。启呱呱而泣，矛弗子，惟荒度土功"。《楚辞·天问》亦有载："禹之力献功，降省下土四方。焉得彼涂山女，而通之于台桑？"前一段古文的大意是，禹娶涂山氏，婚后几天便离开了家，儿子启呱呱哭泣也不及照顾，就忙着治理洪水去了。

漫漫历史给中国留下了许多的涂山，分布于重庆、江西、安徽、浙江、河南等诸多省市。这些涂山从古至今都带着很重的传说色彩，至于哪座涂山才是涂山氏的真正故土，一直聚讼纷纭，莫衷一是，很难稽考其真伪。只是我们从中可以窥见一个很有意思的现象，除了河南一处的涂山地处黄河流域，其余的竟然都在长江流域。纷纭的史料既言夏禹最初是黄河流域的一位部落酋长，却又言其故土在长江流域，这或许也在印证着一个推论，上古"夏"建国前后江河文化就已经开始交融了。

众多的涂山中，重庆涂山尤为有味道。重庆地处长江三峡的上端，若是将刀劈斧砍的三峡、美丽动人的巫山神女与大禹治水的神话结合起来联想，其想象空间自然更加广阔。

重庆涂山古远时就建有禹王祠、涂后祠，其始建年代已无从细考，仅在一些古籍上有零星的记载。如东晋常璩的《华阳国志》就记载了："涂山有禹王祠及涂后祠。"北魏郦道元的《水经注》亦有载曰："江州有涂山，有夏禹庙、涂后祠。"

涂山上另外建有佛道合一的广化寺、真武寺，后来与禹王祠合并，称作涂山寺，寺门刻上了"涂山古刹"四个大字。涂山寺历代屡经修缮，特别是清代、民国时期不断扩大增修，现共有殿宇八重，全系木质结构，飞檐翘角，宏伟壮观。其主殿内既供奉有释迦牟尼像，又供奉有真武祖师像。第三殿中则供奉着禹王和涂后的神像，矗立着"禹王治水碑"。这种独特的供奉，在全国也算难得一见的景象。

据涂山寺僧人本初1988年撰文称，寺门左侧原来还曾有过一块石碑，碑文为"禹娶涂山呱呱泣处"。另外，还有一副对联：

三代第一人，承帝运，启王朝，伟绩丰功，犹忆当年平水上。

千古难再得，娶涂山，垂夏统，黎民庶众，始从今日沐皇波。

唐代诗人白居易也在这里留下了《涂山寺独游》一诗：

野径行无伴，僧房宿有期。
涂山来去熟，惟是马蹄知。

涂山半山石壁刻的"涂山"两个擘窠大字迄今可见，据说这是清人陈竹波书写的。陈竹波时称"疯秀才"，其书法苍劲有力。"涂山"两个字深尺许，高阔十丈，笔画可容人横卧，隔江即能遥望。字下还附有一首五言诗：

涂山连字水，文峯接海棠。
云烟添一色，日月映长江。

闲聊了这么多巴文化与嘉陵江的渊源联系，巴文化与伏羲、大禹的渊源联系，就想说明一点：早在远古时期，巴文化就已经与华夏主体文化具有了某种同构关系；远古巴人是交汇、交融南北两大文明的先民族群之一。

盆地缘 巴蜀情

"巴"和"渝"是重庆的简称,但在重庆人的潜意识里,却又根深蒂固地盘踞着这样一些概念,如"巴蜀""蜀""天府之国""四川盆地"等。这个现象看似矛盾,其实一点儿不奇怪,同处一囿的地理原因和千百年交流交融的历史原因,早已使重庆人对四川盆地形成了一种强烈的地域文化认同感,深深地植下了"巴蜀一家亲"的依恋意识。

一

四川盆地位于长江上游,是晚三叠纪印支运动中形成的一个内陆湖盆,东缘由巫山与湘鄂西山地相连,南缘由大娄山与云贵高原相接,西缘由岷山、邛崃山、大凉山与青藏高原相依,北缘由大巴山、米仓山、龙门山与黄土高原相望。若再以华蓥山、龙泉山为界画两条线,将盆地内部划分出东、西、中三个部分来,就可以清晰地看到:华蓥山以东为平行岭谷,穿行岭谷的川江两岸就是远古巴人的活动区域,尤其是渝鄂交界处的三峡地区和嘉陵江、渠江流域的阆中一带；龙泉山以西为川西冲积平原，是远古蜀人的活动区域，尤其是岷江、沱江冲积而成的成都平原，古称"华阳之地"；而华蓥山与龙泉山之间的方山丘陵地带，则是巴蜀两国犬牙交错的动态过渡区域。可见，谈巴蜀文化必谈及四川盆地。恰如当代常璩《华阳国志》所云："蜀之为国，肇于人皇，与巴同囿……地称天府，原曰华阳。"自彼以降，民间亦广泛流传"巴蜀同囿，肇于人皇"的说法。

四川盆地的地理位置很有意思，它恰好处在中国西部高原和东部平原的过渡地带、北方黄河流域和南方长江流域的交汇地带，东出三峡，即与孕育荆楚文化的江汉平原山水相接；北越秦岭、大巴山，便和秦陇文化中心的关中之地岭谷相连；西入横断山脉，又跟与川、滇、藏三省区毗邻的"藏彝走廊"途路相通。所以，尽管盆地群山坏峙，司马迁却谓之"栈道千里，无所不通"。特殊的地理环境对巴蜀文化的发生、发展和演变，无疑产生了强烈的影响。一方面，盆地四围高山屏障，自成一个地理单元，自古称"四塞之国"，李白叹其"蜀道之难，难于上青天"，使其不可避免地具有农业文明的封闭性和静态性，文化面貌也随之具有"人情物态，别是一方"的显著地方性。但另一方面，盆地环境与气候的多样性和兼容性也造就了域内山林竹木、瓜果药材、北粟南稻、桑蚕漆蜡等丰富的资源，又促使巴蜀先民形成了巧思勤作、兼收并蓄等优良传统。盆地恰好处在中国东西南北的枢纽地带，又促成了巴蜀先民突破群山封锁的开拓进取精神，促成了巴蜀文化的开放性与兼容性。

如果把视野再拓宽一些，察看察看世界地图，你还会发现一个有趣的对比：这个位于东亚大陆腹地，黄河、长江之间的盆地，与西亚"两河流域"之间的美索不达米亚竟然同纬度，与北非的尼罗河谷也在同一纬度上；而且，这三个地区都具有相似的地理条件，如土地肥沃、水源充足、物产丰富等。更有趣的是，这三个地区恰恰都发现了远古人类文明发祥的遗迹。

源起于四川盆地的巴国和蜀国都很古老。按照一种学术考证，殷墟卜辞和周原卜辞中就已经出现了"巴"与"蜀"的字样。之后的诸多古代典籍文献也时有记述。如《华阳国志》记载："历夏、殷、周，九州牧伯率职。

周文为伯,西有九国。"任乃强先生在《华阳国志校补图注》卷一注中曰:"此云'九国',指《牧誓》庸、蜀、羌、髳、微、卢、彭、濮,合巴国为九也。"

但是,由于盆地东西两端各不相同的自然条件和人文状况,最初形成的却是两种起源不同、类型各异的文化:"巴"所在的川东山地峡谷,孕育出了囊括盐文化、药文化在内的巫文化;而"蜀"所在的川西平原,则孕育出了以采集、农耕为主的内陆农业文化。有人还做出过这样的判断:"巴"字本身就透露出了巴人的尚武精神,因为"巴"字的古义就是"吞食大象的巨蟒";而"蜀"字则昭然揭示出了蜀人务农桑的本质,因为"蜀"字的古义就是"葵中之蚕"。

至于"巴"与"蜀"是如何由分到合走向"一家亲"的,下文再详细论及,这里仅先谈谈关于"四川"的命名。北宋真宗咸平四年(1001年),巴蜀之地设置益州、梓州、利州和夔州四路,合称"川峡四路",简称"四川路"或"四川"。到宋徽宗大观三年(1109年),朝廷诏书中正式使用了"四川"这个词。伴随着"四川"一词的诞生,"四川盆地"的称谓也随之降世,以崭新的"四川人"身份面世的巴人和蜀人,其盆地归属感就更加强烈了。

巴蜀文化很古老,但其作为一种学术概念提出来却并不太久,直至20世纪40年代以前"巴蜀文化"这一概念都还"于史无记载"。巴蜀文化的提出应该与成都平原发现三星堆遗址有关。三星堆发掘始于1929年,相继在广汉月亮湾和三星堆等地发现了玉石坑和建筑遗址。三星堆的出土文物特别是其中的青铜器,无论形制还是纹饰都具有极强的地域特点,迥异于中原文化,一时震惊了中外。学者们由此联系到了上古巴蜀的传说和文献记载,提出了"巴蜀文化"这一命题。准确地说,是郭沫若先生于20世纪30年代率先提出了一个"西蜀文化"的概念;继而在1941年出版的《说文月刊》第3卷4期上,卫聚贤先生发表了论文《巴蜀文化》,巴蜀文化研讨之风由此滥觞。

单独提出"巴文化"和"蜀文化"的概念则要晚一点,是50年代初的事了。1954年,有关部门先后在广元昭化宝轮院和重庆巴县冬笋坝发现了一种形似独木舟的葬具,就是一些一致头朝江水的船棺,充满了独特而浓郁的巴人风俗,由是拉开了独立的"巴文化"考古研究的序幕。

由于文献资料与考古发现有限,四川盆地的史前文化研究似乎长期淡出学界的视野。

中国文化起源于黄河流域是一种传统认识,却难以尽数囊括纷纭的史前文化现象。针对这种"一元说"的现象,苏秉琦先生于1981年提出了一个卓具见地的新论,即中国文化起源和发展的"多元说",有人形象地称之为"满天星斗说"。苏秉琦先生在《关于考古学文化区系类型问题》一文中,将中华史前文化划分为六大区系:一曰陕豫晋及其邻近的中原地区,二曰山东及其邻近的黄河下游地区,三曰围绕洞庭湖流域的两湖及其邻近的长江中游地区,四曰围绕太湖流域的江浙及其邻近的长江下游地区,五曰以鄱阳湖—珠江三角洲为主轴的南方地区,六曰以长城地带为中心的北方地区。但遗憾的是,其中依旧未涉及四川盆地和巴蜀文化。

有意思的是,越来越多的田野调查和文献查证却一再证明,四川盆地的始源文化悠久而独特。比如1984年在巫山大庙龙骨坡发现了早期古人类化石"巫山人"(地属四川盆地东缘);1951年在资阳黄鳝溪发现了晚期古人类化石"资阳人"(地属四川盆地西部)。又如,新石器时代的考古发现,盆地东有大三峡地区的巫巴文化,盆地西有广汉地区的三星堆文化。

中国疆域辽阔,文化起源具有多元性本不奇怪,令人惊诧处在于,四川盆地的史前文化不仅时间上不输于"六大区系",而且其出土文物之造型既不像"中国人"也不像"中国物";尤其三星堆的许多文物,如"纵目"面具、青铜大立人像、"一龙、九鸟、十二果"的青铜树等,更称惊世骇俗,甚至在中国正统经传里都找不着出处,因而被学界誉为"比秦代兵马俑更加不同凡响的青铜文明的重大发现"。

鉴于上述史料,我们是不是也可以做出一个这样的推论,在中国上古时期,除了黄河流域的华夏文明、长江下游的良渚文明,还有四川盆地的古巴蜀文明?

二

不少人有这样一个认识误区:巴蜀文化只存在于先秦,随着公元前316年秦灭巴蜀,巴蜀文化也就随之消亡了。其实情况恰恰相反,先秦时期的巴文化和蜀文化都只是以各自独立的形态在发生、发展着,它们的交汇交融主要还是发生在秦汉以后。

剖析巴蜀文化的发生发展,得首先明确一些概念。"巴"和"蜀"都是包含地、族、人、国、文化等多层次、内涵复杂的复合性概念。战国后期秦灭巴蜀,只不过意味着上古的巴蜀方国已不复存在,上古的巴蜀族群因移民、汉化等原因发生了变异。但是,古方国、古族群的变异、转型却不等于地域文化的消亡,巴蜀地域文化一直在延续,从远古直至今日。

还须抓住一个演绎轨迹,巴文化与蜀文化互渗、磨合、交融为一个整体的过程,也是二者渗入中原文化元素、融入中原文化系统的过程。可以这样说,巴蜀文化是伴随着中原文化由西向东、由北向南的渐进推移过程而演变的。从巴蜀文化的整体形态看,其演绎变迁大致经历了四个阶段:春秋战国为酝酿阶段,秦汉三国南北朝为成型阶段,隋唐五代宋为繁荣阶段,元明清至近现代则属于定型延伸阶段。

春秋战国是巴文化与蜀文化互渗磨合的初始阶段。春秋以前的早期巴文化与蜀文化都自成形态,巴文化与楚文化的联系倒是更为紧密一些。上古的长江三峡地区是巴国与楚国的接壤处,是巴人与楚人共生共长的地方。巴楚两国时而相互征战攻伐,时而亲和交往,巴文化与楚文化也便一边碰撞,一边融合。

巴与蜀最初的交融互渗,大约跟春秋以后频繁的巴楚战争有关。巴人势弱,不断避让强楚的威逼而向西迁徙,逐渐深入了四川盆地的腹心地带,形成了以新都城江州为核心的巴国区域。巴人距楚人远了,和蜀人却近了,双方居住在相隔不到 300 千米的地域之内,群山和长江的天然地理形态将双方连接成唇齿之势,从而奠定了四川盆地"东巴西蜀"的历史格局。

秦汉三国南北朝是巴蜀文化趋于成型的阶段,其突出表现是巴人与蜀人的地域文化认同感大大增强。

秦汉王朝一统天下之后,先后在巴蜀地区实施了一系列政治、经济、社会、文化改造措施,如秦代的"书同文、车同轨、度同制、行同伦、地同域",汉代的"罢黜百家,独尊儒术"等,加速了巴蜀文化系统的结构转型。方国时候的巴蜀地域界限也随之日趋淡化。

盆地地理环境特殊,乃兵家必争之地,这也成为催化巴蜀融合的一个重要原因。秦统一天下时就将巴蜀作为一个整体的前方基地,汉王朝及三国蜀汉等也都凭借盆地天险成就了霸业。

尤其是三国时期，四川盆地以统一的国家面貌呈现于世，促使巴与蜀加速了融为一体的进程。诸葛亮将治蜀作为其治天下的蓝本，所谓"内修政理""南抚夷越"，有机地将中原文化、荆楚文化融入了巴蜀文化。清代赵藩留在成都武侯祠大殿前那幅名扬千古的题联，就是巴蜀文化转型、交融的一个独特体现："能攻心则反侧自消，从古知兵非好战；不审势即宽严皆误，后来治蜀要深思。"若做更深层次的解读，魏、蜀、吴鼎足之争似乎还可视为中原、荆楚、巴蜀三大区系文化的一次较量与沟通，或者暗合了中国三大古文化（华夏文化、良渚文化和古蜀文化）的一次碰撞与交融。

三国之后的东晋时期，"五胡乱华"导致了中国历史上第二次民族大迁徙、大杂居、大融合，则从一个特殊的角度促进了巴蜀文化的一体化。

隋唐五代宋，在前期地域文化认同的基础上，巴与蜀之间、巴蜀与中原之间的政治、经济、文化等进一步交融、发展。

这一时期巴蜀文化的转型发展与中国经济文化重心南移息息相关。从上古到秦汉，黄河流域都是中国发展的中心地域，东晋南北朝才开始开发江南经济，但效果并不明显。明显的重心南移在唐宋。尤其唐中叶发生的"安史之乱"是"南移"的催化剂，因为黄河流域遭到了严重破坏，长江流域被正式推到了全国发展的主导地位。在这次重心南移中，四川盆地优势尽显：相对封闭的环境避开了长期的战乱骚扰，特殊的枢纽位置极有利于南北交流，由是大大促进了巴蜀文化的交融与发展。

行政区划合一，则让巴蜀融合如添薪催火。隋代仿汉制分全国为九州，巴与蜀同划属梁州，这是历史上中央政权第一次确认巴与蜀的合治。唐代虽曾回归分治，但宋代的合治更彻底。自北宋真宗设置"川峡四路"到20世纪抗日战争时期重庆第一次直辖，巴蜀延续了800余年的合治，不管巴人还是蜀人，都发自内心地认定了：我就是"四川人"。

元朝以降，巴蜀文化基本上以中国的一个定型区系文化面目呈现，一直延伸到近现代，只是其光焰相对黯淡了。

元明清三代，巴蜀地区有两个瞩目的文化现象：一是战乱，二是人口大迁徙。出于争夺军事战略要地的原因，四川盆地接连经历了宋蒙战争、元末红巾军造反、明末闯献动乱、清初三藩之祸、民初军阀割据等频繁战乱，导致四川"地荒民散，无可设官"，继而引发了元末明初、明末清初两次"湖广填四川"的大规模移民运动。秦汉以来的"世外桃源"变成了"是非之地"，清初欧阳直之《蜀警录》谓为："天下未乱蜀先乱，天下已治蜀后治。"动乱逼迫文化中心不得不继续南移，巴蜀文化逐渐被边缘化了，唐宋人才鼎盛的局面不再。据说元仁宗恢复科举，四川本土中举进士竟然不足60人，以致民间出了句俚语："江南出才子，四川无举人。"

三

当然，以上所述之文化交融并不妨碍巴蜀文化继续其独具个性的强化、发展。只是长期的战争屠戮导致四川人口锐减，大规模的移民则导致人口构成发生变化，外省人反而比原住民多了（如作者祖上就是"湖广填四川"来的），于是血缘、方言、习俗等诸方面再一次变异转型。秦汉以来的中原文化影响力逐渐减弱，来自长江中下游的湖广文化的影响力不断增强。乾隆年间窦启瑛的《四川通志·序》如是描述："其民则鲜土著，率多湖广、陕西、江西、广东等处迁居之人，以及四方之商贾。俗尚不同，情性亦异。"从此，巴文化、蜀文化与湖广文化奇妙混合，在四川盆地里造就出了一种新的近代巴蜀文化。

插件

游江画重庆

◎ 山城的风景与从前的生活

过去厨房的用具（国画）

巴风渝韵话古今·溯源篇　044/045

到来重庆（国画）

有城门的老街巷（国画）

重庆的下半城它是码头的生活秀，每天来来往往的人不知留下了多少难忘的记忆（国画）

过江索道（国画）

你好重庆（国画）

小姐，我这钱不好赚哟（国画）

巴风渝韵话古今·溯源篇

下浩周家湾洋行（国画）

油茶、盐茶鸡蛋（国画）

擦皮鞋是重庆城区一大特色，重庆雨水多，没得两刷子不敢接此活（国画）

母城篇

BAFENG YUYUN HUA GUJIN
MUCHENG PIAN

用历史的眼光看,城市就如星星点点散落的记忆碎片,古老的城市尤其让人生出这样的感受来。当你漫步重庆的城里乡间,随意触摸一段老城墙,品味一个老街名,乃至掬一捧嘉陵江的浪花,仿佛都能感受到她久远的脉动;而悉心搜集记忆的碎片,再耙梳、拼接起来,你就可以窥测到她阅尽沧桑的灵魂,寻找到她神秘的历史基因。

古城重庆觅旧痕

一

重庆城很古老。撰文者常常言及:"三千年江州城,八百年重庆府。"民国年间曾流行过一段金钱板,像这样描摹古城重庆的情状:"鼓板响,说一声,请客雅静;听我把,重庆城,说个分明……巴子国,都江州,人少得很;沿水岸,聚群居,多重渔猎……"但是,重庆城究竟"古"到什么时候,其实没有人能够说得清楚。所谓"三千年",不过是一种史迹推测;金钱板所云,也只是说书人的一种想象。

若是依照"三千年"的推测,最早的重庆城就得追溯到西周初期那个"巴子国都"去了。但是就文献记载和出土文物看,巴子国都那一段面目太过模糊,目前实在难以述析,所以暂且还是从秦将张仪鄢灭巴国以后修筑江州城说起吧。东晋常璩的《华阳国志·巴志》是这样记载的:"仪贪巴苴之富,因取巴……仪城江州。"秦灭巴这一事件发生在公元前 316 年,本文也就拟着重谈谈重庆城这"两千年"来的筑城历史。

当然，不管三千年还是两千年，重庆城都够古老的。谁能料想，就是这样一座超大型城市，竟然是由数千年前不足2平方千米的区区弹丸之地演进而来的。

二

古代，重庆城共发生过四次较大规模的筑城举措，即战国末秦将张仪、蜀汉李严、南宋彭大雅、明代戴鼎的筑城。

秦统一后划天下为三十六郡，其中有一个巴郡，张仪修筑的那个江州城，就是巴郡的郡治。秦国是瞅准了"巴"地域辽阔、物产丰饶以及山川险要等优势，欲将江州打造成一个统一六国的前沿战略要地。根据考古发现，最初的江州城就只有今日朝天门逐级上至望龙门、千厮门、小什字那一片，巴掌大的一块儿小地方。

到东汉，巴郡郡治曾一度移往嘉陵江北岸，新建了一座城池称作北府城，并建了柑橘宫作为郡守衙门，隔水相望的原江州城则称作南府城。《华阳国志·巴志》对此有记载："汉时，郡治江州巴水北，有柑橘宫，今北府城是也。"但北城作为郡治的时间并不长，"后乃还南城"。1959年，在江北县文化馆发现了陶井圈。2015年，在江北刘家台又发现了大量的东汉砖室墓。这些都确认了汉代江北市井的存在，城址就在今日的江北嘴。

东汉时，除了南北府城，长江南岸的涂山脚下、九龙坡的长江两岸以及嘉陵江沿岸的化龙桥、土湾、沙坪坝等地，也都逐渐出现了村庄、街市。彼时的江州已显现出繁华水码头的模样。《华阳国志·巴志》描摹："郡治江州……地势刚险，皆重屋累居……结舫水居五百余家……"

三国蜀汉李严扩建江州，是重庆历史上第二次规模较大的城市建设。

蜀汉后主建兴四年（226年），李严奉命由永安（今奉节）移驻江州。据《华阳国志·巴志》载："都护李严更城大城，周回十六里。"这个"李严大城"北线约扩展至今新华路的人民公园、较场口一带，南线则从朝天门沿江扩展到了南纪门。自李严扩城始，逐渐构架起了渝中母城"上半城、下半城"的雏形。

此外，李严又在江州"后山"浮图关修筑了一座拱卫主城的卫城。据《重庆市地名词典》记载："浮图关……耸峙于长江与嘉陵江间，三面悬崖，海拔388.6米，为古重庆咽喉要地。公元227年，三国蜀将李严在此筑城，条石叠砌，高10余米，厚5米，有迎庆、泰安、顺风、大城四门。"

另据史籍记载，李严还心存一个惊人的打算，"欲穿城后山，自江汉通水入巴江，使城为洲"（《华阳国志·巴志》）。渝中母城本是一个三面环水的半岛，陆路上的浮图关乃半岛山脊的最薄处，当年李严若果真凿穿了浮图关，让两江变成护城河，那重庆城可就真变成天下无双的"金城汤池"了。后来，因丞相诸葛亮疑"正方腹中有鳞甲"（《三国志·陈震传》），以北伐为由"召严汉中"，导致"穿山不逮"（《华阳国志·巴志》），这个惊世壮举也便随之寿终正寝了。

浮图关上的古城墙、古城门、古牌坊等本来一直留存到了现代，却不料20世纪50年代初竟被一些颟顸人士拆除殆尽，令人痛惜。"重庆十景之'浮图夜雨'夜雨寺"，也"前殿毁于火"，只有"后殿尚存，岩壁残存有唐宋石刻佛像、佛洞及清所建功德碑、节孝碑等"。

隋唐时期，更名为渝州的重庆城又有局部扩展。唐代在南岸（今石坂坡长江大桥南端的南坪）修建了城郭，称南城，并一度将州治移于此处；但终因长江阻隔不便又搬回了半岛大城，南城也随之改称了"南城坪"。客观地说，20世纪逐步形成的重庆主城两江四岸大格局，其想法应是从唐代就萌芽了。

第二次筑城发生在南宋末，动因是宋蒙战争。南宋嘉熙三年（1239年）夏，蒙古军队继攻破成都以后大举进犯川东地区，时任四川制置副使兼重庆知府的彭大雅乃"大兴城筑……以为西蜀之根本"。对于这次筑城，宋元之际邵桂子的《雪舟脞语》、胡三省的《通鉴注》以及清代钱大昕的《十驾斋养新录》等文献都有所记载。

彭大雅是一位颇具胆识的将领，他力排众议，不惜"披荆棘，冒矢石"抢筑新城防。李严旧城的西缘在渝中半岛的山脊线"大梁子"（今新华路）上，新城将其往西面挪移，抵达今临江门、通远门一线，将山脊线以北的大片平缓地带和城西制高点（民国打枪坝水厂处）全都圈入城内，不仅面积扩大一倍多，而且由南边长江沿线向北扩展到了嘉陵江沿线。两江沿岸大多是悬崖峭壁，城墙也便顺崖壁筑起，将城市裹了个严严实实，成为名副其实的"金城汤池"。新城内外落差很大，达十来米、数十米甚至上百米，冷兵器时代的攻城器械如冲车、云梯、抛石机乃至火炮之类，基本失去了作用。唯一的陆路关隘镇西门（今通远门）虽无临江的高崖，但毛青石的城墙筑在一道小山梁上，够高，也够厚。20世纪40年代，陪都市市长张笃伦凿通通远门下方的山梁，修建了一条"和平隧道"，那隧道的长度少说也有20多米。

接任四川防务的余玠进一步扩展彭大雅的战略规划，选择川渝地区80余座山城如青居城（在今南充）、大获城（在今苍溪）、钓鱼城（在今合川）、多功城（在今渝北）、天生城（在今万州）、磐石寨（在今云阳）等，皆仿照重庆城依山筑垒，据险设防，构建起了一个以重庆为中心的山地多重防御体系。

这一军事设施建设的功效十分明显。据《新元史·汪世显传》《宋史·忠义传》等文献史籍记载，蒙军从1271年（元至元八年，南宋咸淳七年）开始围攻重庆城，一直打到1278年（元至元十五年，南宋祥兴元年），打了7年也没有打下来。后来还是因为赵安、韩忠显等将领叛变，深夜偷偷打开了唯一通陆路的镇西门，重庆方才失陷。

钓鱼城保卫战就更加瞩目了。历史上蒙古大军先后发起过三次西征，时间长达40余年（1219-1260年）：一个方向往中东，一个方向往欧洲。但在小小的钓鱼城下，蒙古大军却遭受重创。就是这么个弹丸之地，在大部分地区沦陷乃至南宋王朝覆灭的情况下，竟然独立坚守了整整36年（1243-1259年）。故史书定论：钓鱼城之战是一个战略转折点，它改写了世界历史。也难怪欧洲人惊魂甫定即交口盛赞：钓鱼城是令"上帝折鞭之处"！有人又说："是重庆人拯救了欧洲，要不是兄弟伙们亡命地在钓鱼城干仗，欧洲就会继续遭受蒙古铁蹄的蹂躏，后来的文艺复兴、工业革命什么的就全都没有了。"当然，这只是一个玩笑话！不过，若非钓鱼城保卫战成功，那重庆城就该上演一出生死大血战了！

从城市建设史的角度看，彭大雅的宋城也意义非凡。虽说这次筑城看似军情紧迫的急就章，从南宋嘉熙三年（1239年）夏至嘉熙四年（1240年）春仅花了几个月时间就仓促完工，但它大致确立了元明清三代重庆城区的规模和框架。

第四次大规模的筑城发生在明初洪武六年（1373年），是重庆卫都指挥使戴鼎领导修建的。从建筑规模和范围看，戴鼎明城与彭大雅宋城大体一致，戴鼎所做的工作可能主要就是修复、加固和完善旧城，并新建（含改建）了十几座城门。清代乾隆《巴县志》即谓其"因旧址砌石城"。但是，戴鼎的明城却朝着城市规范化建设迈进了一大步，使它不再只是一个军事要塞，而变成了一个繁荣的工商业城市。直至20世纪20年代，重庆古城都基本保持着明代建筑风格的原汁原味儿。

三

上文所述，是发生于古代的四次大规模筑城。进入近现代以后，重庆又经历了三次规模较大的城市建设。

第一次是始自1927年的城市改造与扩建。这次建城的直接动因是1891年重庆开埠的刺激。就拿重庆老城门来说吧，满打满算也不足3米，就连稍为大点儿的货物进出都困难，更不要说大型现代机械的运输通行了，又如何发展商贸和现代工业呢？再说了，从明初戴鼎筑城到20世纪20年代，重庆城的范围就一直局限在渝中半岛东端大约2.4平方千米的层岩之上，而几百年生息繁衍下来，城市人口已经增加到了30多万，方寸之地又怎么能够居住得下？狭小封闭的老城显然已无法适应时代发展的需求，扩建城市已势在必行。

主持这次城市扩建的人叫潘文华。此人于1926年出任重庆商埠督办公署督办，1929年重庆建市以后复出任第一任市长。这次扩城沿着新开辟的三条道路干线展开，路修到哪里，城就扩建到哪里。其一，陆路，由通远门经两路口至曾家岩，长约3千米。其二，沿嘉陵江由临江门经大溪沟、孤儿院至曾家岩，长约2.5千米。其三，沿长江由南纪门经菜园坝再斜上接两路口，长度约2.5千米。

这次扩城意义非同小可，它不仅使延续了500年的古城面积陡然扩大了一倍以上，而且是重庆历史上筑城模式的一次战略性转变，具有里程碑的性质。它不再采用传统的筑城墙方式"围城"，而是通过修筑"马路"的方式带动城区延伸扩展。其更深层次的意义还在于，它突破了古城池"天经地义"的城墙，为重庆日后向南北两岸及西部陆地进一步拓展城区，奠定了理论和实践基础。

第二次是抗战时期国民政府迁渝以后的城市大发展。乘着陪都的东风，重庆城区的面积由战前不足10平方千米发展到了45平方千米（1945年统计）。辖区范围东至大兴场（今南岸区峡口乡），北至石马河（今江北区石马乡）嘉陵江边的堆金石，西至歇乐山，南到马王场（今九龙坡区九龙乡大堰村）和川黔公路二塘（今九龙坡区花溪乡二塘村）以北（1942年统计）。

第三次则是中华人民共和国建立初期的西南区域中心城市建设。在抗战时期城市扩展的基础上，重庆逐步形成了一种独特的城市组团模式，即一个城市主中心——渝中半岛，若干个城市副中心——江北、南岸、九龙坡、沙坪坝、大渡口、北碚、巴县。

关于重庆的城市发展历史，重庆市规划局和重庆市勘测院做了大致这样的归纳，其经历了两个既有联系又有区别的发展过程。其一，历经了战国秦张仪、蜀汉李严、南宋彭大雅、明代戴鼎四次大规模筑城，重庆由城寨转向城市，由沿江向跨江发展，奠定了古重庆城的格局。其二，自1891年（清光绪十七年）重庆开埠始，历经抗战陪都建设、新中国初期西南区域中心城市建设等一系列过程，进一步促使重庆城由跨江向组团发展，最终形成了近现代的城市空间格局。

当然，重庆的城市建设仍在继续向前发展。2020年，重庆市政府工作报告推出了一个"一区两群"协调发展的城市未来规划。

所谓"一区"就是主城都市区，由9个原来的中心城区（渝中、大渡口、江北、南岸、沙坪坝、九龙坡、北碚、渝北、巴南）和12个主城新区（涪陵、长寿、江津、合川、永川、南川、綦江、大足、璧山、铜梁、潼南、荣昌）共同组成。依凭东面的涪陵、南面的綦江—万盛、西面的永川、北面的合川作为重要战略支点，形成一个四方形的巨大空间布局，面积达2.87万平方千米。而50平方千米的"两江四岸"核心区，则将成为重庆历史人文的风景眼、山水城市的会客厅、商业商务的中心区，成为重庆的地标、灵魂和精华。

所谓"两群"，一个是渝东北三峡库区城镇群，一个是渝东南武陵山区城镇群。渝东北三峡库区城镇群包括万州、梁平、开州、城口、丰都、垫江、忠县、云阳、奉节、巫山、巫溪11个区县，面积达3.4万平方千米；渝东南武陵山区城镇群包括了黔江、武隆、石柱、秀山、酉阳、彭水6个区县（自治县），面积达2万平方千米。

岁月如逝水，重庆城早已异容换貌，形同天壤，但历史依旧潜藏在我们的现实生活里。了解历史，是为了服务现在，拓展未来。同泛黄的历史对话，虽不免见仁见智，却总会让你有一二得。

山上长出的城

重庆，是一座极具地域特色的城市。特别是它的主城区，号称由四山、两江、一城构建起来的"山水城共同体"。所谓"四山"，指的是缙云山、中梁山、铜锣山、明月山；"两江"，指的是长江和嘉陵江；而"一城"则指的是渝中母城。其山与水的特色中，首当其冲的特色还是"山"。重庆凭借"山城"的美名蜚声海内外，这是众所周知的。

若细察渝中母城，你还会更加真切地发现，那种山与城相依相存的状态，就如水乳交融一般，简直不可分离。举个例子说说吧。重庆的城市面貌古往今来变幻不息，本已沧海桑田，但那种似曾相识的"重庆美"似乎依旧在延续，你似乎总能嗅出那股子一以贯之的味儿。那是为什么呢？我想，或者就在于它"山城"的根本品相未变！有人比喻重庆"城在山中，山在城中"，它还真就像是一座从山上长出来的城市。

一

在讲述重庆山与城一体的特色之前，有必要先弄清楚"城"的概念；对于中国古代城市的营建模式，也须做些许的了解。

原始形态的城市，就是非农产业和非农人口聚集且具备行政管辖、军事防卫及市场交易功能的地方。在中国古代，将城市称作"邑"和"都"。《史记·五帝本纪》云："一年而所居成聚，二年成邑，三年成都。"《左传》云："凡邑有宗庙先君之主曰都，无曰邑。"

此外，古义中的"城"与"市"，又是两个既有差别又有联系的词。"城"的本义，其实是"城墙"，即邑（都）四周的防卫性墙垣。不少的邑（都）都修建了内外两重墙垣，即《管子·度地》所云之"内之为城，外之为廓"，抑或《孟子·公孙丑下》所云之"三里之城，七里之郭"。而"市"，则是指城中的交易场所。《易经·系辞下》有云："日中为市，致天下之民，聚天下之货，交易而退，各得其所。"可见，"城"与"市"是各有其功能的，将它们合起来就形成了"城市"。

中国古语中有"无邑不城"之谓。中国的城墙起源很早，大约在原始社会的中后期就产生了。据《黄帝内经》记载："帝既杀蚩尤，因之筑城。"《世本·作篇》记载曰："鲧作城郭。"《史记·轩辕本纪》记载曰："黄帝筑城邑，造五城。"察看金文的"城"可以清晰地看到，那是扛干戈的士兵和瞭望楼组成的一个合体字。1959年发掘出的黄山遗址（在河南省南阳市卧龙区蒲山镇黄山村），属于新石器时代遗址，那时候的"城"就已经具备了"都"的功能了。

有观点认为，中国古代城市营建分为两种基本模式，一种是北方平原模式，一种是南方山地模式。北方平原城市大多方方正正，中规中矩，城内设有中轴线，讲究个左右对称；城墙多用砖砌筑，常设四个城门。《周礼·考工记》对此做了如是概括："匠人营国，方九里，旁三门，国中九经九纬，经涂九轨，左祖右社，面朝后市。"但是这种筑城理念却不适用于南方山地城市。南方山地没有北方平原的地理条件，故往往依山就势设计城市布局；街市多呈不规则形状，更无对称可言；城墙多用石头砌筑，城门则结合地形变化而设置，数量不一。

《管子》一书精到地描述了南方山地的筑城方式："因天材，就地利，故城郭不必中规矩，道路不必中准绳。"据此考察重庆古城,它正是南方山地模式中的一个突出典型,可视为《管子》筑城理念的一次生动表现。

二

重庆古城的筑城特色,首先体现在它的街市布局上。

前文已经谈到,重庆主城区拥有缙云、中梁、铜锣、明月四山,而重庆古城(渝中母城)的街市布局,就与"四山"中的中梁山紧密相关。中梁山属华蓥山余脉,其自渝北柳荫镇附近起从北向南延伸,途经北碚、沙坪坝、九龙坡、大渡口,截止于江津西湖镇附近;在中梁山中段的山洞一带又生出一条支脉来,从西向东经由平顶山、鹅岭、枇杷山、大梁子、金沙岗,一直延伸到两江交汇的朝天门。由于渝中半岛三面环水临崖,唯有向西的中梁山支脉山脊线连接城内外,故古城的街市也便依据着这条山脊线来进行布局。

重庆人俗称"山脊"为"梁子","大山脊"就是"大梁子"。泛概念的大梁子,指的就是这条中梁山支脉山脊线。但是,作为街道名称出现的大梁子,却又仅指山脊线中西连磁器街、东接陕西街(今陕西路)的这一段(相当于民国时期的中正路,现在的新华路)。在渝中半岛上,沿着"大梁子"这条东西向中轴线形成了一道狭长的山地,这里便成为渝中古城的基本地段。这个地段地势险峻起伏,西高东低(相对高差逾 200 米),北高南低(相对高差逾 75 米)。故自古以来坊间流行一句俗语:"好个重庆城,山高路不平。"抗战时期,美国学者费正清曾从飞机上俯瞰重庆,也留下了这样一个强烈的印象:"这里连一块儿平地都没有。"

不规则的地理形态,导致了不规则的城市布局。但是,不规则却有规律。一条大梁子区隔出了北高南低、北宽南窄两个版块,蜀汉以降的筑城者们便顺势弄出个"上下半城"的空间格局来:大梁子南侧沿长江一边称为下半城,北侧沿嘉陵江一边称为上半城。这种把一座城市剖分为上下两半的规划布局,在古今中外城市建筑史中怕都"只此一家,别无分店"吧?须补充指出,由于这条半岛山脊线由西向东渐行渐低,到朝天门已全然消没,所以朝天门一带的上下半城界限也就不明显了。

正是鉴于渝中古城与山水的特殊联系,它的街市都顺着山脊或沿着江岸向设计拓展。

较早的情况已不好揣测,只大致描述一下明清时期的城区街道构架。

城区通衢大道有三条,下半城一条,上半城两条,皆呈东西走向。第一条沿大梁子一线,由朝天门经三门洞、接圣街、字水街、新街、小什字至较场口。第二条沿小梁子(在小什字西路口与大梁子分岔处)一线,由小什字经鱼巷口、荒货街、木牌坊、直峰街、会仙桥、都邮街、鱼市街至较场口。第三条沿长江岸上行,由朝天门经过街楼、陕西街、川东道署、白象街、新丰街、巴县衙门、鱼市口、三牌坊、段牌坊、重庆镇署、绣壁街、麦子市至南纪门。上半城的两条路在较场口交汇,再经走马街、棉絮街、骡马店由通远门出城;下半城那条路则由南纪门出城。

上半城另外还有两条大致南北向的通道:一条经由夫子池、柴家巷、天官街、苍坪街连接大梁子;一条经由牛市街、桂花街、石牌坊、杨柳街连接大梁子。

此外,因上下两半城的落差极大,一般都有好几十米,于是又改造了许多条由下半城连接大梁子的陡峭梯道,如重庆府衙背面的后伺坡(今公园路)、白象街云梯(今凯旋路石阶)、储奇门大巷子、南纪门十八梯等。它们被当今网络语言戏称为"重庆十大神级梯坎"。

行文至此,不妨略引一段古籍,以供读者诸君体味体味渝中古城别具一格的风貌:"依崖为垣,弯曲起伏,处处现出凸凹转折形状,街市斜曲与城垣同。横度甚隘,通衢如陕西、都邮各街,仅宽十余尺,其他街巷尤狭。登高处望,只见栋檐密接,几不识路线。所经房屋,概系自由建筑,木架砖柱,层楼平房相参互,临街复无平线。殆故以凌乱参杂为美观欤。"

三

重庆古城的地域特色,也体现在它的城墙和城门上。

先来看看极富特色的重庆古城墙。鉴于渝中半岛依山傍水,历代筑城者都抱持着一个"沿江为池,凿岩为城,天造地设"的指导思想,欲着力打造一座"金城汤池,城堤一体"的城市。他们不但"依崖为垣",将城墙和陡峭山崖有机融为一体,而且因为古城地处半岛东部的层岩之上,故充分利用遍地石材之便,用石头筑城墙。张仪所筑江州可能是土城,但宋城、明城都明显是石头城,保存较好的通远门和东水门城墙段以及太平门、人和门、南纪门的墙垣残迹，都印证了这一点。另据有关报道，2015年6月前后，朝天门来福士工地上挖出了一段长140米的南宋古城墙，都是些长约一米的条石，直接砌在坚硬的岩石上。中国古代的城墙建筑材料多采用泥土、青砖或砖石混合体，单纯用石头的并不多，故重庆古城这一特点还是很突出的。

当年诸葛亮目睹清凉山石头城，曾发出"钟山龙蟠，石头虎踞"之喟叹，而重庆古城与之相比，可以说是一座放大版的石头城。史家们感叹于重庆古城"城在山上，山在江中"，险峻雄奇，坚固无比，故将其夸张地描述为"石城削天，字水盘郭"。这倒也不是吹，从史籍记载看，自彭大雅筑宋城以降的700多年间，这个"放大版"的石头城就很少发生大规模攻城战，似乎只见到南宋景炎三年（1278年）蒙古军队攻打过薰风门、太平门、通远门；南明隆武二年（1646年）张献忠的大西军攻打过南纪门、朝天门、通远门，而且每一仗都打得非常艰难，仅张献忠攻破过一次通远门。这在一定意义上也说明了，在冷兵器时代强攻重庆并不是一个好主意。

重庆古城的城门也很另类。一般而言，中国古代县城设四门，东、南、西、北各一门，如山西长治、江苏溧阳、山西兴县等；府、州的城门多一些，如安庆设五门，武昌、长沙设九门；首都城市城门就更多一些，比如南宋临安设了十三门，明代南京仅内城就设了十三门，明清时期的北京更有"内九外七皇城四"之说。重庆古城原本地处西南僻壤，而且又只具有外郭城，但在明代也一股脑儿修筑了十七道城门（此处不言及江北北府城的十座城门、佛图关卫城的四座城门）。城门密度同样另类。明代的重庆城围统共才7700米，平均400多米就设一道城门，密度之大实为中外城市所罕见。

关于重庆古城门的数量变化情况，一直存在着争议。据《雪舟胜语》载，南宋末彭大雅只开了四道城门："既而城成，乃请立碑从纪之……但立四大石干四门之上，书曰：某年某月彭大雅筑此城以为西蜀之根本。"或曰此四门乃"东门薰风门、西门镇西门、南门太平门、北门千斯门"（蓝勇：《古代重庆主城城址位置、范围、城门变迁考》）。但其他史籍又零星透露出其时似乎不只四门。如《新元史·汪世显传》载：元至元八年（南宋咸淳七年，公元1271年），汪惟正与两川行枢密院合兵围攻重庆，夺洪崖门，获宋将何世贤。这里便多出了一个"洪崖门"。胡道修先生则认为，彭大雅共筑了九道城门，即朝天门、复兴门（后改称福兴门、西水门）、南纪门、出奇门（后改称储奇门）、太平门、熏风门（后改称东水门）、千厮门、洪崖门（后改称临江门）、镇西门（后改称通远门）。

明清古城有十七道门，则是较为确定的共识。十七门分为"九开八闭"，两开夹一闭(储奇门和金紫门之间例外)。滨长江十门为：朝天门（开）、翠微门（闭）、东水门（开）、太安门（闭）、太平门（开）、人和门（闭）、储奇门（开）、金紫门（开）、凤凰门（闭）、南纪门（开）。滨嘉陵江四门为：西水门（闭）、千厮门（开）、洪崖门（闭）、临江门（开）。城西连接陆路三门：金汤门（闭）、通远门（开）、定远门（闭）。

19世纪末来中国的西洋人原本以为中国的城市一律像他们在北方见到的那般模样：方方正正，中规中矩，一城开四门，皇城建在城中央，左边（东）是祖庙，右边（西）是社稷坛，前边（南）是朝廷，后边（北）是集市。可一见这另类的重庆城却不禁瞠目结舌——这里街道蜿蜒杂布，建筑高低错落，似乎全无方位、规律可言。别说是老外了，就是唐代大诗人王维，初见重庆城之时也曾这样描述："水国舟中市，山桥树杪行。"

其实，看似无序的重庆古城，却依旧隐含着中国传统建城的国家规制，并且还加上了奇门遁甲的风水布局，其"九开八闭"系统，就印合着"九宫八卦"之象。如清代乾隆《巴县志》所云："指挥戴鼎因旧址砌石城，高十丈，周二千六百六十丈七尺，环江为池，门十七，九开八闭，象九宫八卦。"杨宇振先生《按照规制和风水理念布局的重庆城》一文也认为，重庆古城并非全无规矩，各个城门的方位与命名皆具有一定的对应关系：储奇门处于"中宫"，城南金紫门为"乾位"，城北千厮门为"坤位"，城东东水门为"离位"，城西通远门为"坎位"，而北门（千厮门）则标准地遥对川东地区的群山鼻祖——华蓥山主峰。杨宇振还谈到，若将乾位和坤位、离位和坎位各连接一条线，两线的交叉点一带（靠近太平门内）又恰恰是各级署衙的落脚地。

重庆古城之所以开这么多城门，除了依循国家建城规制以外，还可能跟它梁沟相间、陡峻异常的地形地貌有关。因为即便在城内，也到处是曲里拐弯的山路，一出门就得爬坡上坎儿，出城、进城的交通就更加困难了，若不多开几道城门，不同居住点的人南来北往都得绕好大的圈子。此外，多修城门还有一个好处，一旦发生战事，也多了些瞭望的谯楼；而且分散屯兵囤粮，也克服了来往运输不便的隐患。

四

儿时的重庆古城门是带有几分神秘色彩的。一首人尽皆知的童谣这样唱道："城门城门几丈高，三十六丈高。骑大马，带马刀，走进城门又一刀。"歌词很夸张。不过，重庆古城门背后确实藏着许多趣事儿。

即如前文说到的"九开八闭"中的"闭门"，就十分有趣。所谓闭门，就是城墙、城楼都如同常规建造，唯独城门却只是徒具一个城门洞的轮廓，门洞里其实也修筑了城墙。这种有形无实的"闭门"，在中国古城规划史上恐怕堪称独树一帜。难解的是，何以会产生这种"闭门"的独特现象？既然其并无通行之功能，又专门修它来干吗？这不是"脱了裤子放屁——多此一举"吗？上文印合"九宫八卦"之象的说法，或是一种较为合理的解释。

当然，对于"闭门"一说，也不妨做进一步的考察研究。比如有种民间说法就别开生面，权供诸君参考。据说，十七门原本都是开门，也称"水门"（供力夫挑两江水入城），后来城内火灾频仍，官府认为是水门洞开不能克火之故，便封掉八门变为了"旱门"（亦即闭门）。

关于这个民间传说一时也难辨其真假，但重庆的古人担忧火灾却是实实在在的事儿。重庆自古号称火城，气候酷热，燃点低；而城内建筑又基本为竹木吊脚楼，重屋垒居，极易着火；再加上两江水源遥远，救火困难，所以一旦发生火灾是很可怕的。《巴县志》等史籍文献里记载了不少重庆火灾，也的确触目惊心，这里仅略举几例。"清朝雍正二十三年三月朔，太平门内外大火，二百余家被焚，文昌宫殿宇一片废墟。""光绪二十年七月二十五日，大火。是日未暮，自道门口钟表店起，延烧通夜。状元桥、陕西街、打铜街、打铁街、玄天宫、梅子坡、滴水岩、长安寺、四天王殿、木匠街、千厮门正街均灾，约近万家。"仅在民国二十七年（1928年）一年里，临江门、储奇门就连续失火，连储奇门段牌坊附近专为防火祭祀而修的火神庙也烧了个精光，弄得"上百人烧死"，"两万人无家可归"。至于民国三十八年（1949年）那场"九二火灾"，就更是老重庆人心中的痛了。

陆路通远门外的七星岗有一个传说，也缘于"火"。七星岗是一个小山岗，因这里远离两江水源，尤其惧怕火灾。相传，这里的人们为防备火灾，就在山岗上造了七口大石缸，盛满了消防用水。石缸是按照北斗七星状布设的，所以就得了一个"七星缸"的地名。直至晚清，重庆城区地图上标注的都是"七星缸"，直到抗战时期才改成了"七星岗"。

重庆古城十七门中，有几道门的轶事也特别值得聊一聊。

先说东水门。宋末史籍中并未见"东水门"的名称，而到戴鼎明城时"熏风门"一名又不见了。《宋史·张珏传》有如是记载：南宋景炎三年（1278）蒙军攻打重庆城，"珏率兵出熏风门，与大将也速儿讹扶桑坝"。《四川通志》谓扶桑坝在县东，《宋史》又谓扶桑坝在熏风门外，抑或熏风门就是东水门之前身？

再说太安门。太安门是东水门和太平门之间的一道闭门，城墙根上原来有条半边街叫作望龙门街（正对长江南岸龙门浩）。20世纪20年代扩城时拆除了太安门，坊间民众便将这一片改叫了望龙门。可见望龙门本不是"门"，所以在"九开八闭"中是找不到它的。

尤其该说说太平门。横跨元明清700年的古重庆"正门"，很可能并非当下红得发紫的朝天门，而是太平门。自宋代峡江设置水驿始，太平门就是重庆最大的水码头驿站，被誉为重庆的"东南路"；且中国建筑向来重风水，讲中轴线，太平门恰好居于城市坐北朝南的中心位置，故宋末以降，道署、府署、县署皆设立于此处，一直未迁徙过。既然是市府机关的所在地，每日里向全城报时辰的老鼓楼自然也建在了这里；还有当年迎官接圣的"朝天驿"，也建在了太平门的马王庙（而不是在朝天门）。

太平门内还因其地位而形成了一条繁华的长街——白象街。1891年重庆开埠以后白象街更是盛极一时，街道两边，勾栏瓦肆与中西合璧的洋房掺杂，鳞次栉比；中外客商、行帮会馆云集，货栈、银楼、当铺、洋行、报社、电报局荟萃。《重庆市中区志》载曰："城区最繁华的商业区在下半城，原重庆府署改建的商业场成为重庆最繁华的商业中心。"20世纪初的《广益丛报》亦曾云："吾渝之繁华，多在长江畔一侧。"直至20世纪二三十年代扩城，重庆的城市中心才逐渐移至上半城和新区。

渝中古城因山就势修筑了十七道城门，各有各的功能。有一段清末民初的旧民谣将其描述得十分生动，借此篇末，不妨再领略一番它的旧时风貌：

朝天门，大码头，迎官接圣；翠微门，挂彩缎，五色鲜明；千厮门，花包子，白雪如银；洪崖门，广船开，杀鸡敬神；临江门，粪码头，肥田有本；太安门，太平仓，积谷利民；通远门，锣鼓响，看埋死人；金汤门，木棺材，大小齐整；南纪门，菜篮子，涌出涌进；凤凰门，川道拐，牛羊成群；储奇门，药材帮，医治百病；金紫门，怡对着，镇台衙门；太平门，老鼓楼，时辰报准；人和门，火炮响，总爷出巡；定远门，较场坝，舞刀弄棍；西水门，溜跑马，快如腾云；东水门，有一个四方古井，正对着真武山，鲤鱼跳龙门。

岁月不居，千载如流。自1927年潘文华大扩城始，古老的城门、城墙已先后湮没在了历史的尘埃之中：1927年撤除朝天门，1930年撤除千厮门，1932年撤除太平门，1935年撤除金紫门、储奇门……如今只余下了东水、太平、人和、南纪、通远五门的一点断壁残垣。但是，这座"从山上长出来的城"却依旧矗立在两江环拥处，晨晖夕照中静静地凝视着悠远的历史。

地名背后的重庆（上）

　　根据驴友的经验，初到一座城市，最先抓取眼球的一定是那些建筑或者具有地域特色的风貌。其实也不尽然，驴友们一定还会同时关注到地名。地名当然不仅指城市名称，也指那些五花八门的街、路、巷名。它们不只是简单的自然实体标识，更是社会文化载体之一，生动地反映出某一城市族群社会发展的历程和生活环境的变化。

　　这里需要说明一点，本文并无意对重庆地名做汇集与考证，只欲透过繁多而驳杂的地名，对重庆这座城市进行一些地名背后的文化观察。只是重庆建城迄今已逾两千年，历史漫长，其城市名称及各聚落名称的形成原因既复杂，又动态演变，也不是那么好分析。

　　窃以为，不管你从怎样的角度对地名进行划分归类，其基本成因其实也就两条：一是自然属性，即山水环境的制约、影响；一是城市化过程中历史人文因素逐步的渗透与赋义。本文笔触即拟循此展开：首先，简要勾勒一下"重庆"这个城市名称的演绎脉络；其次，对重庆形形色色的街、路、巷名所蕴含的文化属性与特征，做一番尝试性的解读。

一

在2000多年的漫长历史里，重庆的城市名称历经了多次变更。

被秦攻陷以前这地方叫个什么名儿，已经无从考证，只能揣想它或许与"巴"字有关。相传夏禹分华夏为九州时，梁州所属就有一个"巴"，甲骨文中也留下了"巴方"的字样。郭沫若先生还曾为此诗赞曰："巴蜀由来古，殷周已见传。"

重庆较为能够确定的最早名称，应是秦惠文王更元九年（前316年）秦将张仪灭巴国以后设置的"巴郡"。据《史记·秦始皇本纪》记载，秦始皇统一后"分天下以为三十六郡"，此巴郡即位列其一。两汉时期设置的江州县，乃属巴郡的治地。

魏晋南北朝时期行政辖区变更频仍，巴郡先后隶属于荆州、益州、巴州、楚州。南齐永明五年（487年），巴郡治地江州县改称垫江县。北周武成三年（561年），垫江县改称为巴县。

隋文帝开皇元年（581年），楚州改称渝州，隶属关系也随之变为渝州—巴郡—巴县。这次更名或缘于渝水（嘉陵江古称）绕城之故，重庆的简称"渝"就是从这里来的。开皇三年（583年）朝廷进行机构改革，实施州县两级制，中间"郡"这一级被撤销，渝州也就直接下辖巴县了。

两宋时期又有两次城市更名：北宋徽宗崇宁元年（1102年），渝州改称恭州；南宋孝宗淳熙十六年（1189年），恭州"潜藩升府"，改名叫了"重庆"。自彼迄今，重庆得名已逾800年。宋代发生的两次城市更名事件特别值得说一说，这里面蕴藏着两则历史轶事，颇具戏剧性，很有意思。

二

据说，北宋时期"渝州"之所以改名为"恭州"，竟是因为一个名叫赵谂的重庆人。察其事件过程，颇像一则传说。

这个赵谂的先祖本属云贵两广的僚人部族，于南北朝时候迁入巴蜀，赵谂就出身于渝州南部（今重庆南川、綦江一带）一个僚人首领的家庭。其父赵庭臣是一个工于心计之人，他鼓动僚人首领们归顺大宋朝廷，却又借酒筵共商之机将众人灌醉杀掉，反诬他们意图造反。如是，他独揽归顺大功不说，还搂草打兔子地侵吞了别人的家财。而大宋朝廷则只管结果不问过程，不但大大提拔、奖赏了赵庭臣，还赐了他一个国姓"赵"。

赵谂其人倒是从小聪慧，16岁进京赶考便登甲戌科进士第二名，随后被哲宗皇帝任命为国子博士，官阶从六品上奉议郎。但是谁也料想不到，考试完毕唱榜的时候却出了一件诡异之事，似乎是凶兆。北宋何薳的笔记集《春渚纪闻·卷二·毕斩赵谂》里有这样的记载：录取榜文原本应为"状元毕渐，第二人赵谂"，谁知道"初唱第，而都人急于传报，以蜡版刻印，渐字所模点水不著墨。传者厉声呼云：'状元毕斩第二人赵谂。'识者皆云不祥。"这段话的大意是，因为急赶着传报，蜡版刻印时忙中出错，"渐"字模子里的"三点水"没有沾上墨，于是变得模糊不清好似一个"斩"字，传报人也便以讹传讹地念成了"状元毕斩第二人赵谂"。其时在场的人都觉得不吉祥，但奇的是尔后竟然真的一语成谶，赵谂于24岁那年"以谋逆被诛"。关于这件事，其他史籍如朱熹与其弟子问答集句的《朱子语类》、清人梁绍壬的《两般秋雨盦随笔》中也有记载。

但从另外一些史籍记载来看，赵谂之所以遭遇杀身之祸，起因似乎关涉一位北宋的著名人物，这个人就是苏东坡。命运难测，赵谂赶考那一年即北宋绍圣元年（1094年），恰好也是苏轼生平第三次遭贬黜之年。苏轼被削职，贬谪荒远僻壤之地。直到元符三年（1100年）宋徽宗即位，年逾花甲的苏轼才得以遇赦北归，却又不幸于途中病故。苏轼为人为政皆正直，却因受到朝中朋党之争的牵扯一生颠沛流离，这让赵谂大感抱不平。为了这位四川老同乡的事儿，他不仅屡出朝廷的恶言，后来更暗自僭称天子，还私立了年号曰"隆兴"。崇宁三年（1104年），赵谂被人以"谋反罪"告了密，渝州地方政府乘其返乡探视之机将其逮捕处斩。

赵谂虽已诛杀，宋徽宗及朝廷却大受震惊，联想到其人生在渝州，而"渝"者"变"也，实实令人忌讳，于是就把已经叫了500多年的"渝州"改称了"恭州"。乾隆《巴县志》上有如是记载："宋初曰渝州南平郡，崇宁元年以诛赵谂后，改其乡里渝州为恭州。"

这事儿或带有些传说性质。倒是这个赵谂的性格挺有趣，似乎透露出几分重庆人的义气秉性，还有莽撞的行事风格。

三

由渝州改称恭州后又过了80余年，恭州再改名儿叫了重庆，那已是南宋了。自明代迄今，不断有人解读"重庆"二字的含义，其说纷纭，主要有"二庆之间"说、"双重喜庆"说、"诗经郑玄笺"说、"普通案例"说、"巴渝会合"说等。

"二庆之间"说出现最早，那还是在明代。明正德年间《四川志》记载："崇宁初，改恭州，升重庆军节度，以其地界乎绍庆、顺庆之间，故名。"之后，明代《蜀中广记》、清代《四川通志》、民国《重庆指南》等都沿袭了这种说法。但这种解读似乎有点信口开河。重庆府设置于淳熙十五年（1188年），顺庆府设置于宝庆三年（1227年），绍庆府设置于绍定元年（1228年），也就是说，设置重庆府之时这世上根本就还没有顺庆与绍庆二府，重庆又怎能"介乎顺绍二庆之间"呢？

认为"重庆"的名称关乎"诗经郑笺"，是近年的一个新说法。《诗经·鲁颂·閟宫》中有几句诗："俾尔炽而昌，俾尔寿而臧……俾尔昌而大，俾尔耆而艾……"东汉经学大师郑玄对此有一段诠释："此庆僖公勇于用兵，讨有罪也……中时鲁微弱，为邻国所侵削，今乃复其故。故喜而重庆之。"由是推出结论：鲁僖公吊民伐罪、收复疆土的功绩很大，所以《閟宫》就连用了几个"俾尔（使你）"的句式来反复歌颂（重庆）他，城市名"重庆"就是借用了这一含义。对于这个观点有人也指出了，并未见到史籍中有任何记载，让明此动词"重庆"如何演化成了彼名词"重庆"。所以，这种判断依旧是一种牵强附会的猜测。

社会广泛接受的是"双重喜庆"说。此说起自抗战时期的可能性很大，是山西来渝的考古学家卫聚贤最早提及的。卫聚贤先生在1940年发表的《汉代的重庆》一文中隐约说到了这个意思："宋光宗初封在恭州为恭王，于孝宗淳熙十六年二月即帝位，因于斯年八月改恭州为重庆府，他是以为封恭王就可以庆了，由恭王而即帝位，可谓为重庆了。"由于其时正处于万众渴望胜利的氛围之中，这个讨古利的说法便很快流行开来。而较为明确地提出"双重喜庆"之论，则很可能要算到赵廷鉴先生于1958年出版的《重庆》一书头上："宋孝宗淳熙十六年（公元1189年）八月，恭州升为重庆府，'重庆'一名就开始在这个时候。改名'重庆'是宋光宗赵惇的主意，因为他起初在恭州被封为恭王,后来又即帝位,喜'庆'双'重'。"

但此说同样遭到了质疑。质疑者主要提出了两点反驳意见:

其一,"潜藩升府"乃宋一代的通例,如《宋史·地理志》就记载了,仅在南宋"升府"者就多达18例,分别为德庆、静江、隆兴、常德、宁国、崇庆、隆庆、重庆、庆元、安庆、英德、嘉定、同庆、宝庆、顺庆、咸淳、瑞安、庆远;其中含"庆"字的有10处,以"某庆"形式出现的有8处,而"重庆"只不过是"庆"字系列中的一员,既然其他9处"庆"字都没什么特别之处,难道就偏偏重庆的这个"庆"字具有特殊意义?

其二,史籍文献明确记载,赵惇于绍兴十七年(1147年)出生,绍兴三十二年(1162年)年封恭王,乾道七年(1171年)立为皇太子,淳熙十六年(1189年)登基当皇帝,也就是说,其出生、藩封、立太子、承嗣大统等大喜之事都不在同一个时间点上,又哪儿来什么"双重喜庆"呢?他们由此判定,"重""庆"二字的使用,只是宋代潜藩升府背景下的一个普通案例,根本就没有什么特殊的指向,不必望文生义。

不过值得关注的是,对于这个"双重喜庆"说,何江先生最近又提供了几点新的依据。我以为这虽不能说就是定论,却是迄今所见较具说服力的解读。何论主要表达了这么几点:

其一,古代民间确定地名可能比较随意,但朝廷对地方行政区划的取名则总是字斟句酌、煞费苦心的。比如,在宋代的《景定严州续志》里,就详细地记录了确定温州、严州、宜州、忠州等府号时极为审慎的讨论过程。由此可知,"重庆"这个府号的确定,一定经过了当时南宋朝廷的反复斟酌。

其二,南宋时潜藩升府形成了一个规律,自宋高宗登基将建立的年号"绍兴"与曾驻跸之地"越州"联系起来(改越州为绍兴府)始,此后的南宋皇帝就大多把即位年号作为潜藩升府的名字,比如宋孝宗升隆庆府、宋宁宗升庆元府、宋理宗升宝庆府、宋度宗升咸淳府等。宋光宗赵惇虽看似一个例外,但他即便未采用自己的年号"绍熙"命名,但也一定会另有推敲考虑。

其三,"重庆"这个词对于宋光宗赵惇具有特殊的意义,因为与他身世中的三次生日祝寿和两次潜藩升府都有关。赵惇为皇太子之时，臣子范成大曾献过两首《东宫寿诗》，其诗句中就出现过两次"重庆"，即"中兴归濬哲，重庆启元良""君亲重庆日，家国中兴年"。此外，围绕宋光宗的一些官方文书和相关诗词中，也多次出现过"重庆"一词。宋光宗在位时期曾有过两次潜藩升府，而这两次都与过生日祝寿有关，赋名也都含有很深的用意。一次是淳熙十六年（1189年）八月初七，宋光宗升恭州为重庆府。此时正临近吴太后的生日，故将潜藩命名为"重庆"，用以体现对吴太后的恭敬、孝顺之心。另一次是绍熙元年（1190年）九月十日，宋光宗将其父宋孝宗的潜藩剑州追升为隆庆府。因九月十日正逢宋光宗生日，父亲的年号又号"隆兴"，于是便将父亲的潜藩剑州命名为"隆庆"，这同样是为了体现对父亲的感恩。

其四，"重庆"一词自古即有之，其义恰与光宗之命名用意谋合。古代民间庆贺三世同堂或者四世同堂，都可以称之为"重庆"，给家里老人祝寿时还有把自家厅堂改称为"重庆堂"的惯例。宋光宗改潜藩为"重庆府"，这个"府"既是行政区划的建制名，又可以用来表示自己曾经居住过的府第，堪称一个绝妙的双关语。

其五，何江经研究还认为，伴随着"重庆"得名的过程，还频繁地出现了另一个词语——"中兴"。南宋屈居半壁江山，宋光宗登基之际思念着中兴大业也实属情理中事，范成大《东宫寿诗》中的"君亲重庆日，家国中兴年"，就是一次典型的表现。故"重庆"不仅代表着宋光宗潜藩升府的纪念，代表着他的孝情、亲情，还寄寓着他祈求金瓯完整的愿望。

四

前文言及，地名不只是简单的自然实体标识，更是社会文化载体，它生动地反映出某一城市族群社会发展的历程和生活环境的变化，所以解读历史地名自然应该秉持一种科学而严谨的态度。但是，人们有时也会对地名做某种文化的解读，赋予其一些特殊的内涵。这也是大可理解的，未尝没有积极意义。

比如抗战胜利之际，陪都人民喜极而泣，就曾借用"双重喜庆"这一说法来传达自己的心情。《申报》社论《双重喜庆的今日》这样表述："今天该是我们最愉快兴奋的日子！……我们抗战首都在重庆，举行政治协商会议也在重庆，到今天适逢国内国外均有喜事，真可以值得'重庆'了。"《大公报》

的社评《勉政治协商会议》则如是比喻:"在重庆,曾经指挥抗战,得获最后胜利。在重庆,更要协商政治,拨乱反正,预庆建国成功。这双重的喜庆,都在重庆收获与开拓。重庆才真正是名副其实的重庆了。"

时至今日,面对重庆这个飞速崛起的中国西部特大都市,重庆人也依然在用文化的眼光进行着全新的解读:千里为重,广大为庆;行千里,致广大。

地名背后的重庆（下）

前文谈了重庆这座城市名称的演变，而跟城市名称比起来，五色庞杂的都市街、路、巷名则将城市文化性格体现得更加充分。单看一两个地名，此城与彼城的差异性或许也不那么分明，但若将一大堆零星的甄别符号串起来，你就定然会感受到重庆这座城市独特的民俗，触摸到它独特的文脉搏动，窥探到它前世今生的文化内蕴。

前文提到，形成重庆地名最基本的原因其实也就两条，一是自然属性的影响，二是历史人文因素的影响。我们仍然循着这个思路，来对重庆的都市街巷名做一番解析。

一

《说文解字》云："地名者，从地也，万物所陈列也。"可知，制约、影响地名形成的因素虽然有许多，但首当其冲的肯定是地理因素。不过，其中又各有差异。一般而言，平原城市的自然环境因各处大体类似，其街区布局、街巷（通名）命名便都具有很强的同一性和规则性；而山地城市因为地形起伏有别，地貌跌宕各异，其聚落名（包括其中的"通名"）则会显现出更多的个别性和多样性。

山地城市属于城市中的少数派，山水之城又是少数派中的少数派，而重庆则更是中国最典型的山江一体的城市。重庆有山有水、非山即水的山水环境，自然使其都市地名表现出更加显明的地理个性。就拿重庆原主城九区的名称来说吧，9个区名就有6个直接关乎山水，九龙坡、大渡口、沙坪坝、江北、南岸、北碚，听在耳朵里就有山与水的感觉。

重庆是"山城"，与"山"相关的地名特别多。根据西南大学王连勇先生的统计，重庆2337个都市地名中，带"土、坝、堡、坪、垭、坡、坎、坊、地、塘、垮、墙、城、塔、堰、堆、堤、坳"等字的地名306个，带"石、磨、碾、磺、磴、碑、碚、磁、矿、硝、码、磅"等字的地名159个，带"山、岱、岚、岗、岭、峰、峡"等字的地名162个，带"岩"字的地名37个，带"洞"字的地名26个。

重庆之所以产生众多的"山"地名，是因为这座城市地处川东平行岭谷之中，城在山中建。由"山"又生出诸多与山相关的地名：重庆人把山脊叫作"梁"，就有了大梁子、小梁子、黄桷梁、读书梁、蚂蟥梁、施家梁；地处山岗上，就称为七星岗、金沙岗、袁家岗、覃家岗；地处山岩上，就称为曾家岩、马家岩、观音岩、鹅公岩、高滩岩；山里有山洞，便产生了洪崖洞、安乐洞、神仙洞、燕喜洞、鱼洞、木洞；两山间的通道曰"垭"，便产生了黄桷垭、凉风垭、土地垭、枣子岚垭、电台岚垭；山侧倾斜地带曰"坡"，又产生了石板坡、华一坡、建兴坡、松林坡、矿山坡、烟雨坡。

重庆以"坝"和"坪"命名的地名较为抢眼。坝和坪都是山地城市里最适宜于生产、生活的环境，很甘贵。据说，重庆用"坝"字做通名的有52个，如菜园坝、大石坝、红球坝、回龙坝、苦竹坝、珊瑚坝、广阳坝等。用"坪"字做通名的也不少，城市核心区有大坪、南坪、黄桷坪、马王坪、陈家坪等，周边还有铁山坪、西山坪、寨山坪、樵坪等。

用"塝、塆、坎"之类的字做通名，则可称稀有通名，它们都是山城重庆特有地形地貌衍生出来的特殊地名，别的城市少见。

此外，重庆的地名还有一个独特之处，不像平原城市那样常以"内"与"外"来命名(如北京的"广安门内街、广安门外街",成都的"内曹家巷、外曹家巷"),而是采用"上"与"下"的称谓,比如上曾家岩、下曾家岩,上肖家湾、下肖家湾,上徐家坡、下徐家坡等。这一"上"一"下",生动透露出了重庆的立体城市风貌。

重庆又是一座"江城",与"水"相关的路地名同样很多。众所周知,长江和嘉陵江交汇于重庆都市中心,周边山脉、山岭又孕育出了大量的溪流,正是这样的地理条件,使重庆在"山城"之外又催生出"江城"的文化色彩。历史上重庆曾称"江州""渝州",还有一个"渝"的简称,这都是拜"水"的环境所赐。

据王连勇统计,都市地名中带有"江、河、水、溪、浩、沙、凼、沱、滩、流、沟、涂、雨、泉、清、油、滨、湖、潭、沪、澄、汇、川、津、鸿、溉、澜、池、渝、济、井、海、洋、浸"等字的地名共计404处,其中带"江"字的61个,带"溪"字的51个,带"水"字的36个,带"河"字的31个,带"沙"字的29个,带"沱"字的29个,带"渝"字的25个,带"滩"字的17个。仅拿"溪"字地名来说,就不胜枚举:海棠溪、溉澜溪、黄沙溪、茄子溪、狐狸溪、野猫溪、詹家溪、董家溪……再比如石马河、打鱼湾、龙门浩、唐家沱、彩云湖、鲤鱼池、南泉、寸滩、大堰等,也都是重庆人耳熟能详的地名。

和"山"地名中的"塝""塆""坎"之类稀有通名类似,"水"地名中也有"沱""浩""碛"这样的稀有通名。它们可是江城重庆专属的土特产,你在别处是见不到或者罕有见到的,得特别说一说。

沱者,本指江水支流。《国风·召南·江有汜》云:"江有沱。"《易经·离卦》云:"出涕沱若。"古代巴人却将这个"沱"字顺手拈来,特指了"回水河湾"。此种含义你就是翻遍《辞海》也找不到,而且,你还得用重庆方音将其读作入声,用普通话是断断读不出其中的意味的。

那个"浩"字也挺稀罕。其汉语本义为"大"或"多",但清人王士禛在《登渝州涂山记》中却明白说了:"巴人谓小港为浩。"若依照王士禛的说法,"浩"就是小一号的"沱"。虽说别处也还能偶尔找到以"浩"字命名的地名(如岷江上凌云山与乌尤山之间的港汊就叫"麻浩"),但是很稀少,因此可以说,它基本属于重庆独享的地名用字。

还有一个很绝的"碛"字。据说,欧阳

修、陆游、王士禛、邓少琴、梁实秋等古今文人都曾推敲过此字,甚至还将其写入了诗文。如陆游的《入蜀记》云:"过荆门十二碚,皆高崖绝壁,斩岩突兀,则峡中之险可知矣。"范成大的《吴船录》曰:"虾蟆碚在南壁,半山有石挺出,如大蟆,呿吻向江。"王十朋的诗中也有"荆门岩峦十二碚"之句。但是查阅历史,就连收字最多的《康熙字典》也没有收录这个字,即便有些字典里收录了,也只简单说"地名用字","如重庆北碚,湖北省宜昌虾蟆碚"等,语焉不详。迄今只留下了一个不太清晰的释义:"岸边坚石突入江心者,曰碚,也称背。"有人判断,"沱""浩""碚"很可能都是古巴人(或南方少数民族)遗存下来的语言。若果真如此,那么它们就真的称得上是语言的活化石了。

上面所述重庆异彩纷呈的"山水"地名,只不过是挂一漏万的列举,但已经显明地透射出了这座城市的独特地理特征。你就说它们将重庆的山水风貌体现了个淋漓尽致,也不为过。

二

除了山水环境的制约、影响,历史人文因素也清晰地投射在重庆都市地名之上。重庆的城市化过程始终伴随着过去、现在、未来的反复纠缠,不同的文化形态、文化观念不断矛盾冲撞又相融相合,城市的街巷名称就在这一变迁过程中逐步形成。

一方面,大量的重庆都市地名都带着既往乡村的鲜明印记。

由于受山地、河流地理条件的制约,历史上的重庆城区被河流、山岭、冲沟、农田等自然物分隔成了许多小片区,即便后来城区逐步扩大,形成的也是一种很特别的组团式布局,城区就像是被淹没在了广阔的农村中。这种特殊自然地貌导致的"大乡镇、大农村"格局,以及乡村习俗不甘湮灭的顽强抗争,全都反映在了重庆的都市地名上,使大量地名带上了浓浓的乡村气息。

用"街、路、巷"作为地名通名本是一般城市的惯例,而重庆却承袭了农村地名的建制习惯,使用了不少特殊的通名。其中一个突出现象就是带"村"字的通名特别多,据说占了地名总数的33.6%。就以城市核心部位的渝中区而言,也多达63处。例如渝中区李子坝一村至四村、桂花湾生产队、龙井湾生产队,就都承袭了"农转非"以前的地名。

尤为有趣的是，一些新建制的街区竟然也不称"街、路、巷"，偏要叫作"村"，诸如两路口新村、王家坡新村、建设新村、光明新村、新华村、新山村等。

与"村"类似的是带"家"字的地名，例如周家山、徐家坡、袁家岗、曾家岩、马家堡、陈家坪、杨家坪、肖家湾、唐家沱、骞家桥、冉家坝等，这些都明显是家族聚落融入都市的历史印记。重庆城里带有"家"字的地名使用频率还挺高，占了都市地名总数的7%，而成都市同类地名仅占2.9%。

还有带"塆"字的地名，也透射出乡村色彩。须提请读者注意，此"塆"非彼"湾"。其最初或许真的是河湾，但在城市化过程中逐渐演变成了陆地上的弯曲地块儿，随之产生的地名也被重庆人称作了"塆"，例如七塆、学田塆、肖家塆、文星塆之类。只因这个"塆"字没有纳入国家标准汉字编码GB字库，后来就被那个"湾"字给标准化了。其实，"塆"更能体现地貌的真实状况和独特的乡土人文意蕴，统一成了"湾"反倒有些令人遗憾。

重庆城的"大农村"环境，还衍生出许多与植物、动物相关的地名。尽管近百年的城区开发早已颠覆了原有自然景观，但此类地名仍然大量留存了下来。略举几例：与植物相关的地名，如枇杷山、黄桷垭、梅子塝、李子坝、芭蕉沟、海棠溪、柏树堡、松树桥、大竹林、菜园坝；与动物相关的地名，如狮子山、虎头岩、蚂蟥梁、牛角沱、鲤鱼池、白马凼。

透过上述地名，窥见的是重庆人的一种特别的乡土情感。这种"亦城亦乡"的文化现象，在全世界的大都市中都堪称一绝。

另一方面，在重庆城诞生、发展的过程中，相应的历史事由、地域习俗乃至族群心理也必然投射在地名的产生和变化上。不过有一点值得注意，重庆建城2000多年来尽管先后做过都、郡、州、府、县的治所，但是元代以前的地名留存下来的甚少，大约是战乱和长期移民所导致的。老城的基本格局明初方才定型下来，城市的街巷名称也大多形成于明清两代以及民国时期。就拿沿用至今的朝天门、临江门、南纪门等地名来说，就是由明城"九开八闭"十七道城门的名称演变而来的。

在重庆的街巷名称中，由以下几种文化因素衍生出来的名称尤为显眼，这里逐一说说。

其一，以官署（包括其附属机构、活动场所）命名的街巷甚多。

明清两代跨越600多年，川东道、重庆府、巴县三级衙门同处于一城之内，由此产生出了一些与之相应的街巷名称，诸如巴县衙门、道门口、二府衙、镇守使街、劝工局街、火药局街、都邮街、仓坝子、较场坝、打枪坝、厘金局巷、征收局巷、朝天驿、接圣街、领事巷等。另外，还产生了一些依凭学宫、孔庙而命名的街巷，如县庙街、书院街、学院街、黉学街、黉学巷、夫子池等。

其二，以寺庙、教堂命名的街巷也很多。

这种文化现象自然跟各种宗教与巴渝的联系有关，我们不妨顺便做一点简单的考察。先说道教。东汉时出了个名叫张道陵的人，他原籍江苏，曾出任巴郡江州县令，后来弃官研习黄老之学，于汉安元年（142年）创立五斗米道，此人就是威名赫赫的道教始祖张天师。张道陵在江州做过官，五斗米道作为道教最早的一个派别，其创始地又在巴蜀，足见道教与重庆渊源挺深。再说佛教。东汉时期佛教通过三条路径传入中国，一是西域，二是南海，三是滇缅，而巴蜀恰恰位居于这三条路径的交汇点上，佛教对巴蜀的影响可见一斑。还有洋教的影响。1840年鸦片战争后，洋人在重庆修建了一些洋教堂，又连带着留下了一些洋街名。

由上述可以想见，巴渝大地上的寺庙、教堂是很多的。据相关统计，清末民初的巴县境内共有寺庙246座，仅巴县县城内就有46座。众多的禅林古刹构成了巴蜀及重庆的一大文化景观，由此派生出许多以寺庙、教堂命名的街巷名，如长安寺街、罗汉寺街、西来寺街、鲁祖庙街、龙王庙街、五福宫街、东华观巷、若瑟堂巷、育婴堂巷等，也就不足为怪了。

其三，以作坊、商号命名的街巷也不少。

明代以降特别是1891年重庆开埠以后，重庆的手工业、商业迅速发展，又产生了一些相关的街巷名，如米亭子街、老衣服街、油市街、草药街、磁器街、木货街、棉花街、筷子街、机房街、水市巷、金银巷、花巷子、鱼市口、宰牲院等，给这座城市带来了另一番韵味。

三

上面的种种解读，反映出重庆地名的文化内涵既独特又多样。若仅就其地域特色来看，则大多显得直接、粗俗而随意，诸如笕子背、猫鼻梁、鸭儿凼、毛线沟、打铜街、鸡市巷、头塘、二塘、三塘、四公里、五公里、六公里等，不一而足。若是拿它们跟成都的地名来做做比较，那就很有趣了。成都人给大街小巷取名字，总要弄出点色彩、意味来，像春熙路、抚琴路、九思巷、如是庵、惜字宫、花照壁、落虹桥、猛追湾什么的，莫不显露着心思和文气，与重庆地名真可谓大相径庭。这现象背后透露出来的，是码头文化和集市文化的差异。

重庆地名给我们的又一启示，就是地名是一个动态概念。时移世易，城市发展，一些新地名会不断产生，一些旧地名又会消失。但是，大量老地名总会在新老冲撞、更迭、交融中传承下去。它们集地理风貌、历史事由、社会习俗乃至方言方音于一体，形成一种鲜明的地名文化效应，堪称一份地域族群的重要文化遗产。故有人说，建筑是城市的物质遗存，地名则是城市的非物质遗存。

重庆的地名，是重庆人的一种历史记忆，也是他们对于乡土的情感记忆——尽管它有优也有劣。小心保护这些老地名，激活这些老地名，就是传承这方巴乡渝土的文脉，留下这座古老城市的文化之根。

吊脚楼情思

像我这岁数的"老重庆",儿时记忆里不可能没有吊脚楼,即便那印象早已逝入遥远的梦中,却依然如此强烈。那年头,山城重庆到处都充斥着这样的简陋民居,下面用长长短短的杉木柱或者毛竹竿支撑着,墙壁是糊上一层黄泥巴的篾笆。每次路过临江门、千厮门、川道拐、石板坡、建兴坡那些吊脚楼群集的地方,我都会不由自主地驻足眺望:崖坡下,两江水在滚滚奔流;崖坡上,吊脚楼层层叠叠,歪歪斜斜,一阵江风吹过都像在晃荡,似乎还听得见榫头穿斗处、竹木绑扎处叽嘎叽嘎的摩擦声。

建筑,总与地貌气候相交融,与历史血脉相连接,是特定地域的立体文化符号,是人类群体记忆的物化。每个地域有每个地域的建筑特色,北京有四合院,上海有石库门,福建有土楼,陕西有窑洞,滇西有竹楼,草原有蒙古包,而重庆则有吊脚楼。

建筑,是城市文化在时空上的缩影,是用文化浇铸的城市灵魂。

每个城市有每个城市的建筑情结，诚如果戈里所云："建筑是世界的年鉴，当歌曲和传说已经缄默，它依旧还在诉说。"那么重庆的吊脚楼又在幽幽地诉说些什么呢？

一

或曰，中国传统民居中有五种类型最具乡土风情，即四合院、窑洞、一颗印、围龙屋和干栏式建筑。重庆吊脚楼，就属于干栏式建筑的一种。

干栏式建筑历史非常古老，可以远溯至上古时期。人类的早期居所——典籍所称之"巢居"，其实就是干栏式建筑最原始的形态。西晋张华《博物志》所云"南人巢居，北溯穴居"，先秦《韩非子·五蠹》所云"有巢氏"，所论就与这种建筑有关。考古发掘证明，7000多年前的河姆渡人以及稍后的良渚人，就都居住在这种悬空的居所内。由"巢居"演绎升华就变成了干栏式建筑，其是一种用木杆或竹竿作为底架支撑构筑起来的"空中楼阁"。至于"干栏"一词，有人说是少数民族"房屋"一词的音译，最早见于魏晋古籍。

中国古代的南方百越部落是干栏式建筑的流行区域。据《北史·獠人传》记载："獠者，盖南蛮之别种，散居山谷，依树积木，以居其上，名曰干栏。"《唐书·南平獠传》记载："南平獠者……人并楼居，登梯而上，号曰干栏。"此类建筑之所以主要分布在南方，大致因为一些自然因素，诸如山地峡江制约、潮湿瘴气侵害以及毒虫猛兽威胁等。《韩非子·五蠹》就如是说："上古之世，人民少而禽兽众，人民不胜禽兽虫蛇。有圣人作，构木为巢以避群害，而民悦之……"

吊脚楼在本质上属于干栏式建筑，但与一般意义的干栏式建筑又有所不同，它们大多临河依山就势而建，仅三面悬空，一面却靠着崖坡实地。因此，从严格意义上说，还是称作半干栏式建筑为宜。重庆市博物馆收藏了一件远古巴族特有的乐器"錞于"，其上所绘房屋图案与吊脚楼就一个模样，足见这种特殊的建筑承传之悠远，难怪吊脚楼向来有巴楚文化"活化石"之说。

与其他干栏式建筑一样，吊脚楼也主要分布于南方山地，包括渝东南、黔东南及湘西、鄂西、桂北等地区，是苗、壮、侗、水、布依、土家等民族的传统民居。据《旧唐书·西南蛮传》记载："南平獠者，东与智州、南与渝州、西与南州、北与涪州接，部落四千余户。土气多瘴疠,山有毒草及沙虱、蝮蛇。人并楼居,登梯而上,号为'干栏'。"这个"东与智州、南与渝州、西与南州、北与涪州接"的"南平",就处在今日广西玉林和重庆渝中主城、綦江、涪陵之间,这也从一个角度证明了吊脚楼分布于南方山地的情况。《华阳国志·巴志》对秦汉时期的渝中古城做了生动的描述:"郡治江州,地势刚险,重屋累居。"

吊脚楼有如下几种基本构建形式:正屋着地,一侧厢房伸出崖坡悬空支撑者,曰"单吊式";两侧厢房皆悬空支撑者,曰"双吊式";将两侧悬空厢房连接为一个四合之体,则曰"四合水式";若再加修一层楼,就叫作"二屋吊式"了。此外,还有一种很特殊的形式,即按照地形本不需要"吊脚",却偏偏要用棍柱将厢房支撑起来,让厢房高于正屋,称为"平地起吊式"。

在吊脚楼大家族中,重庆吊脚楼尤具特色。试想想,偌大一座两江环抱的山城遍布吊脚楼群,重叠错落,映山照水,如此独特而浓郁的地方风貌,实非小村小寨的吊脚楼景观所能比肩。用民俗审美的眼光打量,旧时的重庆吊脚楼也真有别具一格的美。清代才子李调元为此留下佳句:"两头失路穿心店,三面临江吊脚楼。"乾隆时候巴县知县王尔鉴的描述更生动:"高下渝州屋,参差傍石城。谁将万家炬,倒射一江明。"艺术化的洪崖洞仿古吊脚楼群则创造出了另一种魅力,其神似宫崎骏《千与千寻》中的奇幻梦境招引来八方游客,使其迅速蹿升为一个网红打卡地。

二

吊脚楼是重庆民居中的一道独具特色的风景线,却并非重庆传统建筑类型的全部。要清晰地认识重庆这座城市,就必须完整地解读它"依旧还在诉说"的各类各式建筑。

先从纵向看。就泛意义的建筑而言,重庆古建筑上可溯及五六千年前的大溪文化,下可连接1840年爆发的鸦片战争,经历了一个从萌芽到发展再到成熟的漫长过程。

巫山龙骨坡遗址显示,200万年前重庆地区的古猿人居住在洞穴内,与旧石器时代的普遍居住状态类似。而五六千年前的大溪文化遗址则显示,从新石器时代晚期开始,重庆地区的古人类已经走出洞穴到地面建房。通过大溪文化遗址的柱洞等遗存可以判定,其时长江三峡地区的房屋多为红烧土和竹材制成,且已出现了"干栏"的初始风貌。

夏商周三代，伴随着巴人溯长江而上逐渐迁徙的过程，重庆的古建筑也逐渐历经了由穴居向巢居、干栏式、榫卯结构的演变过程。

由汉至唐，重庆地区的建筑类型变得多样化。汉代中后期以降，"官署、民居、庄园、高台楼阁、阙、祠堂、戏楼、说书场、牢房"等建筑交错杂陈，相对完整的中原合院建筑形态也出现了。到唐代中后期，合院型民居已成为重庆地区城镇居住建筑的主要形式之一。

及至宋代，商贸活动的放开和经济贸易的发展，促使重庆城镇民居又一次嬗变，出现了一种新形式的沿街联排建筑，即兼有居住与经商功能的"店宅式"建筑（或"上店下宅"，或"前店后宅"）。彭大雅扩筑渝中古城之后，通远门一带就大量涌现出这样的新鲜建筑样式。

明清两代，巴渝建筑逐步走向成熟，形成了以大挑梁、木构架、夹皮白粉墙及小青瓦为基本特征的建筑风格。明以后制砖业迅猛发展，许多城镇的城墙及房屋墙壁都采用了砖建。清代的"湖广填四川"运动尤其给重庆造就了一个特殊的契机，各地移民带来了不同的建筑文化，诸如徽派建筑的封火山墙，南方的抱厅、嵌瓷技艺等，它们与本地的"合院"相融相济，造就出晚清巴渝建筑独特而丰富的形态。

再从横向看。若将巴渝传统建筑划分为民用、军事、公共、园林等类型，吊脚楼仅仅归属于民用建筑中的民居范畴，而且还只是民居品类之一。

民用建筑包括了民居、书院等多种类型。前文已围绕吊脚楼对重庆的民居做了概述，这里再补充说几句书院。中国的书院体系从唐代起始到清末淡出历史舞台，存在了1000多年。书院自产生之初便常与僧院、道观为邻，所以往往选址于深山老林。重庆的书院又有其特殊性，它们多由大户人家的宅院或者寺庙改建而成，如磁器口古镇的翰林院、涪州的北岩书院、万州的白岩书院、江津白沙镇的聚奎书院等。

军事古建筑同样瞩目。重庆地处水陆要冲，历来为兵家必争之地，许多古城镇中都分布着军事建筑及设施，包括城墙、城门、碉堡等。南宋末彭大雅、余玠修筑的渝中半岛石头城、合川钓鱼城等，堪称冷兵器时代军事建筑的典范。巴南丰盛古镇也很具代表性。从明末至民初这里都是涪陵、南川、硌碛、木洞等周边城镇物资交流的集散地,是重庆通往贵州陆路交通的中转站,素有"长江第一旱码头"之称。同时,丰盛古镇也是"一脚踏三县"的要塞险关,清代在这里修建了数十座防御性碉楼,其中十座迄今保存完好。

公共建筑设施也很精彩。不少古镇、村落、老街至今尚可见,如合川涞滩古镇、沙坪坝磁器口、渝中区巴县衙门、双江镇古石板街、石柱西沱云梯街等。还有很多寺庙、道观,如渝中半岛的罗汉寺、南岸玄坛庙的慈云寺、梁平万竹山的双桂堂、南山的老君洞、沙坪坝的龙泉洞、云阳的张飞庙等。"湖广填四川"以后又产生了众多的会馆。据《重庆会馆志》载,清末的重庆是全国会馆建筑密度较大的地区,近千座各类会馆遍布于各区县城乡。仅以主城区而言,就拥有10个省级会馆,分别为湖广会馆、江西会馆、福建会馆、陕西会馆、浙江会馆、江南会馆、山西会馆、广东公所、齐安公所和云贵公所。

最后再饶舌几句巴渝传统园林。重庆主要有以下一些园林类型:寺庙园林、纪念园林、宗祠园林、书院园林、宅园会馆、历史遗址等。作为世界三大园林体系之一的中国园林,讲究建筑与山水相融共生。在这一点上,重庆园林并无二致,但其又自有一些本土的自然特色。

其一,重庆是一座山地城市,地势不平,经济文化又相对落后,难以像北京、苏州那样形成私人造园风气,故私家园林遗存甚少且基本不完整。

其二,重庆的寺庙园林大多居于背山面水的风水宝地,其既依据山水随形赋势,又与庭院形式相结合;既表现出园林形态,又反映出宗教特征,如华岩寺、老君洞等。

其三,重庆的纪念园林和历史遗址,偏重于纪念武人,如涂山禹王庙、忠州巴王庙、云阳张飞庙、奉节白帝城、合川钓鱼城等。

三

千百年岁月流逝,古城重庆的建筑也在不断推陈出新。有意思的是,有如"活化石"般的吊脚楼却一直在巴渝建筑史上顽强地延续。20世纪三四十年代近代建筑日渐扎根重庆之时,重庆吊脚楼居然再次掀起了一个小高潮,我在幼年时看到的吊脚楼主要就是那时留存下来的。

说来道理也简单。农耕时代山地发展极为受限,百姓普遍贫穷,用几根竹竿加几条篾笆就在崎岖山地上搭建一个便捷居所，也是势所必然之事。重庆旧时流行过一句民谚叫作"地无三尺平，人无三分银"，就从主客观两方面说明了吊脚楼流行的原因。战火中的陪都时期也同样是这个道理。当年的"下江人"如潮水般涌入重庆，重庆市人口由1937年的47万猛增至1943年的88万，1944年更扩大至103万，重庆本就地窄山多，战时物资储备又日益匮乏，再加上日本飞机三天两头狂轰滥炸，大批民房转瞬即被焚毁，市内住房的拥挤与欠缺可想而知。地既不平，人又无银，于是不管本地人还是下江人，便都争相建造速成而价廉的吊脚楼。好在建于层岩之上的渝中古城天生拥有坚实的地基，遍生的毛竹又提供了坚韧的建筑材料，何乐而不为呢？

一眨眼，又是半个多世纪过去了，重庆城市建设已经发生了沧桑巨变。尤其直辖以后，甚至还流传着这样一句话："重庆地图最长三个月就要换一次。"当今的重庆现代高楼林立，曾经的吊脚楼已经很难寻觅踪迹。但是，我心中的吊脚楼却从未走远。每每从外地归来，远远眺望参差错落、流光溢彩的山城夜景，即便我这个"老重庆"也依旧会惊诧于那种平原城市难以媲美的奇观。我总觉得，那些高高低低的灯影深处，依旧闪动着吊脚楼的灵魂。

"洋房子"风云

在我的幼年时代,国人口语里有许多带"洋"词缀的词儿:洋人、洋服、洋枪、洋炮、洋芋、洋姜、洋葱、洋钉、洋铲、洋伞、洋火、洋碱、洋油、洋灰、洋瓷盅、洋马儿、洋娃娃……不一而足。准确地说,上述"洋词汇"产生自清王朝末期,直至20世纪60年代以后才渐渐淡出了中国人的语境。

今天我们只着重谈谈"洋房子"这个词儿。跟其他带"洋"字的词儿情况类似,旧时重庆人交谈时少有说"近代建筑""西式建筑"的,通通唤作"洋房子"——那个时代这样叫着挺"洋盘"(时髦)。若以1840年中英鸦片战争划个界,则可清晰地分辨出,之前的古城重庆呈现的是一片传统古建筑的风貌,之后则演绎着洋房子元素日渐渗透、生长的轨迹。只是,由于各社会群体对于生存空间的争夺,传统与现代的观念冲撞,使得这一演绎过程充满了泪与笑、汗与血、生与死,真的是"痛,并快乐着"。晚清以降的重庆建筑变迁史,实实称得上是中国近代建筑诞生、发展的一个小小的缩影。

一

从1840年鸦片战争到1891年重庆开埠，是近代建筑（洋房子）在古城重庆发展的第一个阶段。这半个世纪里中国的大门被打开了，伴随着鸦片的闯入，西洋建筑也一起闯了进来。

重庆最早出现的洋房子是西方古典形式的教堂，经历了一个过程。据《巴县志》记载，早在1702年天主教便传入重庆，但那时意大利和法国的洋教士们只是购置本土房产以充作教堂及附属住房，并未修建教堂。在重庆现身的第一座洋教堂，是法国天主教于1844年修建的"真原堂"，这已是重庆设立教堂100多年以后的事了。真原堂是一幢砖木混合的三层欧式建筑，地址在骞家桥（今五四路中段）。发人深思的是，这类"异类"洋房子出现的过程并不平静，它引发了一连串的民教冲突，甚而引发了晚清史上两次著名的"重庆教案"风波。

第一次重庆教案发生在第二次鸦片战争期间。清廷战败，于1858年分别与英、法、俄、美等国签订了《天津条约》。因为其中有"任由法国传教士在各省租买田地，建造自便"的规定，时任天主教川东主教的法国人范若瑟即据此条约，向清廷强行索要重庆长安寺改建教堂。长安寺建在重庆府衙后金碧山上（今重庆二十五中校址），"尤全城要害之区，高亘城之脊梁"，乃川东三十六民团团练总局和八省绅商会所的驻足地。

范若瑟之举既伤害到了地方的经济利益，又冲撞到了本土人的传统文化本位意识，由是导致"民人以失险堪虞，因愤阻而交讧"，进而将先前已经建成的真原堂也一并给"打毁"了，由此"酿成外交巨案"（民国向楚主编《巴县志选注》）。这场民教冲突持续了好几年，川东道最终做出一个折中的决定，由在渝八省绅首鱼责修理被损毁的真原堂，并赔款20余万元，另行卜地修建新教堂。

1864年于城外方家什字（今渝中区民生路重庆宾馆附近）建成了新教堂，名曰"若瑟堂"。该教堂采用了哥特式建筑形式，气势雄伟，宗教色彩浓郁，是重庆市迄今保存最完好的天主教教堂。

1886年发生了第二次重庆教案。美国基督教教会购地修建教堂和房屋，地址选在城西鹅项颈（今鹅岭公园）、朝天门下铜锣峡以及南岸丛树碑等处,重庆人认为洋人欲"压断龙脉,有伤风水",由士绅赵昌熙率民众联名呈请县衙,予以制止。巴县知县却两头畏惧,迟迟不敢断案。是年7月1日,恰逢重庆府武生会考,应考的武生们于激愤之下将正在修建的鹅项颈教堂一举拆除,由是引发了教民与民众的惨烈械斗,双方共死伤数十人。之后事件持续发酵,事态一直扩散至川东各地,影响甚巨。

尽管民教冲突不断,洋人的教堂终究还是陆续建了起来。1877年,英国人在渝中半岛九块桥(今放牛巷与马蹄街衔接处)修建了基督教福音堂。1881年,美国人在戴家巷(今临江门重医附二院旁)设立了美以美会总堂。1886年,英国人在南岸丛树碑修建了教堂。截至1890年《中英烟台条约续增专约》明确规定重庆开埠,随着西方传教士在重庆建立了近十个各式教会,也先后修建起了十余座各式风格的教堂。洋房子这个异类,总算是在各种巴渝土建筑中立住了脚跟。

二

自重庆1891年开埠至1929年设市这近40年,是重庆近代建筑发展的第二个阶段。在这一阶段,西方经济、政治及意识形态日渐渗入重庆人的社会生活中,近代建筑生产的条件也逐步形成、完善,重庆的传统建筑形态这才真正被"洋房子"冲破了。一批运用新型式、新材料、新技术修建的西式建筑络绎出现,包括洋行、领事馆、教会、学堂、医院、邮局、海关、码头、仓库等。

继教堂之后率先登台亮相的洋房子是洋行和领事馆。开埠促使商务活动日趋频繁,进出口货值与日俱增,洋行在货物品质、交易、运输等方面都表现出了明显的优势,以致"土货积滞,洋货畅行",于是洋行日益增多,洋行建筑也随之日益增多。其时的洋行主要分布在城内望龙门和南岸龙门浩一带,诸如英国的立德乐、太古、怡和,美国的利泰、永丰、后理,德国的西门子、美最时,日本的武林、日清等。截至1911年辛亥革命爆发,英、美、德、日等国在重庆的洋行已多达50余家。领事馆建筑也随着开埠出现。早期的领事馆集中在通远门五福宫一带,1890年英国人率先在五福宫旁修建了领事馆,美、法、德追随其后也在附近修建了各自的领事馆,由是形成了一条著名的重庆领事馆巷。

伴随着各种行业的兴起,其他各类西式

建筑也应运而生。各种单位如：1892年，美国美以美会在城外曾家岩创办了求精学堂，英国基督教公益会在南山文峰塔下创办了广益中学；1892年，美国教会在临江门戴家巷（位于魁星楼和洪崖洞之间）开办了宽仁医院；1896年，英国教会在木牌坊（今民族路中段）开办了仁济医院；1900年，法国教会在二仙庵（今山城巷80、82号）开办了仁爱堂医院；1884年，英国商人立德乐在白象街设立了重庆第一家商埠邮局"重庆信局"；1903年，现南滨路一带建起了法国水师兵营、美国使馆酒吧等。南岸马鞍山、下浩片区是外企聚集地，也伴生了大量精美的西洋建筑。

欧美建筑之风还逐渐吹进了重庆官商士绅的圈子，比如1917年杨氏家族修建的聚兴诚银行，1920年临江门顺城街魏姓商人修建的住宅，就都是仿照洋楼的建筑，堪称当年新式建筑的典范。1926年，魏宅曾被日本领事馆租用。抗战时期，聚兴诚银行曾用作国民政府外交部。

初期的西式建筑，类型和数量都显得单一和有限，并且大多出自洋人设计师之手，不免有生搬硬套之嫌。比如，重庆明明是一座"火城"，不少洋房的墙壁却厚达50厘米，有些甚至设置了毫无实际功用的壁炉。

三

从1929年重庆设市到1937年抗战全面爆发，可算作重庆近代建筑发展的第三个阶段。这一阶段，中国建筑界掀起了一股"文化复兴"风潮。在此大背景下，重庆的近代新建筑活动开始尝试着吸收中国元素、本土元素，呈现出一种多元发展的趋势。同时，开始形成自己的建筑师队伍。菩提金刚塔、自来水厂、火力发电厂、银行大厦等，就是这一阶段中的一些典型表现。

修建菩提金刚塔是因为扩城。

从明初戴鼎筑城到20世纪20年代，重庆建城的历史已逾500年，城市人口已增加至30多万，而城区的布局、规模却基本未变，一直圈在约2.4平方千米的狭小空间之内。不仅居住、工作的空间拥挤，就说那三尺余宽的步道，连过往行人、滑竿、轿子都嫌拥挤，更别说跑汽车了：古城已远远不能适应时代发展的需要。

从1927年始，重庆商埠督办公署潘文华奉命拓展新城区。鉴于重庆三面滨江一面当陆，扩城的关键第一步便选在了陆路的通远门外。可他登上城门楼一看却傻了眼,城门外的七星岗满眼荒坟野冢。因为重庆城只有这一面当陆,自明初迄今,500年来重庆人死了都只能埋在这里,七星岗的坟茔累积下来已多达40多万座,有主的无主的,乌泱乌泱一大片,难怪民间的《重庆城门歌》会这样唱:"通远门,锣鼓响,看埋死人。"潘文华大感手足无措——刨人祖坟那可是大忌,何况还不是一座两座坟!老百姓也确实闻讯骚动起来。他们既担忧先人陵寝难安,又恐惧鬼神作祟,哭闹的、打架的、喊冤的、告状的都出来了,一时间鸡飞狗跳,怨声载道。有袍哥大爷更是赌咒发誓:"谁敢动老子的祖坟,老子就和他拼命!"

但潘文华毕竟是一个有胆有识之人,他深知城市扩建势在必行,"否则,重庆将永远被困在一个死凼凼里"。于是,这个商埠督办还真的又"督"又"办"起来,亲率他的督办公署(紧接着改制为市政府)人员,组织起了一场重庆历史上前所未有的、规模巨大的迁坟工程。当然,这个由川军三十三师师长兼任的督办巧妙地运用了文武两手。一方面,他任命七旅旅长郭勋祺出任迁坟局局长,持枪放狠话:"谁敢阻挡,枪不认人。"另一方面,由市政府牵头,在通远门外的纯阳洞旁建造一座菩提金刚塔,以平复汹汹民情。

菩提金刚塔于1930年建成。这是一座融入了一些欧式元素的藏式佛塔,方形塔身上阴刻着《佛说阿弥陀经》碑文,四角为欧式爱奥尼克涡卷柱,往上是横刻的"菩提金刚塔"五个字,再往上是喇嘛塔,塔顶是垂云式花轮。为了增强佛塔的信服力,市政府还专门请了西藏活佛来主持修建,碑文也是专请佛学家张心若来撰写的。如今的通远门"城外"早已变成了闹市中的闹市,重庆人喝酒划拳时却仍会偶或吼上一声:"七星岗闹鬼哟!"只是人们不太了解,从前这拳诀后面其实还有一句:"金刚塔镇邪哟!"那缘起,就因了这座佛塔。

1931年修建的重庆自来水厂和1932年修建的大溪沟火力发电厂,也都借鉴了西式建筑风格,并且在新材料、新技术方面也有所突破,采用了钢筋混凝土结构。另外值得注目的是,这两项建筑的设计者都已聘用了中国建筑师,一个叫税西恒,一个叫汪和笙。

这期间还产生了一些其他的建筑,如1930年建成的重庆大学理学院、中国西部科学院(今重庆自然博物馆北碚陈列馆),

1933年建成的四川乡村建设学院办公楼（今磁器口28中图书馆），1935年建成的义林医院（今观音岩外科医院），都是些中西合璧的建筑。

特别要说说自1934年始小什字一带络绎崛起的一批银行大厦，这是重庆近代建筑趋向成熟的标志。在这个重庆最早的金融区里，几年间汇聚起了许多瞩目的新式建筑，如重庆美丰银行（1934年）、四川商业银行（1934年）、中国银行（1936年）以及四川饭店（1936年）等。这批洋房子建筑拥有三个显著的特点：其一，采用了新材料（钢筋混凝土、水泥等）、新结构（砖石钢木混合结构、钢架结构、钢筋混凝土框架结构等）、新设备和新工艺（供热、通风、电梯等）；其二，已由古典风格向现代风格转变；其三，都是由中国建筑师自己设计的。

四

抗日战争期间，则是重庆近代建筑发展的第四个阶段。这是重庆城市发展一个突飞猛进的时期，市区面积由1929年建市之初的8平方千米猛增到1943年9月的281平方千米。若将迁建区纳进来就更宽了，东起广阳坝，南达南温泉，西抵白市驿，北至北碚，总面积达1940平方千米。随着城市的发展，重庆近代建筑活动在工业建筑、公共建筑、住宅建筑等各个方面广泛展开。

伴随着大量工厂内迁，工业建筑也出现了，为古城重庆增添了一道崭新的风景线。当年内迁的金陵兵工厂（江北陈家馆）、汉阳兵工厂（九龙坡鹅公岩）、湖北铁厂（大渡口）、第二兵工厂（唐家沱）、豫丰纱厂（土湾）、裕华纱厂（窍角沱）等，就是后来重钢、长安、建设、嘉陵等大型企业的前身。

公共建筑的覆盖面也十分广泛，如国民政府办公楼（今人民路232号）、行政院等"五院"建筑，山东省立剧院（今抗建堂）、中央银行印钞厂（今鹅岭正街1号）、跳伞塔（今两路口体育场内）、八路军驻渝办事处（今红岩村革命纪念馆），以及三十多个国家的使馆或通讯机关等。这些洋房子虽多半为砖木或混合结构，俭朴纯厚，却也透露出一些现代主义的设计思想。

还有应运而兴的住宅建筑。特别是广布于市区内外的官邸名宅，如蒋介石的"云岫楼"、宋美龄的"松厅"、宋庆龄的"松籁阁"、林森别墅"林园"、孔祥熙官邸"孔园"、白道成公馆"香山别墅"、马歇尔寓所，以及郭沫若、老舍、陈独秀、汤子敬等名流的私邸。它们总体属于近代建筑，却又风格迥异，或呈国际风范，或显传统民居风貌，反映出其时建筑的多元性。

五

抗日战争结束以后，重庆进入了近代建筑发展的第五个阶段。重庆人雄心勃勃地总结着抗战的经验，以促进城市建筑的未来发展。重庆市政府曾于1947年7月制定了一部《陪都十年建设计划草案》，拟定出交通、港口、公共建筑、居住建筑、市政建设、公共绿化及科、教、文、卫等方面的规划。这是重庆有史以来的第一部城市发展总体规划。但因为历史的原因，这部建设草案并未能实施。留下的唯一痕迹，就是在城市中心都邮街广场原来"精神堡垒"的基础上，于1947年10月10日落成了一座抗战胜利纪功碑。

自抗战胜利迄今，岁月悄然流逝，世事沧桑，星移物换，作为当今中国西部的一座超大型城市，五花八门的现代建筑早已遍布重庆的城里乡间。

"舞榭歌台，风流总被雨打风吹去"，旧时陪都重庆的面貌已难以寻觅。但是，有些历史遗痕却是永远不会消逝的。比如今日之解放碑，其前身就是威名赫赫的抗战胜利纪功碑。这座八角形柱体盔顶钢筋混凝土结构的独特碑形建筑，穿越岁月的风雨依然默默地矗立在高耸的现代洋房子之中。它忠实地记录着这座城市的历史与文化，坚韧地支撑着这座城市的过去和未来，已成为英雄重庆一张不可替代的名片。

中国的桥和"桥都"

一

在诸多"重庆元素"中,"桥"绝对是其中不可或缺的一元。

不过,谈"桥"得先从"路"谈起。或云,"交通"包括运输和邮电两个方面。"运输"含有铁路、公路、水路、航空、管道等五种方式。由于古代交通运输只有"水、陆"两种形式,无"空",故"路"在交通运输中具有举足轻重的地位。又有云,"道路交通"由人、车、路、环境等四大要素组成,其乃商品交换的先决条件,城市发展、经济繁荣的首要保障。诚如《史记·平准书》所云:"农工商交易之路通,而龟贝金钱刀布之币兴焉。"抑或如胡适《国语文法概论》所述:"后来陆地交通有了人力车、马车;火车、电车;水路交通有汽船,人类交通更方便了,更稳当了,更快捷了。"民间有句流行俗语叫作"要想富,先修路",传达的也大致是这么个意思。

但是修路也需要条件。一些地形地貌特殊的地区就极不利于修路，修着修着就会遭遇到河流呀沟壑呀什么的，路也就断了。于是乎，"路"的变形体"桥"便应运而生。桥，是路的有效衔接与延伸。

依照上面的述析来观照重庆这座城市和桥的关系，是很有意思的。按理说，重庆地势特别复杂，两江环抱一城，处处山横水纵，理应特别钟情于桥；而事实上，因为经济和技术条件的限制，从古代到近代重庆桥梁建设都相当落后，根本无法与中国其他地区匹敌。重庆桥梁的大改观只是最近半个多世纪的事儿，是随着城市的大发展而发展起来的。不过，重庆进入现代桥梁建设的时间虽短，却呈现出一种后发先至的迅猛态势，无论桥梁的数量、种类还是建桥的技术和工艺，都在全国乃至全世界处于领先的水平，并且开创了多项世界之"最"，业绩十分瞩目。

现代桥梁建设，堪称重庆城市建设中尤为浓墨重彩的一笔，它不仅带动了重庆的经济腾飞、区域联动，也见证着重庆的社会变迁、历史发展，而且作为一种特色景观资源，还为营造城市的审美形象大大增光添彩。鉴于特殊的地理和气候原因，重庆历史上曾被赋予了山城、江城、火城、雾都等诸多别致的称号，而"桥"，则进而造就了重庆别具特色的桥梁文化，极大地丰富了重庆的城市文化内涵，使其又获得了一个崭新的美誉：中国桥都。

二

要清晰地认识重庆桥梁建设的沿革与定位，有必要先粗略了解一点中国桥梁的渊源，这也算是找一个有效的参照系。

中国素称"多桥古国""桥的故乡"，桥梁设施的发明创造在人类交通史上占据着重要地位。大致而言，中国古代桥梁史可划为四个发展阶段。

从五六千年前的新石器时代一直到西周、春秋，中国桥梁建设经历了漫长的摸索、草创期。这一时期出现的"桥"，从实质上看只是各种带有天然状态的渡河设施。

据史料记载及考古发现，最初的"石桥"就是原始人类在窄而浅的溪流中安放的一串略高出水面的石块儿。这种所谓的"桥"，古籍中称为"砅"。《说文》曰：砅者，"履石渡水也。从水从石"。直至现代，这种原始状态的玩意儿仍然时或现于乡间。四川话将其唤作"跳蹬子"；园林营建中为追求返璞归真的效果亦不乏仿造者，只是那称谓就雅致多了，美其名曰"汀步桥"。

最早的"木桥",其实就是一根原木,先秦古籍中多以"榷"或"梁"称呼之。如《初学记》训之为:"独木之桥曰榷。"《广雅·释宫》亦有训:"榷,独梁也。"鉴于独木难行,原始人类又将数根原木排拼为桥,称为"舆梁"。此类原始木桥,堪称后世"梁桥"之肇始。后来古人再进一步,把"履石渡水"的"矼"与"横木以渡"的"榷"结合了起来,在较为宽阔的河道中垒石为墩,再在石墩之上搭木为梁,这便形成了后世多孔梁桥的雏形。

吊桥也要溯及原始时期。只是最早的吊索只能用晒干编织起来的藤索、竹索之类天然物充当。这个吊桥亦称索桥,应是后世悬索桥的老祖宗。

吊桥(或曰悬索桥雏形)确凿的源起情况,已难以考证。不过,见诸中国史籍文献记载的吊桥,也已足够古远。据记载,早在2300年前的战国时期,中国就已经产生了较为成熟的吊桥,其典型代表就是四川境内修建的"笮桥"(竹索桥)。《盐源县志》载云:"周赧王三十年(公元前285年)秦置蜀守,固取笮,笮始见于书。"李冰为蜀郡太守时(公元前256—251年)曾"造七桥",其中之一也是这个"笮桥"。及至汉宣帝甘露四年(公元前50年),四川进一步建成了长达百米的铁索桥。

浮桥同样也是一种很古老的桥型。《诗经·大雅·大明》中的一段描述就透露出了它的痕迹:"文王嘉止,大邦有子。大邦有子,伣天之妹。文定厥祥,亲迎于渭。造舟为梁,不显其光。"这段诗的大意是:周文王喜气洋洋筹办婚礼,商王帝乙将自己美若天仙的妹妹嫁给他。周文王占卜吉祥,便亲自迎到了渭水之滨,并在渭河上专门建造了一座用船连接而成的浮桥,以便渡河迎亲,大显荣耀。

战国秦汉(包括三国)时期,是中国古代桥梁正式的创建发展期。按照一种学术观点,我国自西周中晚期开始制造和使用砖瓦,发展到战国时砖的品种已经变得很多;秦汉两代就更不用说了,"秦砖汉瓦"乃人尽皆知的历史常识。从战国到秦汉,中国人不仅拥有了人造建筑材料砖,而且还创造了以砖石结构体系为主体的拱券技术,这是中国桥梁建筑史上的一次重大革命。

鉴于上述物质与技术的基础,由战国始,黄河流域地区已普遍开始建造木、石梁桥,其中包括单跨和多跨等不同形式。拱券技术又为建造拱桥创造了先决条件,到东汉中期拱桥终于面世亮相了。至此，中国传统桥梁的四大基本形式（梁桥、浮桥、索桥、拱桥）全部形成。其中石梁石拱桥的大发展尤具突破意义，它不仅减少了桥的维修费用，延长了桥的使用时间，还提高了桥的结构理论和施工技术的科学水平。中国传统拱桥的设计也十分瞩目，其形式之多、造型之美为世界少有。

战国秦汉距今已十分遥远，但其时的桥遗迹仍依稀可寻。据说，陕西省蓝田县蓝溪上的蓝桥，就是一座始建于战国末期的古老桥梁。其桥墩遗址上迄今仍可见斩凿的石窝、拴铁链的痕迹，它们无声地证明着这是中国古代多跨木梁木柱桥的一个杰出代表。西安的灞桥也是一个典型案例。这是一座建造于汉代的木梁石柱墩桥。其建造方法是：以四段圆形石柱（加上中间的石柱）卯榫相接形成一根石柱，继而由这样的六根石柱共同组成一座轻型桥墩，再于墩台上加木梁并铺设灰土石板桥面。灞桥是"石柱墩"的首创者，看着它，你会不禁地联想到上古时候把"砼"和"榷"结合起来的那种原始梁桥。

隋唐宋三代，中国桥梁发展呈现出一派鼎盛气象。享誉海内外的"中国四大古桥"就产生在这一时期，它们就是赵州桥、洛阳桥、湘子桥和汴水虹桥（一说为北京的卢沟桥）。

赵州桥（安济桥）位于河北赵县，由隋代著名匠师李春设计建造。因其为中国现存最早、保存最好的单孔敞肩式石拱桥，故被称为"中国第一石拱桥"，连小学课本上都能见到它，可谓盛名卓著。

洛阳桥（万安桥）建于北宋皇佑五年（1053年）至嘉祐四年（1059年），位于福建泉州。该桥是中国现存最早的跨海石桥，采用了"筏型基础""植蛎固基法"等造桥技术，在中国乃至世界都是首创之举。所谓植蛎固基法，就是在桥基上养殖牡蛎，让牡蛎与基石胶结成牢固的中流砥柱。这是世界上首次将生物学应用于桥梁工程的案例，尤其值得点赞。

湘子桥（广济桥）建在广东潮州城东门外的韩江之上。全桥长500余米，为石梁桥与浮桥两种形制的结合，河流中间用铁索将18只梭船串连成浮桥，再于东岸建13座桥墩，西岸建11座桥墩，由是形成"十八梭船二十四洲"的独特风格与奇异景观。有民谣传曰："到广不到潮，枉费走一遭；到潮不到桥，白白走一场。"该桥还有一个奇妙之处，每遇洪水或需要通船时，可随时解掉江中铁索移开梭船，茅以升先生誉其为"世界上最早的启闭式桥梁"。湘子桥说是一座南宋时期的桥，其实从宋乾道七年（1171年）初建浮桥，到明正德八年（1513年）增添最后一个桥墩，前后延续了300多年。

河南开封的汴水虹桥修建于北宋庆历年间（1041—1048年），为叠梁式木拱廊桥。这种名曰"叠梁式木拱廊桥"的特殊木桥形式为我国古代所独有，汴水虹桥只是其中的一个杰出代表。该种桥梁不仅简单经济，便于安装，且结构精巧合理，形式优美如彩虹。宋代孟元老的《东京梦华录》曾如是描述汴水虹桥："从东水门外七里曰虹桥，其桥无柱，皆以巨木虚架，饰以丹艧，宛如飞虹……"跟上面言及的三座古桥不同，汴水虹桥今已无遗迹可寻，令人惋叹。不过又有庆幸之处，北宋名画《清明上河图》清晰地留下了它的珍贵形象。有人推算张择端笔下的汴河宽5丈，深5丈，虹桥跨度约为20米，竟与历史记载完全相符。换个角度说，张择端确实无愧为画界高手。

唐朝中期出现了铁链吊桥，将原始吊桥使用的藤索、竹索换作铁链。这种铁链吊桥比西方早了600多年。

元明清三代是中国古代桥梁史的第四阶段。总体而言，这600余年间虽也建造完成了一些艰巨的桥梁工程，如江西南城的万年桥、贵州的盘江桥、川滇地区的索桥（大渡河泸定桥是其中的著名代表）等，却几乎没有什么大的创造和技术突破。待到18世纪60年代英国工业革命以后，中国的桥梁技术就更是全面落在了西方国家的身后。

三

跟中国古代辉煌的桥梁创建相比较，重庆地区的桥梁建设长期处于一种落后的状态。恰如前文所述，作为一座山水之城本不是不需要桥，而是无力造桥——偏于穷乡僻壤的西南一隅，农耕时代经济、技术皆十分落后，正所谓"贫穷限制了想象力"。

当然，这个地区也有一些出色的古桥遗存。《中国文物地图集·重庆分册》收录了重庆市域现存的古桥近800座（从北宋至民国），其中绝大部分为清代古桥，占了700多座。遗存古桥中石拱桥显得较为突出。年代最久远的当属建于北宋的荣昌施济古桥，迄今近千年。该桥为实腹式等截面三心圆石拱桥，长110.5米，7孔（每孔跨11米），石板铺面，被慈禧太后誉为"川东保障"。南宋绍熙年间修建的涪陵马武镇碑记桥也够古老,单孔净跨14米,极富宋代民间建桥色彩。还有两座奈何桥也很有名:一座建于南宋,在璧山区的茅莱山上,为四孔石拱桥;另一座建于明代,就是重庆人所熟知的丰都鬼城的奈何桥。廊桥中最出名的是秀山县的龙凤客寨桥。该桥始建于元代,横跨城西平江河,为六孔石木结构平桥,长58.2米,高8.95米,具有典型的土家风格。

重庆古代的桥梁虽显平淡一些,但有一样特殊的交通通道建设却十分精彩,就是栈道,这是中国古代交通史上的一大发明。所谓栈道,指古人沿江岸或山谷沟壑的悬崖修造出来的一种道路。先用器物在峭崖陡壁上凿出一些棱形孔穴,再在孔穴内插入木桩或者石桩,继而在木石桩上横铺木板或石板,以供人和车在其上通行。为了防止木桩、木板因淋雨朽腐,一些栈道上方还特别修建了房亭(亦称廊亭)。透过上面描述观之,所谓的"栈道",在实质上似乎应该是一种介于路和桥之间的特殊物事,或曰一种路和桥的结合体,故栈道又被古人称作"栈阁""桥阁"。栈道建设始于战国,其功用在秦汉两代被大大拓展,运用到了宫殿楼阁间跨通道的修建之上,名称改为"复道""阁道""飞阁",俗称"天桥"。如《西京黄图》云:"乃于宫西跨城池,作飞阁通建章宫,构辇道以上下。"秦始皇时候所筑之由阿房宫通达骊山的"复道",人行于桥上,车行于桥下,堪称中国最早的立交桥。

话题拉回来说说重庆市域的古栈道。重庆的古栈道主要分布于三峡地区,应是秦汉时期开发大西南的历史遗存。迄今船行三峡之中,两岸绝壁上仍随处可见或显或隐的栈道遗痕,包括道路、石桥、石栏、铁链等。有人做过丈量,三峡古栈道全长约为56千米:瞿塘峡段约10千米,巫峡段约30千米,其余则零星地分布于西陵峡中。

当然,古栈道不止限于三峡地区。自秦汉以降直至晚清,四川盆地与外部(至关中)连接的陆路通道都只有这种栈道。穿越秦岭的主要有四条,自西向东依次为陈仓道、褒斜道、傥骆道、子午道;穿越巴山的也主要有四条,自西向东依次为阴平道、金牛道、米仓道、洋巴道。

据传闻,唐朝宫廷的达官显贵们特别喜爱重庆涪陵的荔枝,而要吃到新鲜的荔枝就要靠栈道运输。一些史籍文献对此有记载。如北宋蔡襄《荔枝谱》云："贵妃嗜涪陵鲜荔枝，岁命驿致。"当年运送荔枝，走的就是最靠东边的那条洋巴道。驿卒在涪陵城西荔枝园连枝带叶砍下新鲜荔枝，密封于竹筒中，北渡长江，乘快马经垫江、梁平、开江、达州，从陕西西乡入秦岭子午谷，速送至长安，故此洋巴道又被叫作荔枝道。

巴蜀交通自古号称"四塞"艰难，李白曾为之仰天慨叹："蜀道之难，难于上青天！"然而有了"栈道千里"，则"无所不通"（《史记·货殖列传》)，足见栈道对于巴蜀发展举足轻重的地位。正是有了这些兼路兼桥的栈道，才让一代代的巴人蜀人得以克服险恶环境，生存繁衍，并融入外面的精彩世界，从而创造出灿烂的巴蜀文化。

四

近现代桥梁建设中国属于后行者，自清末才蹒跚起步。伴随着清末洋务运动的兴起，特别是1881年我国第一条自建铁路（唐胥铁路）的修建，我国的桥梁建设方才迎来了又一次技术大革命。

最早出现的新式钢桥，于20世纪初在上海修建，如外白渡桥、新闸路桥、四川路桥等。不过，这些桥从出资、设计到建造都是由外国侨民一条龙解决的，故也被时人称为"租界桥"，实实令中国人窘迫。真正由中国人自主设计并修建的第一座大型钢桁梁桥是钱塘江大桥，一座双层铁路公路两用桥，由一代桥梁宗师茅以升领衔于1934年至1937年修建。为阻止侵华日军，该桥仅仅建成三个月就被炸毁了，但其在中国现代桥梁建设史上却具有里程碑的意义。

中国现代桥梁建设真正大步向前迈进，是在中华人民共和国成立以后，应从1960年开工1968年建成通车的南京长江大桥算起。虽然从那时至今不过短短半个多世纪，却已全面复兴、崛起，重新站到了世界的前列。

重庆的现代桥梁建设起步就更晚了，近代以前的极度落后自不必提，新中国成立前近30年间也只建造了几座江桥，即成渝铁路白沙沱长江大桥、牛角沱嘉陵江大桥、北碚朝阳嘉陵江大桥等；改革开放后全直辖前又增加了5座，是石板坡长江大桥、石门嘉陵江大桥、涪陵乌江大桥、李家沱长江大桥、万县长江大桥。重庆的现代造桥高峰主要发生在1997年直辖以后，呈现出一种爆炸似的发展态势，仅仅20余年居然跃居全国前列！抚今追昔，堪称地覆天翻，不能不令人击节咂舌！

今日之重庆赢得"中国桥都""中国桥梁博物馆"的称号，的确不是浪得虚名，桥梁专家们提供了如下理由，很充实。

首先是数量庞大。俗语戏说："我走过的桥比你走过的路还长。"这话在重庆说，还真是一个有趣的比方。重庆的单桥规模虽不及长江下游的一些桥梁，但数量和密度却已远远超过了中国其他城市，桥梁已经成为重庆交通最重要、最核心的组成部分。截至2018年年底，重庆市域内已建和在建的各类桥梁已达1.4万座，其中高速公路桥梁2974座，普通公路桥梁8462座，市政桥梁1551座，轻轨专用桥梁4座，铁路桥梁16座，仅主城的嘉陵江和长江上就横跨了41座大桥。我们不妨再换个角度，单说说长江大桥。在流经7省市横跨半个中国的长江上，现有大桥81座，其中36座都落在了重庆，占去了总数的44%，这可是一个无比惊人的纪录。据说有人还做了这样的统计，重庆60%的人每天至少要经过两座桥梁。

第二是种类齐全。目前世界上的桥梁分为梁桥、拱桥、斜拉桥和悬索桥四大类型，而这四类桥梁重庆都有。梁桥，如牛角沱嘉陵江大桥和渝澳大桥、石板坡长江大桥和复线桥，还有黄花园大桥、嘉华大桥等。拱桥，如朝天门长江大桥、菜园坝长江大桥、乌江一桥、万州长江大桥、巫山长江大桥等。斜拉桥，如石门大桥、李家沱长江大桥、东水门长江大桥、千厮门嘉陵江大桥、嘉悦嘉陵江大桥、涪陵乌江二桥等。重庆的悬索桥少一点，也数得出鹅公岩长江大桥、鹅公岩大桥复线桥、郭家沱长江大桥等来。

第三是技术先进。由于重庆地区山水阻隔，地貌复杂，跟其他城市相比桥梁的施工难度为世所罕见，但其技术水平也相应地呈现出压倒性优势。重庆桥梁拥有许多"世界之最"。例如：朝天门长江大桥，是世界跨径最大的拱桥；菜园坝长江大桥，是世界跨径最大的公轨两用结构拱桥；万州长江大桥，是世界跨径最大的钢筋混凝土拱桥；巫山长江大桥，是世界跨径最大的钢管混凝土拱桥；石板坡长江大桥复线桥，是世界跨径最大的连续钢构桥；鹅公岩轨道专用桥，是世界跨径最大的自锚式悬索桥；而新白沙沱长江大桥，则是世界上荷载最大的钢桁梁斜拉桥；

乌江一桥的转体施工方法，也是一个世界级的创新。专家们说，重庆桥梁·共创造了17项世界之最，其中8项为在建时的世界之最，有9项至今仍保持着世界之最的纪录。

第四是造型美观。重庆被喻为"万桥之都"，自然桥型众多，其形形色色美不胜收的造型，构成了重庆别具一格的城市风采。每当船近重庆城，你首先看见的便是"世界第一拱桥"朝天门长江大桥，它有如一座"城市之门"在前方亲切地迎接你；在其弧形主拱艳丽的"中国红"映照下，繁华的渝中半岛就近在咫尺。再看看东水门长江大桥和千厮门嘉陵江大桥，这对世界上唯一的"双子桥"将重庆"两江四岸"连成一个整体，气势磅礴；而在那些尽显张力的笔直拉索旁边，天梭形的塔柱又透出曲线的柔和与温馨。嘉悦大桥两个"Y"形主塔犹如展开的双翼，融入大自然的青山绿水之中。江津观音岩长江大桥是一座双塔双索面钢混结合梁斜拉桥，当你在桥上驱车前行之时，一根根拉索自你身边轻盈地掠过，你的耳畔便响起了竖琴弦飘出的美妙音符。

五

短短数十年，重庆逆袭成功，变身中国桥都，并非刻意为之，而是有着其内在的深层次动因。

桥，是重庆的城市夙缘。千百年来，"蜀道难"一直困扰着山城重庆的内部建设和外部联系。1942年来到陪都的美国汉学家费正清，甚至留下了这样极端的印象："此地并不适合人类居住，因为没有平坦的陆地。人们简直成了力图找到安身之地的山羊。"压力就是动力，古往今来的重庆人又怎能不梦寐以求地追求着桥？放眼当下，伴随着城市经济、技术的突飞猛进，纵横密布的桥梁早已如一根根主动脉，实现着这座庞大山水城市的互联互通；又如同一副坚实的骨骼，支撑起了这座庞大山水城市现在的生存和未来的发展。

桥，体现着重庆的城市风采。重庆城将山、水、天、地浑然融为一体，构建起了自成一派的立体风光，而桥在这其中显然占有很重的分量。网上曾经流传过这样一则关于"桥"的趣闻。一个初来重庆的外地大学生夏夜在露台上乘凉，猛然间发现天上飞着许多孔明灯，不由得惊问道："在大都市里放孔明灯？

就不怕火灾？"本地同学笑答道："那可不是孔明灯，是大桥上移动的汽车灯！"跟一些"千城一面"的城市比起来，如此奇葩的景观难道你不觉得很魔幻？余秋雨先生谈到对重庆的第一印象，说"重庆是一座站立着的城市"，这既是对重庆独特景观的生动概括，也是对重庆人耿直、担当性格的嘉许。桥之于重庆，已不仅是交通工具，它更成为一种城市艺术品，一张靓丽的城市名片。

　　重庆本是一座山水之城，江桥以及其他相关交通设施如铁路桥、立交桥、轻轨、索道、扶梯等，共同作为重要的基础设施，在地方经济建设中起着无可替代的作用。古人诗云："防拒连山险，长桥压水平。""轮势随天度，桥形跨海通。"桥梁跨山越水，使得这片自古封闭的天地得以通达全中国、全世界，它切切实实地承载着重庆人的美好未来。

> 插件 游江画重庆

◎ 我和别人的故乡

老家（国画）

巴风渝韵话古今·母城篇　108/109

归家渐近（国画）

山城我故乡（国画）

春在城南芳草路（国画）

渐行渐远的乡村生活，当我们离开家来到陌生的城市，而城市也不是家，我们像过客（国画）

排忧浓重的乡愁（国画）

山乡小院（国画）

初春三月（国画）

文脉篇

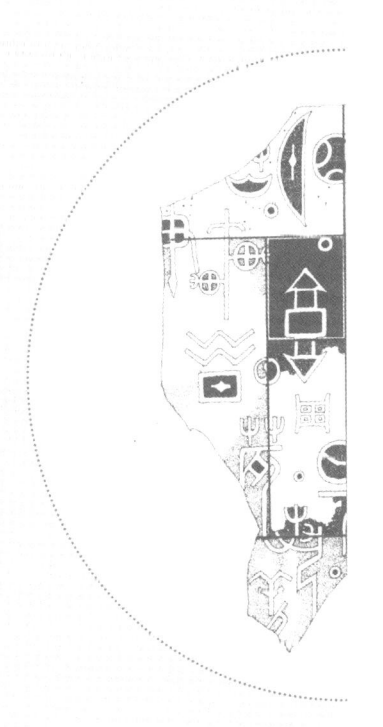

BAFENG YUYUN HUA GUIN
WENMAI PIAN

俗话说:"江南佳丽地,金陵帝王都。"独特的族群和城市现象背后,是独特的地域文化。就远古巴文化而言,它以巫文化为理念核心,包含了山地文化、巫文化、盐药渔文化、尚武文化等诸多内容;而从城市的视角看重庆,又可以概括为这样三个最具本质意义的文化形态:山水文化是其根,移民文化是其魂,码头文化是其形。

说 巫

一

说起"巫",很容易让人联想到旧时的一种江湖行当"巫术"。从前,世人每遇病痛灾疫,常会请"民间高人"来施行法术,诸如祭神祀祖、驱鬼除邪、招魂治病、还愿求雨、占卜算卦之类,施法之人被称为"巫师",男巫叫"端公",女巫叫"神婆",川渝一带则习惯将女巫唤作"观花婆"。随着近代科学技术的发展,巫术已日渐变得不那么受人待见了,目睹端公神婆猴跳巫跳、装神弄鬼的样子,以及当事人颠顶膜拜的憨态,凡略为受过些新式教育的人都会觉得愚昧荒唐至极。后来,由"巫"之谐音还产生了一个川渝方言词曰"污教",专指胡猖野道的行径,是一个地地道道的贬义词。已至古稀之年的我还清晰地记得儿时父母的训诲:"跟好人学好人,跟到端公跳假神。"

但是,回溯"巫"的原生概念却并非贬义。蛮荒时代,先民心智未开,面对日月山川、风雨雷电、火山地震、洪涝旱灾、生老病死等神秘的自然现象，会心生惊异、疑虑、敬畏，进行采摘狩猎、用药医病、男女媾和乃至整蛊治人等生存行为，又须向人咨询、求教。为人们释疑解惑的特殊人物，就是"巫"。可见，巫其实就是一群原生形态的文化人、早期人类智者的化身。巫也被称作"巫祝"。《说文·巫部》云："巫，祝也。"中国的巫又有男女之别，《国语·楚语下》云："在男曰觋，在女曰巫。"

巫所使用的星相占卜等怪异手段叫"巫术"。远古人类认为巫术可以"通灵"，所谓"上通天、下通地、中通人"，乃人与天地神鬼沟通的唯一媒介。观察象形文字的汉字，"巫"的深邃内涵传达得尤为明晰：上面一横表示天，下面一横表示地，中间一竖既表通天达地之途，也寓中合人意之义；而一竖左右的两个"人"或许就是男觋女巫，是通天达地的执行者。

狭义的巫文化，仅指发端于中国西南渝东鄂西一带的远古巴楚文化；而就广义而言，巫文化却应该是一个全球现象。据考古发现，欧洲的尼安德特人已经开始安葬死人，北京山顶洞人的死者和随葬物上也撒有赤铁矿粉末，这些现象都说明，旧石器中晚期人类的灵魂崇拜已经出现，巫文化已经源起。

再从人类学的演变角度来看看。古典人类学主要通过人体解剖学和生理学研究来考察人类发展，这相当于我们今天所说的"体质人类学"。到19世纪中叶，近代人类学兴起以后，研究的重心逐渐转向对于早期人类的人文关怀，着重通过研究人类各民族创造的文化来揭示人类文化的本质，由此分支出了一个学科名曰"文化人类学"。英国学者弗雷泽是近代人类学早期研究的佼佼者，他在其人类学名著《金枝——巫术与宗教之研究》中做过如是判断：人类历史大体经历了三个阶段，第一为巫术阶段，第二为宗教阶段，第三为科学阶段。

依照上述理解，巫文化即原始文化的主导形态，巫术即被视为远古先民意识形态和社会宗教的独特表现，对其之研究也理所当然地成为透析原始文化的主要途径。事实上，巫文化也的确是个源头，现代社会的哲学、宗教、历史、地理、气象、历法、术算、军事、谋略、医药、科学、文学、技艺等多种文化形态，若追本溯源，还真无一不会追溯到远古稚气而妄想的"巫"那里去。

关于原始巫文化与后世诸多子文化的源流关系，不妨以中国巫文化为例多说几句。

比如，由八卦占卜而产生的《周易》，这部儒道两家的经典就包含了预测学、风水学、气象学、哲学等丰富内容，至今仍为国内外学者所重视。巫文化对中医学的影响也显而易见。明代罗颀所撰《物原》，将针灸之法一直追溯到了神农那里："神农始究脉息，辨药性，制针灸，作坐方。"还有中国最古老的医学典籍《黄帝内经》，至今仍是重要的医学著作。

对文学艺术的追溯亦如是。比如诗歌。屈原的诗作号称中国诗歌的第一座高峰，而屈原本人就生长于巴楚巫文化之地，其诗中对于神巫形象的塑造、意象的运用以及男女比兴、浪漫情节等一系列的艺术处理，无不浸透了巫风巫俗。远古巫觋歌舞乐三位一体之迎神娱神场景，还关联到后世的歌舞与戏剧。王国维的《宋元戏曲考》就说："由巫觋表演的《九歌》已是后世戏曲的萌芽。"音乐的溯源也不例外，东汉桓谭《新论》云："于是始削桐为琴，绳丝为弦，以通神明之德，合天人之和焉。"再说绘画艺术，它借助巫文化渗透的老庄道学这个"中介"，将"柔胜刚"的观念融汇于古代画论之中，从而使中国绘画作品充溢着一种淡泊、清峻、飘逸而又带点孤独神秘气息的艺术气质。还有中国的小说，汉魏六朝志怪小说就不必谈了，巫文化中的占卜、梦幻、怪异故事等更是远远渗透到明清小说的创作之中。

二

巫文化对中华文化的影响是巨大的，这股巫风由西南一隅刮起，扩散到了整个中华大地；由原始部落至春秋时期，巫文化都以中国主导文化形态呈现，之后也依然时强时弱、时显时隐地顽强表现，一直延伸至近现代。但若据此就认为巫文化就是中国传统主流文化，动辄援引鲁迅"中国本信巫"的话来证明，却又有些失之偏颇。如果依照弗雷泽"人类都曾经历过巫术这一初始阶段"的论断，考虑到远古东方流行"万物有灵"的泛神论观念以及很容易形成巫术氛围的环境条件，从而将巫文化定义为中华文化的一种"原文化"而非贯穿历史的"主流文化"，应该更为妥帖一些。

换个视角再观察，中华文化覆盖区域如此之广阔，在相当长的时间内有数种文化并存也实属情理之中，只存在"巫"这一种主流文化反倒不大好想象。众多的研究也已经证明了，宏观的中华文化的确是一种多元融汇的文化,且各地域文化的交汇融通还经历了一个复杂而漫长的过程。大致而言,在大中华文化的交融过程中,南方文化多以"巫"为基本内核,而北方文化则多以"史"为基本内核。由此可见,鲁迅所言之中国"信巫"并不等于中国"姓巫",说巫文化是中国传统文化"之一"似乎更符合事实。

从根本上说,巫文化是中国早期人类的一种文化幼稚形态,从尧舜禹三代直至春秋时期都属于主要社会文化形态。但伴随着历史的演进,它历经了也必然历经一个由微而著又由盛而衰的过程,由此也便从一个视角勾勒出中华文化史的脉络来。西方的弗雷泽将人类文化史划作巫术、宗教、科学三个阶段,中国却似乎不宜机械硬搬,因为在中国历史上宗教阶段并不太明显。大约自春秋以降,儒家的入世经学太过强大,抑制了宗教的孕育及扩散吧?当然,对于中国人而言,儒学也具有某种泛宗教的性质。若此判断无误,那么中华文化史就可以这样来划分阶段:巫术阶段、儒学阶段和科学阶段。

春秋时期儒家经学兴起,新生的儒家文化十分注重现实性的承传、批判,反对荒诞不经的臆想与举措,于是有意无意地从中国传统主流文化中剥离着巫文化。《论语·述而》就明确表述了:"子不语怪力乱神。"这种剥离对巫文化形成了第一次巨大冲击,也由此传递出一个信息,就是中国传统文化向理性实证精神迈出了第一步。

但巫文化并未就此离去,到两汉甚至再度强势显现出来。西汉武帝时,董仲舒提出建立"罢黜百家,独尊儒术"的思想体系,儒家文化逐渐成为一种绝对理论,有人便利用阴阳五行学说和董仲舒的"天人感应论"发展出一种谶纬之学来。所谓"谶",就是神秘的预言,说是可以假托神仙、圣人来预决吉凶,告知政事。及至魏晋南北朝,谶纬之学流行更盛,历次改朝换代皆能见到巫术从中推波助澜的身影。儒家经学因而被"神化"或曰被"巫化"了,巫文化借尸还魂。谶纬之学或者可以被戏称为"中国的神学"。

于是,从魏晋至隋唐,中国传统主流文化对巫文化进行了第二次剥离。魏晋各朝皆屡屡禁止社会传播谶纬之说;隋炀帝时进而下令,收缴焚毁天下涉及谶纬的文字和图画;唐初更颁定了官书《五经正义》,以之作为儒家经典的权威注释本,并作为士子科举的考查依据,从而完全消除了两汉以来儒学中带有神秘倾向的内容。其后1000多年间，儒学虽几经变迁，但由此确立的理性精神内核却再也没有被撼动过。

到近代，科学、民主精神勃兴，遥远的巫文化就基本变为一种迷信，遭到了中国主流文化的彻底摒弃。正是基于此，鲁迅先生才在他的《中国小说史略》中对巫文化做了如是批判："中国本信巫，秦汉以来，神仙之说盛行，汉末又大畅巫风，而鬼道愈炽。"不过，巫风依旧潜移默化地渗透于人们的日常生活与社会习俗之中，最常见的，如旧时家家有本黄历，凡遇出门、嫁娶、动土之类事项欲求吉利，必会拿出黄历来翻一翻，社会上广泛流行着扶乩、请神、算命等活动。这些，都算是巫风的余波吧。

但是，近现代的端公神婆之术，与远古人类凭直觉感应天文地理、用神秘卜辞传达生产力信息的原始宗教活动却不宜简单地画等号，这和我们讨论的远古巫文化是两个不同的概念。巫文化在中华民族幼稚阶段曾大放异彩，比如始作八卦的伏羲、治水铸九鼎的禹、演绎周易的文王、悲悯家国而赋诗的屈原等人，实质上都是些远古时代的大巫，这就足以说明问题了。再如，之后的巫文化还渗透影响了阴阳学说、道家思想、楚辞诗体、中医乃至禅宗，丰富了中华民族的哲学思想、科学技术、文学艺术，推动了中华文化的成长，这些都是毋庸置疑的。

三

华夏文明的发祥地在中原地区已是学界共识，所以自古有"逐鹿中原""得中原者得天下"之类的说法。但原初文明形态的巫文化偏偏产生在"化外"之境的长江三峡流域，实在是一个耐人寻味的现象。这至少可以说明两点：其一，中华早期文明尚有诸多待求索的信息密码；其二，许多密码或许就悄悄潜藏在"四夷"之地的巴楚巫文化之中。

中国巫文化最早的文献材料出现在殷商甲骨文里，甲骨文本身因卜筮而生就是确凿的证据之一。其后就要数到上古的"五大天书"了。《黄帝内经》《周易》《山海经》《尚书》《河图》和《洛书》等五大天书，实质上就是上古的五大巫书。其中以《周易》和《山海经》尤为显目，保存了大量的巫文化资料。而要追溯巫文化的发祥地，学界则无一例外都主要依据了《山海经》这部典籍。有人认为，《山海经》对上古巫文化做了系统的记载，所以不能将其简单地归类于荒诞不经的志怪书，而应视作中国最早的上古信史。

《山海经》所载之巫咸国、巫载国、巫山、灵山云云，其遗址就在长江大三峡地区。《山海经·海外西经》记载道："巫咸国……在登葆山，群巫所从上下也。"《大荒西经》载曰："大荒之中……有灵山，巫咸、巫即、巫盼、巫彭、巫姑、巫真、巫礼、巫抵、巫谢、巫罗十巫，从此升降，百药爰在。"袁珂先生在《山海经校注》中做了这样的判断："巫咸国者，乃一群巫师组织之国家也。"而我以为，巫咸国倒不见得全体都是巫师，但一定是形成了一个巫师精英组织的社会。另外，《大荒南经》又有如下记载："巫载，盼姓，食谷。"对照上文灵山十巫中也有"巫盼"之称谓可以推知，巫载国是由巫盼家族建立的，也同样是充斥着巫师的国度。

说巫文化源于长江三峡还可以列举两个考古上的侧面证据，它们和巫文化相互间形成了有趣的印证。其一是1959年至1975年经过三次发掘，在渝东鄂西一带发现了一种距今已有五六千年的红陶文化，因为这次考古首先发现的遗址在瞿塘峡口的巫山县大溪乡，故命名为大溪文化。大溪文化一下子将长江文明推到了与黄河文明同等的地位，也旁证了巫文化发祥于三峡流域确非空穴来风。其二是20世纪80年代中期，在重庆巫山县庙宇镇龙坪村龙骨坡考古发现了一种能人的新亚种，后来被定名为"能人巫山亚种"，一般称之为"巫山人"。这一考古发现比著名的大溪文化更加轰动世界，因为巫山人距今已有204万年，比距今170万年的云南元谋人和距今180万年的山西西侯度人还要早几十万年，是货真价实的中国早期古人类。由此推论：既然中国最早的古人类都发祥于三峡流域，那么中国原初巫文化也发祥于这个貌似"蛮荒"的地域而非文化底蕴深厚的中原地区，也就没有什么值得大惊小怪的了。

说三峡巫文化，必然要言及巫山、巫溪，想想这些名称之中都有一个同样的"巫"字就饶有兴味。从地名学看，全中国以"巫"字贯名山和溪的，只有长江三峡这两处。从历史地理统属看，巫溪县于楚时设巫郡，秦时设巫县，其时巫溪和巫山都处在同一个行政区划内。至东汉建安二十五年（220年）巫县分出一个北井县来，是为巫溪建县之始。后来，北井县递次改名为始宁郡、永昌郡、大宁监、大宁州、大宁县，直到民国三年（1914年）为避免与山西大宁同名，方更名为巫溪县。至于巫山县，则是隋代就设置了。

先来说说巫山。《大荒西经》和《大荒南经》四次提到了巫山，其描述与今日巫溪中上游之宝源山的地理方位及事象都十分吻合。《大明一统志·大宁山川》就明确指出了："宝源山，在（巫溪）县北二十里，旧名宝山。"

历史上巫山的别称很多，除了宝源山，还有灵山、宝灵山、宝山、葆山、登葆山等。灵山就是巫山，远古之灵、巫本属一体。"灵"字的繁体为"靈"，下半部就是一个"巫"字。屈原《九歌·东皇太一》云："灵偃蹇兮姣服。"王逸《楚辞章句》注："灵，巫也，楚人名巫为灵。"王逸复注《云中君》之"灵连蜷兮既留"曰："楚人名巫为灵子。"许慎的《说文解字》也做如是解："灵，巫也，以玉事神。"又如葆山，《史记集解》云："徐广曰《史记》：珍'宝'字皆作'葆'，即宝山别称，疑即巫溪盐场宝源山。"意为古文字"葆""宝"相通，所以葆山就是宝山、宝源山，也就是巫山。

再说说巫溪。巫溪命名始于何时史无记载，已不好考察，最早或见于西汉初桑钦所撰之《水经》："江水之东，巫溪水注之。"据任乃强先生考证，"大宁河沿岸诸山为巫山"，巫山之间的河流就是"巫溪"。

根据上述文献记载来做一点推论，"巫山""巫溪"乃至"巫峡"很可能都是依据"巫咸国"之"巫"而命名的。明代杨慎《艺林伐山》卷四《巫山》引晋郭璞《巫山赋》云："巫山，以帝尧医师巫咸封于斯山得名。"光绪年间之《巫山县志》记载："唐尧时，巫山以巫咸得名。"何光岳先生的《炎黄源流史》也做如是推断："周初巫人的一支南迁至长江三峡的巫峡、巫山、巫溪一带安居繁衍，故后来置巫郡，秦置巫县。"

远古三峡地区是一个巫师荟萃的神奇世界。《大荒西经》说灵山有十巫；《海内西经》说有六巫，即巫彭、巫抵、巫阳、巫履、巫凡、巫相。

不管十巫还是六巫，都是干什么的呢？按照晋代郭璞的《山海经注》："皆神医也。《世本》曰：'巫彭作医。'《楚辞·招魂》曰：'帝告巫阳。'"东汉王逸为屈原《离骚》诗句"巫咸将夕降兮"做注也说："巫咸，古神医也。"在《海内西经》中还有这样一段记载：开明东巫彭等六巫"夹窫窳之尸，皆操不死之药以距之。窫窳者，蛇身人面，贰负臣所杀也"。其大意是，古蜀国开明王朝东面有巫彭等六个巫师，蛇身人面的怪兽窫窳被贰负的臣子危杀了，又被这六个巫师用不死之药救活了。有人即此推测，宝源山处在大关山、万顷山、鞋底山、兰英寨山、林檀垭山等五大药山之中，这段记载体现了巫文化中的一个重要内容——药文化；而文中所言"不死之药"或许指的是一种特殊的药即丹砂。但《世本·作篇》又说："巫咸作筮。"南宋罗泌的《路史》也说："神农使巫咸主筮。"如此看来，巫的主要职责应该有两条：一是侍奉鬼神，包括占卜、祈祷、祭祀、歌舞以迎降神等；二是采药行医，治病消灾。即如清代阮元《经籍纂诂》引《商书·伊训》之传所云："巫者，事鬼神，祷解以治病请福者也。"

不过对于早期的巫师而言，巫与史的职能并未明确分开，料想其时的巫师还应承担有医药、占卜以外的一些巫史合一的事。这些其他的工作职能即制定典章制度、考察天文地理、从事文学艺术等。

还须指出的是，灵山十巫不是特定人的名字，而应是一种职业名称。比如十巫之首的"巫咸"。《太平御览》卷七十九引《归藏》云："昔黄神与炎神争斗涿鹿之野，将战，筮于巫咸。"同书卷七二一引《世本》宋衷注云："巫咸，尧臣也，以鸿术为帝尧医。"东汉王逸注屈原《离骚》诗云："巫咸，古神医也，当殷中宗之世。"由上面引文可以看到，神农、黄帝、唐尧、殷中宗的身边都有一个巫咸，可是从神农到殷汤第四代的殷中宗，时间跨度上千年，可知此巫咸非彼巫咸也，"巫咸"不过是巫师中的一个职业分类而已。

最后再谈一谈巫文化与巴文化的关系。先来看看巫人和巴人是什么关系。按照《世本》"廪君之先，故出巫蜒"的说法，廪君巴人应该是从巫载或者巫咸之中分出来的一支。而按照另一种学术观点，廪君巴人则是由甘南渝水（嘉陵江）上游辗转迁徙而来，后来吞并了巫咸国、巫载国。但是，不管秉持哪种观点，巫人和巴人都处在大三峡地区这一巴文化范畴之内却并无疑义。关键在于，中国远古巫文化最早的发祥地既已确定是在巴人生存、繁衍的大三峡地区，那么巴人对于巫文化的贡献也就是显而易见的了，由此推论巴文化乃中华原初文化的构成元素之一，那也是当之无愧的。

盐巴里的巴文化

一

　　川渝方言词里，用"巴"做词素构成的词俯拾皆是，管它名词、动词还是形容词。比如嘴巴、牙巴、尾巴、泥巴、锅巴、巴豆、巴掌、屁巴骨；竹筐叫"巴斗"，饼子叫"粑粑"，荆棘丛叫"刺巴笼"，父亲叫"老巴子"；眼睛上了火叫"火巴眼"，小人奸佞叫"屁巴虫"，就是茅草也非要加上个"巴"字叫"巴茅草"；还有，抽烟枪叫作"巴烟"，扇耳光叫作扇"耳巴子"，称心如意叫作"巴适"，尽心尽意叫作"巴心巴肠"，殷殷期盼叫作"巴不得"；连贴近、挨拢的动作也叫"巴"，诸如"巴到烫""巴到扯不脱""巴到门枋狠"之类……老百姓"开门七件事"之一的"盐"，也加上了这个特殊的方言词缀"巴"，变成了"盐巴"。今天我们就专门来聊聊这个"盐巴"——盐巴里有巴文化。

　　盐的食用，对于远古先民促进大脑发育、脱离茹毛饮血的蒙昧时代曾起过巨大作用，其功用是可同火带给人熟食媲美。明代宋应星的《天工开物》做过如是推测："口之于味也，辛酸甘苦，经年绝一无恙。独食盐，禁戒旬日，则缚鸡倦怠恹然。岂非'天一生水'，而此味为生人生气之源哉？"这段话的大意是：就"辛酸甘苦"而言，长年累月缺了一味也没啥关系，唯独食盐"禁戒旬日"就会"倦怠恹然"，缚鸡无力，可见盐乃人的"生气之源"。他还进而推想，人类的来源或者与水和盐有直接的关系。如今的人也许获取盐太容易了，反倒有些夸大其词地渲染其负面影响，主张"低盐饮食"。其实，盐摄入量不足对人体的危害是极大的。

在漫长的历史岁月中，盐都是堪比黄金的珍贵之物。莎士比亚的《李尔王》里有这么一个有意思的情节：年迈的李尔王询问三个女儿："你们有多爱我呢？"大女儿说："爸爸，我对你的爱像糖！"二女儿说："爸爸，我对你的爱像蜜！"唯独三女儿说："爸爸，我对你的爱像盐。"三女儿的话令李尔王非常生气，她失宠了。谁料想，后来李尔王却被"糖"和"蜜"赶出了王宫，流落荒郊，偏偏是那最普通的"盐"救了他。你看看，盐还真是个须臾不可以离的东西。

人类何时发现盐、食用盐，各种史籍文献或考古资料并无确切的界定。就中华民族而言，食用盐的最早记载似可溯推至夏代。《尚书·禹贡》里有青州"厥贡盐絺"的记载，说明盐在夏代就已经被当作珍稀的贡品了。商代的人则已懂得用盐调制美味羹汤。由《尚书·说命》所载之"若作和羹，尔惟盐梅"可知，当时的饮食惯用盐和梅来做调味品，只要将盐之咸和梅之酸调和起来，就能制成美味的羹。到周代就更上一层楼了，人们探索出了"酸、苦、辛、咸、甘"五味，"咸味"赫然位列其一。《周礼·天官宰》中还有"以咸养脉"的记载，其意是用盐来医治人的疾病。

我在前文谈到过，远古巴人借由占星术和占卜术的形式所表现的巫文化，其主要内容之一便是药文化，还有一个就是盐文化。这里有一个有趣的现象：中华民族食用盐的最早记载可以溯推至夏代，而在约四五千年前的夏商之际，恰恰是廪君蛮巴人在渝鄂边界以盐立国之时。如果不是从方国文化而是从地缘文化的角度来考察巴文化（或曰"泛巴文化"），那么"巴"与盐的渊源就更加久远了。在远古大三峡山地这片"巴"的地域上，还有一些比廪君蛮巴人更早在此生存的部族，其中最著名的三大部族就是巫咸国、巫載国和盐水女部,这些部族都无不与盐有着血肉不可分的关系。据上所述即可推定,最早与盐结缘的华夏先民中一定有远古巴人。

盐,的确是一个很古老的词汇,但它并非是"盐"的最早命名。据甲骨文显示,盐的初文写作"卤"。此外,华夏先民发现盐、食用盐的时候还处于造字阶段,还远没到"车同轨,书同文"的时候,因此各地对于"盐"的叫法、写法也就各不相同。是故,东汉许慎的《说文解字·卤部》中就同时收入了卤、鹹、鹽、盬、鹼等字。

而在远古巴人的词库里,盐则被称为"巴盐",经过漫长岁月的演绎成为"盐巴",一直沿袭叫到了现在。盐之于巴人真是息息相关。就说我们篇首列举的一个方言词"巴不得"吧,民间有时也将其说成"巴盐不得"。不妨细细体味一下,一旦加入了"盐",那殷殷期盼的味儿似乎就更强了。

二

上古时候三峡地区的盐资源十分丰富,盐在巴人生活中占有重要的地位,巴人采卤、制盐、贩盐,因盐而兴,盐业堪称他们的"支柱产业"之一,也因而形成了瞩目的巴盐文化。

这里需要说明一下,在大三峡地区最早涉足盐业的"巴国"有可能指的是"巫咸国"或"巫载国"而非"廪君巴国"。不过这并不重要,因为正如《说巫》一文所述,整个大三峡地区都属于"泛巴文化"的范畴。重要的是,若按此推论巴人涉足盐业就是承继了先人(巫人)的传统,那么巴人涉盐的文化就还得再往前推一千年。

对于廪君巴人而言,盐业当然同样也是一个重要的经济支柱(另一个重要支柱是渔业),这在许多典籍中都有记载。就如同游牧民族孜孜追逐水草地一样,廪君巴人一直没有停止过对产盐地的追逐,其循盐扩展疆域的路线是沿长江三峡西上。只不过,他们最初的西进与后来的被迫西迁不相同,因为在三代前期东面强楚的挤压还并未显现,所以其根本原因应该就是逐盐,是瞅准了大三峡山地这一片盛产食盐的丰饶土地。

在长阳清江修筑夷城之前,廪君务相就开始了对外扩张的第一步——征服盐水女部。《世本》《后汉书》《太平广记》等典籍记载了这样一个神秘而凄美的故事。

川东鄂西盐水(即夷水、清江)一带是富庶的鱼盐之乡,原本是盐水女部的领地。

廪君觊觎那里遍地的盐泉，便"乘其土船，将其徒卒，当夷水而下"，一路攻打到了女部首领盐水女神居住的盐阳（今湖北恩施境内）。结果是盐水女神战败了。但盐水女神倾慕廪君神勇，反而嫁给了他。

廪君据有川东鄂西的盐泉以后，便大规模煮卤为盐，然后与三峡两岸的农牧民族进行交易，还用土舟将盐沿峡江运送至楚、蜀等邻国，换回自己所需的各种物资。但廪君仍然不满足，仍然想着向外扩张。盐水女神的想法就不同了，她十分留恋婚后的安定生活，就千方百计规劝丈夫"此鱼盐所有，地又广大"，愿意与君一同生活，别走了。廪君毅然拒绝了盐水女神，说要当更大的国君，"求廪地，不能止也"。

盐水女神见劝阻无效，只得另想妙招。她夜晚跟廪君一起睡觉时保持着人的形体，"旦辄去为飞虫"，众神也都跟随着盐水女神变为飞虫，漫天飞舞，遮蔽了太阳。廪君"不知天地东西"，无法出征；"欲杀之"，又没法分辨哪一只飞虫是盐水女神。双方就这样相持了十天。

廪君无奈，心生一计。一天晚上，他拿出一条青线送给盐水女神，说道："你把这条青线缠在身上，如果它适合你，我就与你一块儿生活；不适合的话，我就离开你。"盐水女神接过青线系在了身上。天亮以后，廪君追逐飞虫来到一块儿带花纹的石头上，"望膺有青缕者，跪而射之"，一下子就射中了盐水女神。"盐神死，群神与俱飞者皆去，天乃开朗。"

这则传说很有点意思，除揭示了廪君巴人武力掠取产盐地外，似乎也透露出了远古时期父系氏族取代母系氏族的宏大背景。仅以故事观之，它也讲述了一段雄图霸业与纯真爱情之间的凄婉纠葛。

射杀盐水女神以后，廪君巴人继续拓土开疆，陆续探得了云阳彭溪、忠县涂井以及贵州境内阳溪等地的盐泉，并且发展出煎煮江水取盐的方法，国力迅速壮大起来。但由于此时峡江地区的食盐资源主要还是由巫咸国垄断着，廪君巴人同时充当起了巫咸国食盐经销商的角色。廪君巴人长期生活于江边，驱舟逐浪，撒网捕鱼原本是生计，所以他们驾乘着独特的独木舟贩运巫盐可谓得心应手，《华阳国志》因此称许其为"水上流莺"。

廪君巴国虽然逐渐崛起为三峡一带仅次于巫咸国的盐业大国，但一直雄心勃勃地想要完全控制整个峡江地区的食盐生产和贩运。

到殷商末期，巴国的势力已经越出三峡，扩展及四川盆地、嘉陵江流域；巴国派兵北上参加了著名的"牧野之战"，还在周武王那里讨得了一个"虎贲"的美誉，对巫咸国更加虎视眈眈。

更大的机会在春秋时期出现了。楚庄王初年，巫咸国携鱼、庸、濮三国伐楚，七败楚军，攻到了楚国的腹地。谁知巴国却突然背后一刀，与秦国联合起来攻打庸国，猝不及防地灭了庸国。巫咸国无奈，只得从楚国撤军，昔日霸主的地位开始动摇了。楚国表面上仍从巫咸国手里购买食盐，暗地里却在筹划着复仇。楚平王亲政后，楚军夺走了巫咸国的郁山盐泉，将郁山改称黔中（今湖南、湖北西部，贵州东北部），巴国也乘机一步步地蚕食巫咸国的领土，一个个地掠夺巫咸国的盐泉。楚国、蜀国的盐商也都转而向巴国购盐。到春秋末年，巫咸国终于寿终正寝，巴国则走向了它历史上最辉煌的时刻。

三

跟远古时期长江流域普遍的稻作文化相比较，大三峡地区的巴盐文化显得颇为独特，巴人逐盐而居、武盐立国的历史，在华夏先民中也算得独树一帜。这是由生存环境决定的。稻作文化大多形成于平原沃土环境，而远古巴文化主体产生的峡江地区是大山深谷，土地贫瘠，根本没法发展稻作，于是巴人先民也就只能另谋生存途径，这个途径就是盐。

三峡一带自古拥有丰富的盐源；深井采卤技术发明以前，其天然盐泉即中国内陆地区最早的食盐供给源。据地质部门的不完全统计，川东各盐场共有古盐井400余口，其中云阳195口，忠县96口，卅县20口，奉节5口，彭水13口，万县（明时）72口，巫溪1口，城口16口。仅万州及附近，每年流失的岩盐资源就有约30万吨。2005年10月，北大教授李水城和美国学者在《美国科学院学报》上联名发表考古报告，公布忠县中坝发现了一个大型古制盐遗址。这是迄今发现的世界最古老的制盐场，发掘出制盐的文化堆积层厚达5至6米，出土的圜底盐罐数以亿计。时至今日，你要是乘船自重庆沿长江而下，蜿蜒的峡江中仍能看到巴人的盐井遗存：忠县的涂井，开县的玉泉井，云阳的白兔井，巫溪的白鹿井……老天似乎并未厚此薄彼，倒像是应了一句西方谚语："上帝关上了一扇门，必然会打开一扇窗。"

另据巫溪县博物馆记载,远古峡江地区有三处著名的盐泉:巫溪宝源山盐泉、彭水郁山镇伏牛山盐泉和湖北长阳县清江盐泉。宝源山盐泉就是如今的宁厂盐业遗址,位于瞿塘峡东口外大宁河支流后溪河畔的宁厂古镇。

1999年3月和7月,中美联合三峡考古队对三峡地区的古盐井遗址进行了首次全面考察,有力地证明:宁厂古镇被誉为"上古盐都",宝源山盐泉一带被誉为远古巴人的核心盐源地,皆非传闻,而是实打实的史迹。宝源山盐泉洞口至今仍遗有"宝源天产""黄金玉洞"等摩崖石刻。

宁厂古镇地处崇山峻岭之中,远古时候运盐出山十分困难,最初都靠着巫巴人沿险要山道翻越秦岭背出去。为此,巫巴人三管齐下开辟运盐通道。一条盐道为旱路,其主要的运盐山道全长达4000里。通往鄂西、陕南一带的那8条山道较宽阔,当地人称之为"秦楚大道"。另一条盐道为水路,全长400里,从巫溪沿大宁河直下巫山,再沿长江顺水而下或逆水而上,将盐运往全国各地。由于巫溪一带溪身狭小,水流湍急,小小的运盐船远不能满足运输要求,巫巴人便疏浚河流,使其能行大船。此外,还沿着大宁河两岸的悬崖峭壁架设栈道,作为行盐通道的一种补充。在大宁河的峡谷绝壁上,至今犹能看见几千年前为架设栈道而凿出的许多方孔。

历史上,因巫巴之盐而获利的最大周边国家是楚国和蜀国。这里顺便插说一句,史上还曾发生过两次大规模的所谓"巫盐济楚"事件,一次发生在咸丰三年(1853年)至咸丰二十六年(1876年),一次发生在抗日战争时期。

峡江地区虽然农业资源贫瘠,但巫巴族群垄断了食盐这一人类不可或缺的生活资源,就此兴旺发达起来。他们用盐换回粮食、布匹、工具乃至皮革、珍珠等奢侈品,生活十分富足。据《山海经·大荒南经》记载:巫臷之民"不绩不经,服也;不稼不穑,食也"。其意是:巫臷的老百姓不纺纱不织布,却有衣服穿;不耕地不种庄稼,却有饭吃。巫臷之民凭借盐泉,用盐与周边国家展开贸易,建立起了一片"百谷所聚"、丰衣足食的乐土。当然,这种经济优势不只属于巫臷人,也属于巫咸人和巴人,亦即泛意义上的巴人。

现在看起来,宁厂古镇不过是三峡深处一片人烟隔绝的僻壤,盐厂遗址也只余下了断壁残垣,满目灰白的墙、破旧的门、沉重的锁、残存的柱头、锈迹斑斑的制盐锅灶……可谁能料想，风烛残年的宁厂古镇却也有过自己的光辉岁月，也曾是繁荣数千年的富贵之乡？这一切都拜托盐。目睹崖石缝隙中汩汩而出的盐泉水，蘸点盐泉水在舌尖上舔一舔，你仿佛还能感受到昔日阳光的温度，感受到那遥远的"咸"……

宁厂古镇因盐而兴，在中国历史上够牛。宝源山盐泉自新石器晚期滥觞，一直绵延至1996年最后一个盐厂烟囱倒塌，源源不息地流淌了4000多年。自秦以降，宁厂古镇因为盐而设立过监、州、县治府；明清时候，更是跻身为全国十大盐都之一。据《中国历代食贷典·盐法》记载，北宋熙宁年间（1068－1077年），巫溪盐泉岁产盐就有400余万斤；清康熙四年（1665年）至乾隆三十七年（1772年）更达到鼎盛，"全场336灶"。小小的宁厂镇承担起了整个四川地区四分之一的盐产，汉中盆地、两湖盆地、四川盆地、鄂西地区等处的食盐也全都要仰赖其供应。据说盐业极盛之时，宁厂古镇"七里半边街"商贾云集，"吴蜀之货，咸荟于此"，道间摩肩接踵，河上百舸争流，一时间形成"两岸灯火，万灶盐烟"之奇景壮观。宋代诗人宋永孚因以著诗赞曰："一泉流白玉，万里走黄金。"史上亦有评价曰："利分秦楚域，泽沛汉唐年。"

盐，在巴文化中确曾起到过举足轻重的作用，远古巴人用盐打造出了漫长的巴族人文链，铺就出了灿烂的巴文化遗存。由长江三峡进而放眼整个巴蜀地区的盐业资源，经过从上古直至近现代的历史演变，最终已经形成一个纵横中国西南数省乃至涵盖南中国地区的巴盐文化生态圈。

在很长的历史时期里，巴人留给周边地域乃至中原人的印象都是"巴即是盐，盐即是巴"，巴人及其毗邻者因而先将"盐"喊作"巴盐"，后又演变成"盐巴"，也就不足为怪了。

独具风貌的山水城

一

2017年,重庆似乎一夜间成了网红城市,网上竟疯传成这样:"十条抖音,九个重庆!""网红重庆"究竟红在哪里?究竟是啥东西抓取了八方游客的眼球?历历数来,无非是渝中半岛的立体夜景呀,洪崖洞"吊脚楼"建筑群呀,李子坝穿楼轻轨呀,飞越长江天险的缆车呀,全长112米的皇冠大扶梯呀,等等。当然,除了车水马龙、光影交错的现代大都市,星星散落的巴渝乡愁也依稀"勾引"着游客:古色古香的磁器口古镇,悦来老街的青石板路,满城飘香的火锅味儿,街头巷尾吃小面的男女老幼……平原上来的人尤为瞠目:"哇——简直是个3D魔幻城市嘛!"本地人长年"身在此山中"原本熟视无睹,此时也不免有些受宠若惊:"咦,有那么神吗?"

独特的城市现象背后是独特的城市文化。在前面两篇里,已集中解读了远古巴人的巫文化和盐文化,现在再换个角度来谈谈重庆这座城市的文化，二者会相映成趣。

作为人类生活的聚落形态，城市文化是一个很有意思的东西。若较为抽象地概括，城市文化就是人类在城市中创造的物质财富和精神财富的总和，是城市的人格化表现。描述得具体一些则可以这样说，经由时间和空间过滤、积淀而成的城市人群生存状况、行为方式、精神特征以及城市风貌的总体形态，就叫作城市文化。但真要读懂一座城市，准确地将其核心文化性格和文化特征抓取出来，还真不是一件容易的事儿。因为城市文化现象总是纷纭杂陈，难免见仁见智，莫衷一是。而且，承袭的历史文化因素也总会从尘埃深处透射出来，挥之不去地交融在城市的现代色彩里，潜移默化地浸淫于人们的日常生活之中。

按照我的粗浅理解，影响城市文化形成的原因大致有这样一些，如自然环境、民族分布、权力导向等；而地域，则是导致城市文化最初积淀、赋予城市文化最基本底色的重要因素。俗语"一方水土养一方人，一方人创造一方文化"，说的就是这个道理。比方说吧，四合院伴同皇城根儿磨合出了京派文化，异邦风俗与舶来洋玩意儿混搭出了海派文化，水乡婉约揉进吴越雅致调配成了姑苏文化，天府耕织沃土加上茶馆闲适耦合成了成都文化……而重庆呢，我认为最具核心意义的文化有三个，就是山水文化、移民文化和码头文化。山水文化是其根，移民文化是其神，码头文化是其形，三者奇妙地杂糅起来，充溢着一股浓浓的江湖味儿。至于其他种种的文化概括，譬如船工（峡江）文化、开埠（开放）文化、陪都（抗战）文化、言子儿（方言）文化、火锅（饮食）文化、吊脚楼（建筑）文化等，本质上说还是划归在三个母概念之下为宜。

移民文化和码头文化稍后再专章论述，本文先谈谈山水文化。

诚如上文所言，"地域"赋予了城市文化最基本的底色，被抖音弄火的许多重庆网红景点，大抵便依托了这座"山城兼水城"的特殊地形地貌，也就是拜这座城市的山水所赐。

重庆的地势落差不是一般的大：最高点为巫溪县的阴条岭，海拔2796.8米；最低点为巫山县的长江水面，海拔73.1米。两者落差达2723.7米。来看看城市最核心区的解放碑，民族路的会仙楼观景台海拔590米，而短短千多米外的朝天门码头海拔却只有230米高度差也达到了360米。重庆的许多高楼大厦都依山就势而建，以至于你明明从第一层走进楼里去，可待电梯上了十几层以后，却还可以大摇大摆地出电梯上大马路。道路建在楼房顶上更是屡见不鲜。于是，便有人在网上打趣了："刀郎的歌里有一句'停靠在八楼的二路汽车'，我原来一直不理解这歌词儿是个啥意思，汽车怎么可能停靠在八楼？到重庆来走了一遭，啥都整明白了！"据说还发生过这样一件趣事儿。一个外地人问路："解放碑怎么走？"一个本地人想都没想便朝天一指："往上走个十分钟。"外地人大为惊恐，抬头向天空望去：难道这道路除了左右前后，还有上下？

重庆满城都是江桥、立交桥、立交路、坡地大扶梯、过江索道，再加上道路曲里拐弯，南北东西方位不明，游客一出门就感觉自己是在天上飞来飞去，不免会感慨一声："我晕！"南岸黄桷湾立交算得上个典型，其匝道分上下5层总共15条，高低错落，纵横交织，犹如一个迷宫。有游客去走了一趟便又吐槽了："你要走错一个匝道，就是重庆一日游！"

重庆之所以成为网红，也关乎其人文习俗。据说，重庆大大小小的火锅店总共有两万多家，在街头走一走，连空气都是火锅味儿。再瞅瞅那些吃着火锅吹垮垮（聊天）、喝着小酒划老拳的直男爽女，确实叫外地人甚感异门儿。不过，重庆人的性格也挺招外来客喜欢的，虽说带几分鲁莽却热情而耿直，绝无颐指气使之态。游客多了带来了交通不便，重庆人并无丁点儿抱怨，反而满心骄傲，最多不伤大雅地和你开开玩笑："喂，打哈儿望可以，莫把我们重庆妹儿裹跑了哟！"

如此这般，重庆想不成网红城市都难哪！你再回过头来细想想，重庆人的性格、习俗和"山水"确实有着某种内在联系：久居大山大河之间，出门就得爬坡渡河，人们自然会养成热情豪爽、宽容豁达的性情；而四围群山环峙，长年气候闷热潮湿，饮食中又不免要多掺杂些辣椒、花椒以除湿祛风，于是火锅风行也就顺理成章了。

俗话说："靠山吃山，靠水吃水。"离开了自然环境是很难言及所谓"地域文化"的。重庆的基本自然环境就是山水。在中国，你要列举个十大、八大山水城市，咱们重庆铁定在列。但遗憾的是，人们议及重庆这文化那文化时，却往往容易忽视其首当其冲的"山水文化"。尽管从审美角度衡量，桂林、杭州、苏州呈现出来的山水人文意境或许比重庆略胜一筹，但重庆的山水也自有其无可替代的独到之处。依凭坡地建筑和立体交通，重庆将山水与城市高度黏合，使之浑然一体，这种"城在山水中，山水在城中"的景观，实在令人叹为观止。而且，重庆还是世界上最人的内陆山水之城，同时拥有大山与大河，这在全世界也不多见。就这一点而言，其他山水城市实难出其右。正是这种山、水、城的高度交融，造就了重庆山城、江城、火城、雾都、桥都等种种美誉，诸多的重庆网红点也借此应运而生，独步天下。

二

在中华民族的文化心理和审美情趣中，山水与文化有着密不可分的联系。如《论语·雍也》所云："智者乐水，仁者乐山，君子比德于山水。"中国文人素来崇尚一种隐者情怀，不管成功文人还是落魄文人无不寄情于山水，二者的区别不过在于精舍或茅屋罢了。文人们不仅仅是在选择生存的自然环境，更是憧憬到旷野山水中去寻找自己的那一方心灵家园。即便身居闹市，也会孜孜追求陶渊明那样的心境："结庐在人境，而无车马喧。问君何能尔？心远地自偏。"木心就是一个极为推崇陶渊明的人，都到了城市繁华一流的美国大都市了，他还总是"散步去了纽约"，足见其骨子里依旧是一个隐者。

儒家"比德山水"之说也反映在传统的城市建设理念上，十分注重自然环境和城市之间的协调、和美。自古以来不乏描摹城市山水意象的诗词，譬如吟咏桂林的"千峰环野立，一水抱城流"，咏杭州的"水光潋滟晴方好，山色空蒙雨亦奇"，咏苏州的"万家前后皆临水，四槛高低尽见山"，咏南京的"龙形江影隔云深，虎势山光入浪沈"，咏济南的"四面荷花三面柳，一城山色半城湖"，咏襄阳的"江流天地外，山色有无中"，咏常熟的"七溪流水皆入海，十里青山半入城"……不一而足。

与上述城市相比，重庆又有着分明的差别。重庆整座城市都坐落在连绵群山、交错江河之中，向有四山环绕（大巴山、巫山、武陵山、大娄山）、三江纵横（长江、嘉陵江、乌江）之说，故既称山城，又称江城。复杂的地貌组合造就了极大的地貌差异，呈现出迥然不同的地域风貌，可谓集山、水、林、泉、瀑、峡、涧于魂而一身，融山、水、城为浑然一体。这种景观实属世间罕见,不愧为一座独具风貌的山水之城。

就"山"而言,重庆城并非建筑在一座兀立山峰之上,而是建筑在四川盆地东南缘的平行岭谷之上。所谓平行岭谷,即背斜成山,向斜成谷,山谷相间,彼此平行。这种地形一直以欧洲的侏罗山区为典型,但侏罗山断裂很多,背斜并不标准,唯有中国的川东平行岭谷才是一种标准褶皱山地,称得上是世界上最独具特色的褶皱山地。

察看地图可以清晰地看到,重庆城市周边北有大巴山,东有巫山,东南有武陵山,南有大娄山。主城区也排列着呈东北西南走向的"四山",从西到东依次为缙云山、中梁山、铜锣山、明月山;另外还有一个"小四山"的说法,就是铁山坪、歌乐山、缙云山和南山。不仅重庆主城区位于四山之间,主城周边也是些由平行岭谷孕育出来的城市群,比如位于缙云山下的璧山、江津,位于云雾山、巴岳山下的永川、合川、铜梁,无不背靠一座平行岭谷,面向一片广阔腹地,其山水自然禀赋与主城区相差不大。据相关部门统计,重庆境内的大小山体总共有200余座,山地和丘陵面积占到了全域面积的90%以上。依

凭这些高低起伏、郁郁葱葱的城中山体,重庆"山城"的美名享誉于世。有趣的是,重庆市的地图轮廓竟也形似一个汉字"山"。

再来说说"水"。

流经重庆的长江和嘉陵江,造就了重庆特殊的城市风貌:长江自主城西南方横切中梁山、铜锣山、明月山,形成了一个"长江小三峡"(猫儿峡、铜锣峡、明月峡);嘉陵江自主城西北方横切云雾山、缙云山、中梁山,形成了一个"嘉陵江小三峡"(观音峡、温塘峡、牛鼻峡)。在一个城市的市区里造就出两个"小三峡"来,难能可贵。长江、嘉陵江"两江"加上中梁山、铜锣山"两山",又将主城分离出了五个自然区;两江则将主城区切割成了三岸,由是使重庆主城演变为一种独特的多组团结构形式。

有人还从风水角度解读了重庆这座城市。其说云:长江穿越中梁山流经"入渝第一岛"中坝以后,在渝中半岛之"嘴"的朝天门与嘉陵江汇流,继续流向城东北的广阳坝,然后破铜锣山而去,这就是一条长江水龙。水龙的头部在广阳坝,尾部在中坝,龙身的核心段在渝中半岛,而城后方玄武位必须有隆起的山脉作为屏障,这个玄武靠山正好在浮

图关节点上。同时，中坝和广阳坝两个江心洲分布于一南一北，又好比长江水龙吐出的两颗龙珠。而由北面华蓥山分支出来的中梁山、龙王洞山和长江南岸的铜锣山，则是两条护龙之脉。由是，重庆主城区便呈现出了两山夹一原的虎踞龙盘风水格局。但是，由于受到自然地理阻隔的制约和人为工程的影响，重庆的城市发展也存在着诸多需要逐一破解的谜团。

当然，上述"风水说"只是觉得有趣拿来说说罢了。我姑妄言之，你姑妄听之，不必太过较真。但是，两千多年江州府，八百余载重庆城，其山水人文底蕴也的确丰厚而饶有意味。

三

中国文人向来有迹过题咏之雅好，作为中国著名山城、江城的重庆，历史上自然也留下了许多山水诗作。这些吟咏除了描摹城区内外的出色景点，出入巴蜀的长江水道沿线也是文人墨客们惯常的着墨点。鉴于此，借由诗词歌赋来观察巴渝山水，倒也不失为一个好视角。

先秦至汉魏六朝，巴渝诗歌中就有不少是吟唱山水的，其着重点在长江三峡的山川地貌。那时的巴渝诗歌大体有两种形式。一是百姓口头创作的民歌，称为"下里巴人"，主要流传于春秋战国时期。例如郭茂倩《乐府诗集》卷八十六《杂曲歌辞》所收之《巴东渔歌》："巴东三峡巫峡长，猿鸣三声泪沾裳。"二是文人诗歌。秦汉以降，一些文人也参与到民歌创作中来，致使原来的巴渝民歌《竹枝词》《巫山高》等带上了更多的文人范儿。如南齐诗人范云的《巫山高》，就颇具代表性：

> 巫山高不极，白日隐光辉。
> 霭霭朝云去，溟溟暮雨归。
> 崖悬兽无迹，林暗鸟疑飞。
> 枕席竟谁荐，想望空依依。

大家可能没有细想过，屈原、宋玉的那些诗赋如《山鬼》《高唐赋》《神女赋》等，描述了大量瑰丽的山水奇观，其实写的就是巫山一带，也就是写的我们巴渝山水。

唐宋知名文人几乎都在重庆（特别是三峡地区）留下了诗词歌赋，诸如唐代的陈子昂、杨炯、卢照邻、张九龄、孟浩然、王维、李白、杜甫、白居易、刘禹锡、李商隐、李贺，宋代的欧阳修、王安石、苏洵、苏轼、苏辙、黄庭坚、陆游、范成大等。举一篇陈子昂的《龙门峡》，看看巴山渝水的独特意象："龙门非禹凿，诡怪乃天功。西南出巴峡，不与众山同。"其实，你只须想想那两篇妇孺皆知的古诗——李白的《朝发白帝城》和刘禹锡的《竹枝词》，就足以联想其他诗篇所映射的巴渝山水意境了。

元明以后，对重庆都市区的题咏也逐渐多了起来，比如明代杨慎《铜罐驿》之"金剑山头寒雨歇，铜罐驿前朝望通"，朱嘉征《九龙滩》之"放舟清江曲，滩声阚如虎"；清代龙为霖《登涂山绝顶》之"片叶沉浮巴子国，双虹襟带佛图关"，刘慈《海棠溪》之"两岸海棠睡梦醒，一村春酿香风生"，周开封《龙门浩月》之"秋扫黄鱼脊，波回玉兔魂"等。

至于历史上谁第一次吟咏重庆母城渝中半岛，已不大好考证。有人说，最早就是李白的那首《峨眉山月歌》，也不知可信度有多大。这首诗乃李白于开元十三年（公元725年）出蜀途中所作。其诗云："峨眉山月半轮秋，影入平羌江水流。夜发清溪向三峡，思君不见下渝州。"诗中描述的实际上是一幅千里蜀江行旅图，依次点了五个地名：峨眉山、平羌江（青衣江）、清溪、三峡、渝州，却并未对"渝州"做具体描述。李商隐的《夜雨寄北》似乎更有意思一些："君问归期未有期，巴山夜雨涨秋池。何当共剪西窗烛，却话巴山夜雨时。"据说，李商隐这首诗就是寄宿渝中半岛佛图关时写就的，而后人又据此在这里修建了一个夜雨寺。我这样一说，是不是古人和我们的时空距离都像是拉近了？

但我以为，真要宏观领略古诗中的重庆风貌，还得首推清代的三篇佳作。要说渝中半岛之美，美就美在这座山城参差的地势，美在山与江的相互映衬，美在层层叠叠的吊脚楼，美在万家灯火错落的璀璨夜景，而这三篇清诗则将这些独特意境表达得淋漓尽致。

其一为雍乾诗人王尔鉴的《字水宵灯无题诗作》：

　　高下渝州屋，参差傍石城。
　　谁将万家炬，倒射一江明。
　　浪卷光难掩，云流影自清。
　　领看无尽意，天水共晶莹。

其二为王尔鉴同时代诗人何明礼的《重

庆府》：

> 城郭生成造化镌，如麻舟楫两崖边。
> 江流自古书巴字，山色今朝画巨然。
> 烟火参差家百万，波涛上下浪三千。
> 锣岩月峡谁传训，要使前贤畏后贤。

其三为"晚清第一词人"赵熙的《重庆》：

> 万家灯火气如虹，水势西回复折东。
> 重镇天开巴子国，大城山压禹王宫。
> 楼台市气笙歌外，朝暮江声鼓角中。
> 自古全川财富地，津亭红烛醉春风。

谈论巴渝山水胜景，不能不特别说说清人王尔鉴。历史上共出过三部《巴县志》，第一部就是他于乾隆年间任巴县知县时修编的，第二部为清同治《巴县志》，第三部为民国《巴县志》（20世纪30年代向楚主编）。第一部《巴县志》最具文献价值，史称《乾隆旧志》或《王志》。

王尔鉴乃一位勤政之人，他修编《巴县志》并不仅仅依凭文献史籍，而是亲力亲为踏勘巴县全境。其人性本喜山水，善诗文，也就顺道遍览了巴县境内的风景名胜，并在明代"渝城八景"基础上弄出了个"巴渝十二景"来，依次为：金碧流香、黄葛晚渡、桶井峡猿、歌乐灵音、云篆风清、洪崖滴翠、海棠烟雨、字水宵灯、华蓥雪霁、缙岭云霞、龙门浩月、佛图夜雨。王尔鉴文学素养扎实，审美眼光独到，又兼具一个河南外乡人的对比视角，其推敲遴选之景倒也真是独具匠心，别有风采。时过境迁，古巴渝十二景许多已不复再见，但那些诱人的意境依然历历如在日。

近现代文人抒写的巴渝山水诗文，就更是不胜枚举了。以下两段文字描摹的重楼叠巷、水雾朦胧的水墨意境，与李可染、吴冠中二位先生画笔下的重庆颇为神似，尤可一读。

一段是张恨水的：

> 重庆地势如半岛，山脉一行，界于扬子嘉陵两江之间。扬子之南，沿山居人，街市村落，若断若继，统称之曰南岸。嘉陵之北，一城高踞山巅，与重庆对峙，则为江北县。旅客乘舟西来，至两江合流处，但见四面山光，三方市影，烟雾迷离，乃不知何处为重庆。

另一段是朱自清的：

清早江上烟雾蒙蒙的，烟雾中隐约可见重庆市的影子。重庆城市南北够狭的，东西却够长的，展开来像一幅扇面上淡墨轻描的山水画……傍晚的时候我跟朋友在枣子岚垭、观音岩一带散步，电灯亮了，上上下下，一片一片的是星的海，光的海。一盏灯一个眼睛，传递着密语，像旁边没有一个人。

借古今诗文略窥一斑，巴渝山水文脉的确独具神韵。

四

日月轮替，时序更迭，重庆古往今来的物象人事早已形同天壤，但细思其山水之魂、之脉、之韵，与前却并无二致。山水，是重庆的一笔难能可贵的自然资源、历史资源。我们不妨再换个角度，来看看今日重庆的城市建设规划，丝丝点点无不与"山水"相连。

规划提出了重庆城市发展战略的六大功能定位，"美丽山水"是其中最响亮的品牌。规划指明了：要打造一座有山有水、灵气十足的城市，要彰显重庆与众不同的生态之美、文化之美、形态之美，要让重庆"望得见山、看得见水、记得住乡愁"。规划也阐述了，要做好"山、水、绿、文、城、桥"这六篇文章。

其一，山，是城市的骨架；以山为骨，展现山之锦绣。主要任务就是保护市域山系脉络，促进主城山与城融合；目的则是保护好城市天际线、山脊线，让一江碧水、两岸青山的美景永存。

其二，水，是城市的律动；以水为脉，再显水之秀美。强调加强长江生态环境的保护和修复，加强市域三江（长江、嘉陵江、乌江）干流的管控，还必须按照"三线一路"（城市蓝线、绿化缓冲带控制线、外围协调区范围线及公共道路）的原则来管控水系，以保护好城市水岸线，并形成网络型、深入城市内部的水系生态格局。

其三，绿，是城市的底色；以绿为底，焕发绿之生机。提出要统筹湿地、林地、草坡等全域的生态空间管控；要优化城市绿地系统，形成四级公园绿地体系（大型城市公园、组团级公园、居住区公园、社区小游园）。还鲜明地提出严守"五个决不能"底线，即：决不能以牺牲生态环境为代价追求GDP和一时的经济增长，决不能以牺牲绿水青山为代价换取所谓的"金山银山"，决不能以影响未来发展为代价谋取当前增长和眼前利益，决不能以破坏人与自然关系为代价获得表面繁荣，决不能对当前环保突出问题束手无策，无所作为，对苗头性问题疏忽大意，无动于衷。

其四，文，是城市的气质；以文为魂，延续文之厚重。作为一座筑城三千年、定名八百年的城市，重庆历史源远流长，人文璀璨厚重，被认定为第二批中国历史文化名城。要将其人文亮点有机融入美丽的自然山水之中，充分展现其不同时期异彩纷呈的文化特征，如传统巴渝、明清移民、开埠建市、抗战陪都、西南大区等。

其五，城市，让生活更美好；以城塑形，回归人之根本。重庆充分尊重山水相隔的独特地貌和城市发展规律，努力形成一种独特的"布局美"。意欲构建"一区两群"的城镇发展格局，即"大都市区"和"渝东北城镇群落""渝东南城镇群落"。大都市区呈现为组团式的田园城镇群落；两个城镇群则分别打造山地特色、临江特色、民族风情、带状发展特色、点轴状发展特色。要营造出城市依山而建、傍水而栖、高低错落、富于立体感的风貌特色，凸显城市的山水"形态美"。同时还要以人为核心，使城市秀于外而慧于中，兼有"功能美"，要既有"面子"，又有"里子"。

其六，桥，是联系山水的诗行；以桥为缀，续写城市经典。重庆既为山水之城，纵横的桥梁自必是一大亮点。目前，重庆桥梁总数已达13000余座，拱式、梁式、斜拉、悬索异彩纷呈，数量、规模、跨度、密度、技术水准、多样化水平、影响力等各项指标均优势明显，已成为当之无愧的"桥都"。山水成就了桥之壮美，桥梁丰富了山水之韵味，谈重庆的山水文化，岂可不谈"桥"这个不可或缺的要件？

综上林林总总足资明证，我所言之"山水文化"并非心血来潮，从远古峡江故土延至今日，山水文化确实是重庆这座城市的文化之根。

移民长歌

一

20世纪70年代前出生的人大概都记得，改革开放之初中国社会流传过这么一句俏皮话："北京人什么话都敢说，广东人什么钱都敢赚，重庆人什么衣服都敢穿。"这是个颇为耐人寻味的文化现象，它既反映出不同地域人群性格与行为意识的差异，又透露出一种共性，即开放性和兼容性。那么，这种"共性"是怎样产生的呢？行为意识是文化的凝结，文化是历史的升华，历史则是一个城市（国家）文化与行为意识的源头。故要认识一个城市（国家），就须深刻了解这个城市（国家）的历史和文化。北京、广东、重庆三地文化现象千差万别，但它们恰好都属于中国著名的移民地域，或许，正是虽异却通的移民历史孕育了其开放、兼容的相似基因吧！

这里，有必要先对"移民"这个概念做一点简释。所谓移民，是一种囊括个体或群体的人口迁徙现象；而移民运动，则是指人类发展过程中的一种族群扩张、迁徙活动。在很大程度上来说,人类文明史就是一部移民史,城市化就是一种移民过程。若作如是观,中国乃至世界范围内称得上移民城市的其实并不少,比如阿联酋的迪拜、加拿大的多伦多、中国的深圳等,美国更是一个典型的移民国家。但是,同时具有移民历史古远、移民规模庞大、移民时间漫长这几点的,就数不出多少城市来了。重庆,恰恰兼具了上述几个特征,其移民文化显现出来的独特个性与魅力,自然不言而喻。

回眸重庆历史,移民现象从古迄今一直没有中断过,其中规模较大、影响较大的移民运动应该有八次。

第一次大移民大约由夏建国前后直至战国持续了一个漫长的过程。按照一种学术观点,远古巴人从甘南起步先迁徙至鄂西北,然后再溯长江而上,一路辗转到了江州。这意味着,重庆的移民历史可以一直追溯到这个城市创建的源头上,并呈现为一种聚族迁徙的形态。它促成了早期巴文化与楚文化、蜀文化的碰撞与融合。当然,这次大移民具有较多的传说因素,诸多史实还有待进一步考证。

第二次大移民发生在秦汉之际。秦汉统一之初,出于政治治理和经济开发的需要,两朝都采取过一系列面向"西南夷"的移民措施。就拿秦代来说吧,灭巴蜀以后为将四川盆地打造成进攻六国的桥头堡,以及统一六国以后为分散六国的残余势力,都组织了大规模的移民行动。常璩的《华阳国志》就做过如是描述:"戎伯尚强,乃移秦民万家以实之""克定六国,辄徙其豪侠于蜀,资我丰土"。当然,巴蜀地区也被当作流放之地。《汉书》载曰:"秦法:有罪,迁徙之于蜀汉。"那个人名鼎鼎的秦朝宰相吕不韦,就是在贬居巴蜀途中饮鸩自尽的。秦汉时期的大移民,在客观上对巴文化全面融入华夏文化起到了关键的作用。

第三次大移民发生在汉末两晋时期,主要原因是中原战乱。东汉末年,先有南阳、三辅数万家居民避乱入巴蜀,益州牧刘焉收编其为"东川兵";继有刘备率数万兵马入巴蜀,同时带来了天水一带的十几万流民。到西晋元康七年(297年),逢甘肃、陕西大旱,又有流民数万家为避饥馑入巴蜀。及至"永嘉之乱",继而匈奴、鲜卑、羯、氐、羌"五胡乱华",中原社会引发了近300年的大动乱,西晋王朝被迫迁都建康,中原士族亦随之南逃,史称"衣冠南渡"。南北朝这次移民大潮,使中国南方的经济产值第一次超过了北方,并一直持续到今天。两晋时期北方移民迁入四川盆地之时,周边的僚人也乘机进入,如西晋时盆地南边犍为郡、僰道县的僚人,东晋时贵州的南中、牂牁、夜郎等郡的僚人。据说僚人入巴蜀最高峰时达300万。这次大移民,再次强化了巴蜀文化与秦陇文化、荆楚文化的交汇融合。

第四次大移民发生在元末明初,即史上所称第一次"湖广填四川"。元末红巾军大起义动乱数年,"兵燹之后,人物凋耗,土地荒旷,旧有存者十仅二三"(明史《洪武·本纪》),"川中受祸独惨"(清《潼川府志·卷五·九贤祠记》)。有意思的是,这次移民大潮的序幕就是在重庆拉开的。时遇西系天完红巾军部内乱,徐寿辉麾下将领陈友谅杀死徐寿辉自立为帝,另一将领明玉珍不服,伺机攻入巴蜀地区,在重庆另建了个大夏国。明玉珍是湖广随州人,所以他带来的十几万军队和大量农民主要为湖北人。其时的明玉珍当然不会知道,他的这次军民大转移,就是后来著称的"湖广填四川"的开始。

第五次大移民发生在有清一代,主要集中于清前半叶,史称第二次"湖广填四川"。明末战乱使清初的四川人口再一次凋零,由是,清政府统一全国后便陆续颁布了鼓励入川垦殖的政策,掀起了延续100多年的入川移民大潮。据民国《巴县志》统计,清代全川移民数高达1700万人次,其中重庆移民200余万。此次大移民意义空前,它使巴蜀、荆楚、吴越、秦陇、中原文化在重庆地区进一步交汇融合,且奠定了当代重庆人口的基本结构。

第六次大移民发生在20世纪抗日战争时期。重庆成为战时陪都以后,中央党政军机构,大量商业、文化、科研机构以及全国各地31所大学、400多家工厂等纷纷迁来重庆,外国驻华使馆也汇聚于此,迁入人口达100万以上。这次大移民的意义也非同凡响,对重庆文化至少产生了两点巨大影响:其一,极大促进了全国各地文化在重庆的传播;其二,空前扩大了重庆的国际文化交流范围,造就了重庆的国际影响力,以至于联合国第一版世界地图只标注了四个中国城市,其中一个就是重庆。

第七次大移民发生在国共政权交替之际。因为重庆曾做过民国政府的战时陪都,所以这次移民的军事、政治原因很显著。移民是伴随着1949年中国人民解放军第二野战军(刘邓大军)进军大西南而出现的。移民对象主要为三类：一是60万解放军部队，二是90万国军起义部队，三是随解放军南下的"西南服务团"成员。西南服务团共计1.7万余人，包括来自上海、南京、苏州、徐州、武汉、长沙、福建等地的1万多名大中学生、青年职工，再加上7000余名解放军老干部。这次军事移民除了具有巩固新生政权的作用外，客观上也促进了各地文化与巴渝文化的交融。

第八次大移民发生在20世纪六七十年代。国家从战备出发为发展西南而做了一场经济布局，即按照"山、散、洞"的原则，将大批东部沿海地区和东北地区的大型企业迁往中西部地区13个省市自治区，俗称"三线建设"。三线建设的主战场在西南地区，核心区则在重庆。据有关统计，三线建设时期大约有50万人迁至重庆，主要来自北京、上海、辽宁、广东等12个省市。这次移民在增进南北方交融、缩小内地和沿海的差别上，作用也是显而易见的。

此外，还有另一些较大规模的移民，比如20世纪中叶知识青年向边疆、农村的大规模迁徙，改革开放中由乡入城的民工潮，三峡工程的百万大移民等。不过，这几次移民多是重庆区域内迁徙或者由重庆迁出，对重庆的文化演变影响相对小一些。

二

对于现代巴渝文化的形成，上述八次移民中意义特别深刻的有三次，即清代的"湖广填四川"，抗战时期的"下江人"奔赴陪都以及始自20世纪60年代的"三线建设"内迁大潮，故须着重说一说。

依次先谈"湖广填四川"。先简释一个概念。所谓"湖广"者，元代指"湖广行省"，元初辖区为今日湖北、湖南、贵州、广东、广西、海南六省区以及四川局部，元末辖今湖南、贵州、广西、海南四省区和湖北、四川、广东三省局部。明代改称为"湖广省"，辖区收窄，专辖今湖北、湖南两省。清康熙三年（1664年），辖区再收窄，将原湖广省北部改称湖北省，省治武昌府；南部设置湖南省，省治长沙府，故又有"两湖"之称。但史称之清代"湖广填四川"，覆盖的却是元代"湖广行省"辖区的范围。

"湖广填四川"发生的根本原因是长期大规模的战争。自宋末以降，四川遭受了两次沉重的战争屠戮。一次是抗蒙战争。譬如钓鱼城一役，其惨烈是世人皆知的，而战争亦令"蜀人受祸惨甚，死伤殆尽"。长达半个世纪的抗蒙战争打下来，原本占南宋人口23.2%的巴蜀"千百不存一二"（元虞集《道园学古录·眉州史氏程夫人墓志铭》）。另一次是明末清初的战争。历经八大王张献忠"屠蜀"，南明、清军轮番厮杀，吴三桂兵戎蹂躏，再加上接踵而至的旱灾、瘟疫、虎患，四川浩劫连连，生灵涂炭。"三藩之乱"后，四川人口从明万历六年（1578年）的600万锐减至不足50万。据嘉庆《四川通志》卷十七记载，四川官府掌握的税户仅9万人，"合全蜀数千里内之人民，不及他省一县之众"。《营山县志》亦有如是记载：清康熙六十一年（1722年），存粮花户仅143户，819人。巴蜀之地真正是"土满人稀"了。

康熙初年张德地入川赴巡抚任，曾将广元、顺庆（今南充）、重庆一路所见之凄惨境况做了生动描述："川省境内行数十里……居民不过数十人，穷赤数人而已""沿途瞻望，举目荆榛，一二孑遗，鹑衣菜色""舟行数日，寂无人声，仅存空山远麓……"还有这样一则悚目的轶闻。三藩之乱刚平定那年，新任知县张懋尝抵达荣昌，竟见全城"蒿草满地"，死寂无一人。正瞠目结舌之时，一群"大头猫"（老虎）猛地窜出，转眼间七个随从便有五人丧生虎口。另据《南充县志》载，其时县衙、学宫全成了老虎洞窟。南充知县黄梦卜感慨云："夫南充之民，距府城未远，尚不免于虎毒，而别属其何以堪哉？"重庆城也一样，大白天里老虎就敢到下半城的县衙门大门前来拖人。

明末清初长达40多年的战乱，使四川陷入了"民无遗类，地尽抛荒"的惨景，昔日的天府之国仿佛一下子回到了茹毛饮血的蒙昧时代。正是鉴于此，清王朝政权初定，便陆续颁布了鼓励入川垦殖的政策，由此掀起了浩浩荡荡的"湖广填四川"运动。清末《川东赈荒善后策》称"江楚客民源源而来，在今日已患人满，川东尤甚焉"，重庆"大小男女乞丐尚不免触目皆是"。这场移民运动历时200余年，从顺治十六年（1659年）清军攻陷重庆、成都始，一直延续到同治年间；而从康熙十年（1671年）至乾隆四十一年（1776年），则是这股移民大潮的主体阶段，前后也有105年之久。

其时"填四川"的迁徙路径主要有三条，一是由长江水路入川，二是由川陕旱路入川，三是由贵州旱路入川。重庆于是成为移民入川后的第一个水陆大码头，一个扩散移民的

"中转站",自然也就成为移民在川东定居、繁衍、创业的一个重要地域。移民在重庆盖住房,建店铺,营造会馆,城市元气逐步恢复。据有关统计,康熙二十年(1681年)重庆府下辖36州县人丁不足3万,到雍正年间已猛增至56万,"兵民聚处、户口实繁"。此后人口增长亦一直迅猛,嘉庆时期增至235万,光绪时期增至693万。清末时,重庆人口规模已超过四川"首邑"成都,成为西南第一大城市。

明清以前,重庆更多带有一种军事堡垒的功能性质,两次"湖广填四川"则有力地促进了重庆向传统意义上的工商业城市转变。岁月远逝,当年重庆人烟辐辏、商贾云集的旧痕仍依稀可寻,移民会馆就是一例。有清300年,重庆城先后建造了10个省级会馆:湖广会馆、江西会馆、福建会馆、陕西会馆、浙江会馆、江南会馆、山西会馆、广东公所、齐安公所和云贵公所。旧时重庆有首民谚曰"禹王庙(湖广会馆)的台子(戏台),万寿宫(江西会馆)的银子,山西馆的轿子,天后宫(福建会馆)的顶子",很形象地刻画了各移民会馆的特点。始建于乾隆二十四年(1759年)、扩建于道光二十六年(1846年)的湖广会馆群,至今尚存。该会馆建在东水门朱雀翔舞的河湾"吉地"之上,堪称全国清代会馆建筑中的精品。漫步于湖广会馆的雕梁画栋和戏楼间,你仿佛还能感受到那场波澜壮阔的移民运动,体味到八方异俗的遗韵。

20世纪抗战移民对于现代巴渝文化的形成,也具有非同寻常的意义。作为中华民族危亡之际的战时首都,国民政府、工业企业、商业店铺、高等院校、文化团体以及难民大众相继迁来重庆,各国驻华使馆纷纷进驻重庆也是势所必然之事。重庆相对封闭的环境,由是与东部先进的社会形态历经了长达八年之久的碰撞、整合、交融,原有社会格局发生了奇特的变异,政治、经济、科技、教育、艺术以及生活方式、行为意识、习俗民风等,都发生了全方位的文化转型。

先看看企业内迁重庆的情况。1937年以前,重庆仅有大小工厂39家,而到1939年就已增加至84家,1944年年底多达1518家。重庆成为全国最大的工业中心,加上附近地区,占了大西南厂家数量的45%以上,资金占比53%。而且内迁的工矿企业包括军工企业、机器五金厂、电器厂、化工厂、造船厂、纺织厂、文化印刷厂、食品厂等,在工业布局上改变了战前轻工业占优势的状况。原重庆市档案局局长卢大钺曾这样说过,重庆抗战移民"单工人就有9万多,加上其他行业,总计不下15万人,他们是大机器时代的真正主人,其到来彻底改变了重庆的生产形态"。

再来看看高等院校内迁的情况。战前中国共有高校108所,大部分集中在中心城市及沿江沿海一带,战时有77所迁到了大西南,其中迁到重庆的高达31所(包括国立中央大学、中央政治学校、国立交通大学、复旦大学等),占内迁高校的三分之一。

文化机构及文化名人的内迁,同样十分瞩目。有两个时间段尤为集中:一是1938年10月广州、武汉失守前后,先前撤至武汉的文化机构(报社、文艺团体等)及文化人士,随着行政院和军委会机关再迁至重庆;二是1941年12月太平洋战争爆发后,日军占领上海英、法租界和香港、澳门后,滞留在这些地方的文化人士辗转到达重庆。据1943年上半年的统计,先后迁入重庆的大书局有商务、中华、世界、大东、开明等;媒体有《中央日报》《大公报》《新民报》等;全国性文艺团体达35个,汇聚了全国一流的文化精英,譬如作家老舍、巴金、茅盾、郭沫若、冰心、张恨水,诗人艾青、臧克家,电影戏剧家夏衍、田汉、宋之的、洪深、于伶;表演艺术家金山、凤子、黄宗江、谢添、蓝马、沈扬、沙蒙,美术家徐悲鸿、叶浅予、丁聪等。众多文化机构、媒体、学人、作家、艺术家以及教师、学生的汇集,极大地活跃了重庆的文化、学术氛围,从整体上提升了重庆的文化视野。

抗战时期迁来重庆的移民获得了一个独特而稀奇的称谓,叫作"下江人"。这纯粹出于重庆人的创意,直到半个世纪后的今天,此概念仍然无碍重庆人彼此间的顺畅交流。其实这个概念抗战以前就有了,专指来自长江中下游诸省区的商人。重庆人自认为是"上江人",那些外来商人当然就该是"下江人"。事实上,抗战移民的来源地域和人员类型五花八门,远不止"下江"的范畴。重庆人不过向有删繁就简的性格习惯,顺手拈来给"外省人"赋予了一个统一的名称,便于呼喊而已。但"下江人"源源不断地涌入重庆,却是非同小可,它使得重庆市区人口急剧增长。据相关统计,1938年,来渝入户的人口已达41.9万余人;1946年,移民人数更高达80万人以上。其时重庆总人口为124.5万余人,也就是说"下江人"占了重庆人口的三分之二,移民文化的影响也就毋庸多说了。

三线建设时期的内迁移民，对于现代巴渝文化也有着重大的影响。

"三线"，是国家按照战备设想划分的军事地理区划，即沿海为第一线，中部为第二线，后方为第三线。而"三线建设"，就是将大批东部沿海地区和东北地区的大型企业往内地迁移，以推进"三线"地区大规模的国防、科技、工业和交通基本设施建设。时间上，自1964年延续至1980年，横贯了三个·五年计划；范围上，覆盖了我国中西部地区13个省市自治区。

由于特殊的地理位置和原本较强的工业基础，重庆成为三线建设的重点地区，常规兵器、仪器仪表、重化工、机械、钢铁等企业及相关科研机构等主要内迁企业，大多就安置在了重庆的长江、嘉陵江沿岸。根据1964年10月编制的《重庆地区三线建设规划》，以重庆为中心迁建、新建的"三线"项目达200多个（其中上海地区迁入122个，广州、南京等地迁入20个，东北地区迁入27个，华北地区迁入43个）。除了工厂，还迁来了许多研究所，像如今犹在的重庆煤炭设计研究院、59所、62所、机械部第三设计院、中国科学技术情报所重庆分所等。三线建设移民主要来自北京、上海、辽宁、广东等12个省市，约有50万人。

继抗战移民之后，三线建设移民是促进重庆工业化、现代化及向现代都市转型的又一次大机遇。仅从科技角度就能深切感受到这次移民的影响。目前，重庆有代表性的大企业、科研院所基本上都是那时奠定的基础。大量科研人员随企业及科研机构迁入，大大提升了重庆地区的科研水准，到80年代初，重庆每万名职工即拥有科研人员750人，位居国内前列。

三

重庆移民史，就像一曲久远而跌宕的长歌。但由移民所导致的重庆人口大换血，也带来了地域文化辨识的困惑。

有观点认为，秦灭巴蜀后巴人不断与迁入的汉人融合，自两晋南北朝唐宋以降，除了散落山区演化为后来土家族的那部分巴人外，重庆已很难找到原始的巴族血脉遗存了；特别是经过元末明初、明末清初两次"湖广填四川"，更是形成了以湖广籍移民为主体的各省移民的全新融合，形成了一种新的"湖广"血脉文化。还列举了两个铁证：一个是现在的重庆话里，宋朝以前的古音遗存几近为零；另一个是在现存的家谱里，自宋代就居住于重庆的家族不到1%，绝大多数都是明清两代迁移过来的（其中明朝移民大约占比为20%，超过70%都是清初移民）。晚清就有这样一首民谣："大姨嫁陕二姨苏，大嫂江西二嫂湖。戚友相逢问原籍，现无十世老成都。"（陈世松《天下四川人》）。而重庆的移民程度，只有比成都更甚的。即如笔者家谱也做了如是记载，清雍正五年（公元1727年），先祖奕玄公携太夫人刘氏并儿子邹文通由广东省惠州府河源县入川。

但我以为，族群血脉更迭并不能简单等同于地域文化断绝。正所谓"江南佳丽地，金陵帝王州"，地域对于文化是具有潜移默化制约作用的，地域文化是具有内在传承惯性的。远古巴人的巫文化、盐文化与尚武精神，重庆人勤劳务实、敢闯敢拼、爽直火爆的性格特点，皆世世传递，贯通古今，是不争的事实。当今的重庆区域文化也有着独特而鲜明的个性，明显不同于原"湖广"地域的文化。这大约就是"橘生淮南则为橘，生于淮北则为枳"的道理吧！

当然，从远古巴文化传续到现代巴渝文化、重庆城市文化，是一种"扬弃"的关系。一次次背景各异、规模不同的移民，造就了巴渝地区"五方杂厝，风俗不纯"的独特移民社会形态，但它也使重庆的人口结构、数量、素质乃至种群特质由此得以改良，使重庆的城市发展获得了一次次的良机。

有人总感觉疑惑，重庆的移民历程既然如此之"脱胎换骨"，移民又何以能与重庆本土文化丝丝入扣地融为一体？——这让我联想到了一则关于重庆火锅的搞笑言子儿：

山西人说："我们出羊肉。"重庆人说："拿来烫火锅！"陕北人说："我们出毛驴。"重庆人说："拿来烫火锅！"西藏人说："我们出牦牛。"重庆人说："拿来烫火锅！"沿海人说："我们出海鲜。"重庆人说："拿来烫火锅！"云南人说："我们出米线。"重庆人说："拿来烫火锅！"东北人说："我们出水饺。"重庆人说："拿来烫火锅！"……

你想想，管他天南地北，管他荤的素的，一律丢进火锅里头去涮涮，七涮八涮，还有哪样物事能不带上重庆的火锅味儿呢？

码头、袍哥及其他（上）

地域文化传承是个很奇妙的现象，哪怕就是个"小鲜肉"，一张嘴冷不丁也会蹦几句爷爷辈儿的言语出来：

"你我袍哥人家，决不拉稀摆带！"

"重庆嘛，就是个码头文化！"

想来也是，一些旧时的概念诸如码头、袍哥云云，看似早已淡出了重庆人的视野，其实却还悄无声息地在其潜意识中盘桓、承续。欲探究重庆文化，就不能不去探究码头文化和袍哥文化；而袍哥文化，又很可能是码头文化在重庆这方水土中的一种独特变异，一个典型变种。

我在前面的文章里已经说过，重庆这座城市山水文化是其根，移民文化是其神，码头文化是其形。那么，这个"形"究竟缘何而起，具备哪些表象与特征，对城市发展又有些什么影响，细细推敲起来倒是饶有兴味儿的。

一

在现代汉语词典里,对"码头"倒是有所释义,但"码头文化"的内涵却不甚了了。

码头,是指江河湖海沿岸及港湾内专供货物装卸、旅人上下的一种土木建筑设施(当然也可以只是伸入水里的一片天然地块儿)。码头以外若再加上堆场、仓库、中转站、补充给养的场所之类水陆联运的设备、物件,并将码头周边的水域、航道等条件纳入,那就是如今的"港口"了。不过,我们日常所说的码头往往指它的广义,其实就等同于港口。另外,古代相对于"水码头"还有一个"旱码头"的称谓。比如重庆市巴南区的丰盛古镇,就素有"长江第一旱码头"之美誉。那古镇上的碉楼、古寨、青石板街巷,迄今还散发着浓郁的历史气息。只是我猜想,旱码头或者是由水码头的概念衍生而来的,而且它也并非本文论述的主体,这里也就不再赘述了。

迄今考古发现的中国最早的码头,在广西合浦县古城头村,其遗址是2004年发掘出来的。学界认为,这个合浦古码头也是西汉时期"海上丝绸之路"的始发港,距今已有2000多年。《汉书·地理志》早有记载,海上丝绸之路的始发港在北部湾的徐闻、合浦,其贸易航线连通了印度洋沿岸的缅甸、印度和斯里兰卡等国。这次考古发现算是为之提供了确凿的实物证据。

历史上并非一开始就称呼"码头",这名称是不断演变的产物。汉晋以前称作"津"或"津关、津要"。东汉许慎《说文解字》云:"津,水渡也。"北魏郦道元《水经注·河水》云:"自黄河泛舟而渡者,皆为津也。"隋唐时出现了"渡、渡口、渡头"之类新称谓,孟浩然的五言绝句《扬子津望京口》就有"江风白浪起,愁煞渡头人"的诗句。宋元时又增添了"马头"的叫法。《资治通鉴·唐穆宗长庆二年》这样记载:"又于黎阳筑马头,为度河之势。"梅尧臣《次韵和马都官宛溪浮桥》云:"马头分朱栏,水底裁碧天。"到明代,"马"字加了个"石"偏旁,方才变成了"码头"。如《醒世恒言·蔡瑞虹忍辱报仇》一章如是描述:"却说朱源舟至扬州,那接取大夫人的还未曾到,只得停泊码头等候。"又如清初朱素臣所著昆曲《十五贯》第七场云:"你码头跑跑,我赌场混混,自家人,这一套江湖诀可用不着。"晚清吴趼人《二十年目睹之怪现状》第二十一回云:"连忙起来到外面一看，原来船只到了上海，泊了码头。"还有，20世纪30年代曹禺的话剧《日出》第一幕里的台词："你们要是横不讲理，这个码头不讲理的祖宗在这儿呢！"

跟码头这概念一样，码头文化也应是明代以降的一种文化形态概括。只是给码头文化定义要比"码头"麻烦得多。我想，所谓码头文化，或者可以说指由码头的生产方式、生活方式派生出来的生活习俗、个性特征及行为意识。这种文化形态最初在码头的中下层群体中产生，逐渐扩散至城市的社会各阶层。码头文化的影响范围可以是一个地域，也可以是一座城市，由以透射出一个地域、一个城市的文化元素和人文精神。

中国传统的码头文化产生和兴盛于沿江城市，诸如重庆、武汉、九江、南京、上海、天津、广州等城市都以码头文化著称。而长江沿岸的码头文化明显比黄河沿岸更盛，我想是否跟长江河运更发达有关？

粗略考察码头文化的特征，似乎可以概括为这么四点：

其一，行帮性质。有码头，就有吃"码头饭"的人，主要是船夫、纤夫、脚夫（重庆喊成"棒棒"）、小商贩等贫民。码头人群地位低下而生存环境又异常严苛，必得抱团取暖才能图生存，求发展。民间行帮会党组织即由此应运而生。在重庆这个"大码头"上，就按行业分类出现了众多的行帮组织，诸如码头帮、船帮、力行帮、轿帮等。随着城市商贸日趋繁荣，又相继出现了盐船帮、米粮帮、瓷器帮、山货帮、百货帮等。在行帮基础上形成的码头文化，自然带有浓浓的江湖色彩。

其二，义利宗旨。码头行帮的初衷在于围绕水岸货运抱团图存，基础是相互依赖的经济利益，由是形成的一种"圈子"就虔诚遵奉"义利"的宗旨，即以"义"为联系纽带，以"利"为诉求内核。由拜"码头"扩散而生的拜把子、拜师门、拜同乡、拜干亲等各式各样圈子，也尽皆遵循以"义"求"利"的原则。

其三，吐纳意识。码头、河运的功能就是集散与流通，换言之，就是在不断地"吐"与"纳"中运转。其流动常态，赋予了码头文化的开放性和包容性；其危机潜伏的环境，则逼迫出码头文化的抗争意志；其多元的特征，又造就了码头文化的自由精神。

其四，江湖习气。或又可称为"两气"：义气和俗气。先看"义气"。码头上既然都是些江湖过客，自然看重江湖潜规则。所谓义结金兰、割头换颈，"江湖义气第一桩"。推崇"忠义"二字，普遍将关二爷、岳武穆奉为神明。从本质上讲，这是传统儒家信义文化在社会底层的一种粗糙变异呈现。再说"俗气"。码头上人群、货物南来北往，流动不定，催生出过客心态和流民意识，其渗透于人们的言语、行为、饮食、风俗习惯及民间艺术等各个方面，又使城市充斥着粗犷的江湖气味儿，浸染上世俗的市井色彩。

二

凡属码头文化的城市，必有其共性；但细察其种种端倪，则又"花与花不同"。重庆的码头文化，乃由其地缘条件、城市性质、人文演变等诸多因素综合着力而形成。

在重庆2000多年的建城历史里，有过四次规模较大的筑城。重庆作为兵家必争之地，前三次的筑城着眼点都在军事功能上。直至明代戴鼎第四次进行城市扩建，才基本算是为了建设一个纯正意义上的工商业城市。

重庆毕竟地处长江、嘉陵江交汇的水陆要冲，漫长岁月里虽说有"城"无"市"，集散和流通的码头功能是十分强大。重庆的码头特别多，据相关数据统计，现有各类港口码头438座，其中80%都属于历史老码头。还有一个有趣的现象，古巴渝十二景中与码头相关的景点就占了五处。比如"字水宵灯"，就呈现出一幅令人心旌摇动的码头夜景：江畔樯桅毗连，船户灯火如织，灯光星光交相辉映，摇曳于形如"之"字的江流波涛中，美妙绝伦……

重庆码头的发展，首先得益于发达的水陆交通。

早在汉晋时期，重庆两江沿岸的码头便已是重要的水上交通枢纽，连接汉沔和荆襄。据《华阳国志·巴志》的描述，其时的江州"结舫水居五百余家"，足见2000多年前的重庆码头就已是何等的热闹。到明清时期，重庆更成为一个水上交通中心，可沟通眉州、泸州、叙州、成都、保宁、夔州等70余个水驿站，并可东至苏皖，西达云贵。按有关记载，重庆连接外界的古道共有9条。陆路6条：正东路——通往下川东和湖广；正南路——通往川南、云贵；正西路——通往成都；正北路——通往陕西、甘肃；东北路——通往关中；东南路——通往贵州、湘西。水路3条：其一，溯嘉陵江北上至广元；其二，溯长江西上转岷江至成都；其三，顺长江东下入湖北。

正是由于昌盛的水陆运输助威，明清两代重庆的手工业、商贸日趋兴旺、繁荣起来，重庆的功能也逐渐实现了由"码头"向"城市"的转变。故在一定意义上说，重庆乃一座由码头演化而成的城市。而伴随着这种转型出现的一个派生现象，就是重庆码头文化的孕育与生长。

重庆码头文化的兴盛，还跟长期、持续的移民历史有关。

先从社会结构变化上看。频繁的战乱使重庆原住民大量死亡，本土宗族血缘系统遭到了严重的破坏，宗法控制力在相当程度上被削弱。通过移民运动，特别是明清"湖广填四川"进入重庆的大量新居民，需要获得地方文化认同并重建一种族群控制系统，以抱团取暖和维系社会平衡，由是各种行业帮派、袍哥组织、会馆组织等应运而生。清末时，重庆"八大行"（糖、麻、棉、酒、药、油、烟、干菜）和移民"八省会馆"全都建立了各自的行帮组织。这些五花八门的江湖会党，无疑都是因"码头"而派生的新鲜玩意儿，它们在一定程度上取代了原先的宗族势力。

再从观念意识改变上看。大量外乡人"跑码头"涌入重庆，带来了与本土迥异的各色各样的文化背景、思想观念、风俗习惯、语言行为。二者相互碰撞、冲突又交流、融合，造就了重庆这个"大码头"特殊的历史特质，烙下了特殊的文化印记。由此形成的码头文化，既具兼容性、拓新精神，又充满了江湖气息和市井色彩。

三

重庆码头文化犹如一幅"浮世绘"，我们不妨来简笔勾勒一下。

重庆人说话就透着一股浓浓的码头味儿，用四川方言来形容，叫作"水流沙坝"。重庆用语中有一整套风格独异的方言词汇，爽直、明了却俚俗而驳杂，诸如背时（倒霉）、板命（垂死挣扎）、摸包儿（小偷）、叫鸡公（争强好胜的人）、乱劈柴（不按套路办事）、打横耙（耍赖）、夹毛拘（刁难）、逗猫惹狗（惹是生非）、诳眉诳眼（莫名其妙）之类，不一而足。

其实，重庆方言也并不纯粹，很多都是伴随着湖广移民来的。例如老表（表亲兄弟）、老挑（连襟）、索索（绳子）、落雨（下雨）、堂屋（正屋客厅）、幺店子（小旅店）等，原本就是湖广方言；而解手（大小便）一词，更是直接产生于移民途中。

重庆的饮食也沿袭着码头生活的习惯。码头人群收入微薄,故饮食讲究个廉价实惠、方便省时,催生出许多特色快餐小吃,例如锅盔、熨斗糕、酸辣粉、豆腐脑、担担面等。游摊多于坐摊,行人就餐不需要碗筷,也不必正襟危坐,扯张草纸或者荷叶将食品一卷一包,就边走边吃起来。那年头你常常可以见到这样的场景,客船甫一靠岸,拎篮挑担的小商贩们早已沿码头石阶两排列开,扯着嗓子叫卖:"炒米糖开水……盐茶鸡蛋……""熨斗糕……三角粑……烧腊……"当然,码头上也有一些相对固定的面馆、酒馆、茶馆,不过就是些用竹篾、油毡搭成的棚户。旧时民谣"长嘴铜壶竹篾椅,矮脚方凳盖碗茶",就形象地道出了码头茶馆的简陋模样。

就连如今食精脍细的重庆火锅,也是由码头派生出来的一种快餐形式。从前的火锅和现在可是两个概念。那时有钱人家都嫌牛羊下水(内脏)脏,不吃,屠宰场的下水都卖得很便宜,做饮食的商贩就买下,再配些时令蔬菜,专门卖给纤夫、挑水夫等穷人吃。在岸边支上一口大锅,盛上用牛油、牛骨高汤、辣椒、花椒、老姜、大蒜调制的锅底,食客们便围着大锅站成一圈,待锅底一烧开即将各色食材一股脑儿丢进去,边烫边吃。最初的重庆火锅因其主体食材为牛羊下水,也称作"毛肚火锅"。如此特色食法既能饱腹驱寒,又方便实惠,故深受码头人群喜欢。

重庆民间文艺同样透着一股浓浓的码头文化气息,除了形式五花八门,情绪爽朗、热情、俏皮外,很突出的一点就是接地气,富于世俗色彩。老舍就曾这样评议过重庆曲艺:"它必须俗,俗到连不识字的人也能听懂的地步。"清音、竹琴、琵琶弹唱、谐剧、评书、金钱板、车灯、莲箫、盘子等表演形式,就把重庆的民俗文化张扬得淋漓尽致。你听听旧时的民谣,就是这么个"俗"味儿:"陕西街,上中下,繁华得很。大字号,大买主,票号兑存。木牌坊,卖毡缨,又卖毡帽。道门口,脂粉铺,专卖女人。过街楼,小蒸笼,又粑又滚。蒸羊肉,烧肥肠,曲酒醉人……"再如川江号子:"好耍要数重庆府,卖不出的都卖得出。朝天门坐船往下数,长寿进城爬陡路。梁平柚子垫江米,涪陵榨菜露酒出。石柱黄连遍山种,丰都出名豆腐乳……"

旧时川戏界有一个"五腔四河"的说法,也颇能体现重庆码头文化的秉性。"五种声腔"，就是高腔、昆曲、胡琴（皮黄）、弹戏（梆子）、灯戏等五种演唱方法。"四条河道"则指四种川戏流派：成都一带以胡琴为主的"川西派"，自贡一带以高腔为主的"资阳河派"，南充、保宁一带以弹戏、灯戏为主的"川北河派"，而重庆一带则因高、昆、胡、弹、灯并用而称为"五腔共和派"。值得玩味之处在于，何以单单重庆会产生"五腔共和派"？因为重庆乃西南最大的水陆要冲，汇聚巴蜀众水，连通湘楚吴越，各个戏班子顺着各条河道涌来这里，久而久之便集成了一个"戏窝子"，令九门八码头内藏龙卧虎，由是形成了多种声腔唱法，实不为怪。旧时重庆川戏界曾流行过这样一句行话："一个粑粑吃不饱，一个师父教不好，一个班子搭不老。"这也透露出了重庆这个大码头吸纳、包容、创新的精神。

码头、袍哥及其他(下)

解读重庆码头文化，还不能不言及"袍哥"。袍哥，是川渝一种独特的文化现象。上文说到，自明代以降随着重庆由"码头"向"城市"的转变，逐步派生出了重庆的码头文化；而清中叶至民国的这100多年，又恰恰跟重庆袍哥形成、活动的时间大部重合。由此推论，重庆码头文化很可能就是经由"袍哥"这一载体呈现出来的；或者说，重庆的袍哥文化和重庆的码头文化，其实是二合一的东西。

一

关于袍哥的源流，众说纷纭中有两种观点影响较大。

一种观点为"啯噜说"。认为袍哥就是四川境内的哥老会，其前身则是由入川移民纠合而成的"啯噜（子）"游匪团伙，大致产生于清代雍正、乾隆时期。有人还举出了语音的例证，说"啯噜"和"哥老"二词谐音，由"啯噜"一转音就变为了"哥老"。比如台湾地区学者戴玄之就做如是判断："可靠的史实只能证明它（袍哥）以哥老（啯噜）形式起源于清初重庆、四川（来源于闽粤客家的移民）。"日本学者酒井忠夫在《中国民众与秘密结社》一书中也认为，哥老会确实发祥于四川的啯噜。

此论似乎有些单薄。有人就指出了，啯噜子只是单纯为劫夺谋生而结成的游匪集团，而哥老会则是一个有严密组织、章程和政治目标的秘密会党，二者风马牛不相及，并且"啯噜与哥老会同见于清史册……一直并存到清末"，也侧证了其各是一个组织。还有人指出，"啯噜"和"哥老"谐音转化的说法也不对。四川人都清楚，这两个词在四川方言中的读音其实相去甚远。

另一种观点为"郑成功说"。此说认为，哥老会或袍哥组织应溯源至明末清初的"洪门"。根据朱琳《洪门志》（1947年）等著述的说法，顺治十八年（1661年），也就是顺治皇帝退位当和尚的那一年，郑成功为激励将士反清复明在台湾创立了洪门。《教会源流考》解释曰："何谓洪门？因明太祖年号洪武，故取以为名……始倡者为郑成功，继述而修整之者，则陈近南也。"这种说法虽同样充斥着浓浓的传闻味儿，但其颇为丰富而有趣。

在总体认可"郑成功说"的观点中，对于洪门、天地会、哥老会及袍哥等相关组织的创始源头，又有着各种不尽相同的解释。

一说，顺治十八年（1661年）郑成功在台湾创立洪门开"金台山"立誓结盟以后，庚即就派遣陈近南渡海赴大陆发展组织，在四川雅安开了"荩忠山"，所以四川一直被视为哥老会的发源地。

另一说则认为，开"荩忠山"的人并不是陈近南，而是另外一个四川人郭永泰，"开山立堂"的时间也要推到100多年以后的19世纪中叶。

二

关于袍哥（抑或哥老会）的隶属关系与组织架构，也存在着多种说法。

一种说法谓洪门下辖天地会，天地会复下辖哥老会（含袍哥组织）。光复会创始人陶成章的《教会源流考》就这样说："哥老会也，无非出自天地会，故皆号洪门，又曰洪家，别称洪帮。"

还有个"洪门五祖"的说法。说康熙十三年（1674年），趁着三藩之乱，洪门义士和南少林寺僧人在湖北红花亭举行反清复明起义;起义失败后,洪门不得已分散到了各地,成立了五个祖堂,分别由南少林的五大高僧负责,俗称"洪门五祖"。长房:堂祖蔡德忠,主要分布在福建、台湾一带,又称天地会,旗帜为黑色;二房:堂祖方大洪,主要分布在广东、广西一带,又称三合会,旗帜为红色;三房:堂祖胡德帝,主要分布在四川、云南一带,又称袍哥,旗帜为赤色;四房:堂祖马超兴,主要分布在湖南、湖北一带,又称哥老会,旗帜为白色;五房:堂祖李式开,主要分布在浙江一带,又称小刀会,旗帜为绿色。若依照这种说法,重庆及四川的袍哥组织就应出自这个洪门"三房"。

朱琳《洪门志》云:"郑成功据守台湾,推进汉留组织,开山立堂,定名为金台山、明伦堂。"这大约是传闻中洪门最早的"山""堂"组织,也就是洪门徒众的联络聚集点。袍哥据点最初也称"山头""香堂",这与洪门类似,可是后来却改称了"码头",或者,因为重庆码头云集而转借了称呼?

袍哥总堂下面分了若干码头,每个码头又下辖五个堂口,分别称为"仁、义、礼、智、信"(或称"威、德、福、智、宣")。各堂口的职位共分五个等级,称作"五排"(也有分为"八排"的)。头排中的首脑人物称作"大爷"(又叫"舵爷""舵把子"),三排的领头人称作"当家三爷"(掌管钱粮经济),五排的领头人称作"管事五爷"(掌管礼仪、执法和传达舵爷命令),六排的领头人称作"巡风六爷"(专司巡风、报信),十排的领头人称作老幺(又分"大老幺""小老幺")。因为各种忌讳的缘故,不设二、四、七、八、九的排行。

袍哥各堂口汇聚起不同类型、不同身份的人:"仁"字旗下多为官宦人士;"义"字旗下多为商贾士绅;"礼"字旗下多为手工业者;而聚在"智""信"两堂旗下的则大多是被视为"下贱行业"的人,如测字的、算命的、跑堂的、道士、士兵等。其时有一句民谚生动描述了这一情况:"仁字讲顶子,义字讲银子,礼字讲刀子。"

三

清末民初是袍哥组织发展的鼎盛时期。其时的袍哥活动遍及了重庆(及四川)的城镇和乡村。特别是重庆的袍哥组织,更是在重庆占据统治地位的帮会,重庆也因此号称为全川袍哥的第一重镇。

一般人只通过电视剧《哈儿师长》了解

到，民国时期四川出了个大袍哥范绍增，其实，清末民初的袍哥已充斥了重庆（及四川）社会的各个层面，真可谓三教九流无所不包。根据1947年燕京大学教授廖泰初的调查考证，其时70%以上的四川成年男子都加入过袍哥组织。清末民初的四川民间甚至流传着这样一句俗语："明末无白丁，清末无倥子。"倥子就是指未参加袍哥组织的人。

袍哥的起源与组织架构虽其说不一，但反映出两点共识：反清复明的性质和码头文化色彩。

袍哥组织的反清复明性质，与洪门、天地会、哥老会等组织一脉相承。有人说，因为明太祖朱元璋的年号曰洪武，故以"洪"字为名。有人说，洪门乃追随明太祖"驱除胡虏，恢复中华"之志，欲留存汉传文化，所以其另一名称又叫作"汉留"。也有人说洪门是由少林寺"洪拳"转名而来的，是少林寺永化堂门下弟子以传承"洪拳"为名组建的，旨在反清复明。还有人说，"洪"乃一种亡国亡族的暗示，"漢"字去"中土"就变成"洪"字了。

不只是传闻，《洪门志》《教会源流考》等著述也这样评议：郑成功在台湾"开山立堂，定名为金台山、明伦堂"，就是意指金门、台湾乃朱明王朝屹立不倒之江山。清末民初刘师亮的《汉留全史》则引用俗语加以证明："'你穿红来我穿红，大家服色一般同。你穿黑来我穿黑，咱们都是一个色。'即此义也。"孙中山先生在他的《孙文学说》一书中也如是说："明朝之忠烈士……乃欲以民族主义之根苗，流传后代，故以反清复明的宗旨，结成团体，以待后有起者可藉为资助也。此殆洪门创设之本意。"

袍哥组织的汉人意识的确十分显明。其尊奉的所谓"兄弟道"，以五伦（君臣、父子、兄弟、夫妇、朋友）八德（孝、悌、忠、信、礼、义、廉、耻）作为信条，这应是儒学理论的一种民间化、通俗化，也可视为上述袍哥性质释义的一个侧证。还有人推断，"袍哥"这一称谓或源自《诗经》中的诗句"岂曰无衣，与子同袍"，也是取了汉人同仇敌忾之义。

至于袍哥的码头文化色彩，上文已多有述析，这里就不再赘述了。

袍哥文化与码头文化，是一段瑕瑜互见的巴渝人文历史。从清末开始，袍哥已经成为一支不可忽视的社会力量，成为一个引人瞩目的社会现象：清末历次农民起义和反洋教活动中，都能见到袍哥的身影；同盟会甫一成立，重庆、泸州、叙府（宜宾）、嘉州（乐山）、川西一带的袍哥首领皆竞相加入；四川保路风潮涌起，袍哥又充当了名副其实的主力军。有趣的是，辛亥革命爆发以后，重庆成立的中华民国蜀军政府竟然直接以仁、义两堂的袍哥作为基本力量。成都的大汉四川军政府就更有趣了，都督尹昌衡公然自立为"大汉公"，自任"龙头大爷"，其政府也被时人戏称为"哥老政府"。

四

时移事易，社会早已天翻地覆，但是袍哥文化、码头文化却并未走远，其因子仍然潜存于重庆人的生活中。就拿重庆人日日交流的方言俚语来说吧，人们依旧使用着七八十年前袍哥的"切口"（黑话）却毫不自知。诸如筷子叫"篙竿"，蛇叫"干黄鳝"，掌权者叫"舵爷"，背叛叫"点水"，摸情况叫"踩水"，折腾人叫"夹磨"，伤人面子叫"臊皮"，规矩办事叫"落教"，不讲情面叫"不认黄"，混社会叫"操坝儿"，不一而足。又如讨口子（乞丐）、摆尾子（鱼）、冲壳子（吹牛）、扯把子（说谎）、涮坛子（开玩笑）、脏班子（丢脸）、全挂子（技艺全面）云云。

平心而论，历史上的袍哥文化赋予了重庆人开放、包容、热情、拼搏的秉性，有可贵的一面；但其为抱团取暖而形成的义气观念、帮派作风、权力崇拜、实用主义等理念与行止，流弊也是显而易见的，它们与现代法治社会格格不入。明人叶颙《已酉新正》诗云："天地风霜尽，乾坤气象和。历添新岁月，春满旧山河。"新的时代，正呼唤构建新型的巴渝文化。

| 插件 | 游江画重庆

◎ 游江住在磁器口

古镇中午,风把一片阳光驱赶到窗格与石板路块上（国画）

古镇玩主（国画）

磁器口的下午（国画）

打麻将的下午（国画）

老街雨后（国画）

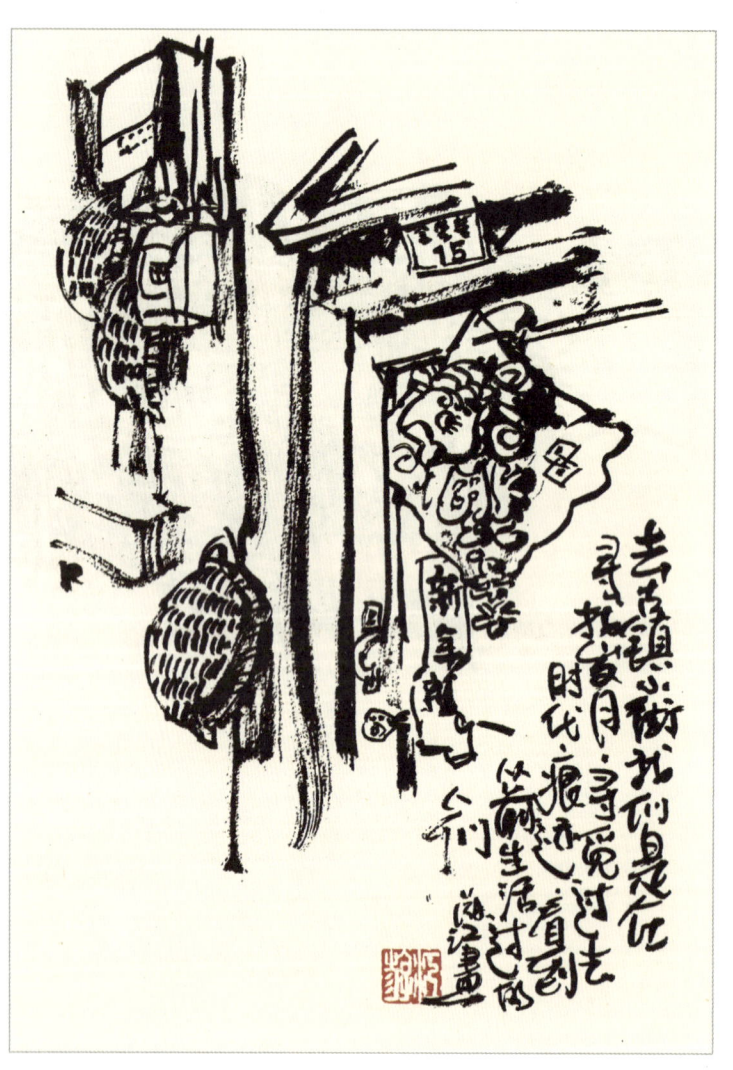

去古镇小街,我们是在寻找岁月,寻觅过去时代痕迹,看到从前生活过的人们(国画)

草木荫下（国画）

雨巷里的石板路（国画）

在磁器口古镇十一年来,我总是与梯坎有邻(国画)

磁器口高石坎店铺（国画）

风俗篇

BAFENG YUYUN HUA GUJIN
FENGSU PIAN

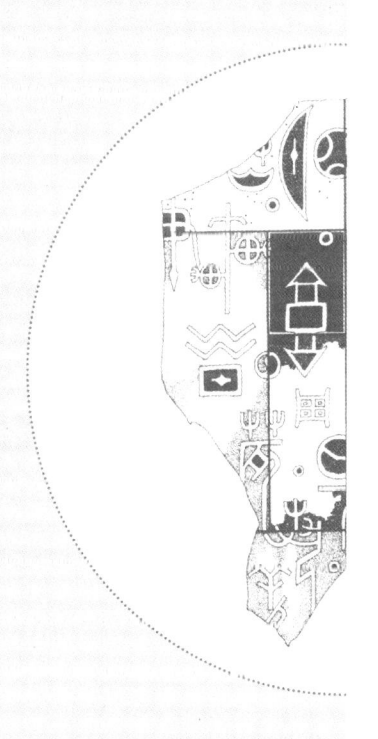

乡愁，是历史的民间记忆、民族文化血脉的特殊传承；而悠悠乡愁里，必定含有民俗文化的积淀。民俗文化涵盖了特定地域、族群的岁时节令、工商交易、鬼神观念、崇拜禁忌、衣食住行、言行举止、婚丧嫁娶、文娱游戏、民间艺术等范畴。透过星星点点的习俗遗痕，即可清晰地解读到特定地域、族群的基因密码，感受到面貌各异的乡土、乡音、乡风、乡情。

闲聊重庆话

一

外来人提到重庆话,本地人常会莞尔一笑:"嘻嘻,你说的就是展言子儿个嘛!"那表述,那表情透露出了两个信息:其一,重庆言子儿幽默、滑稽、好耍;其二,重庆言子儿就等于重庆方言,"展"言子儿就是"说"重庆话。这种理解其实并不准确。"言子儿"的确是一个重庆人专属的词汇,但它并不能囊括重庆方言体系的全部,而仅指这个体系中的俗语、谚语、隐语。当然,有时也指重庆方言段子。

这里重点谈谈言子儿中涉及的"隐语"。所谓隐语,就是借用别的词句来表述本来词义的一种隐晦的用语。《文心雕龙》之谐隐篇曾如此释其义:"遁词以隐意,谲譬以指事。"民间自古及今广泛流传的"黄绢幼妇"典故,就生动地体现了隐语的意思。此典最早见录于南朝《世说新语》。书法家蔡邕在《曹娥碑》的背面题写了八个大字"黄绢幼妇外孙齑臼"。魏武曹操即此问主簿杨修问,杨修便从构字用度做了一番解析:"黄绢"者,丝带色也,暗指"绝"字;"幼妇"者,少女也,暗指"妙"字;"外孙"者,女之子也,暗指"好"字;"齑臼"者,捣舂器具承受姜、蒜、韭菜之类辛辣调味品也,暗指"辝"字("辝"乃"辭"的古代简体字,即今简体字"辞");合起来,就是"绝妙好辞"四个字。

依照上述释义,歇后语、谜语、民歌中的"比兴"手法乃至江湖切口之类,就都应该纳入"隐语"这种特殊的表达方式之内,而歇后语是其中最大的载体。

说重庆人喜欢"展言子儿",其实就是指他们喜欢大量使用隐语,特别是歇后语。只不过,重庆人在歇后语的实际运用中还有一个特别的习惯,经常只说前半句,后半句隐去不表,谓之说"半截儿话"。比如:嘲讽人家做无用功,只说前半句"瞎子戴眼镜",后半句"多余的圈圈"则省去了不说;讥笑人家爱出风头,只说"脑壳上安电扇",省去了后半句"出风头";鄙夷人家装模作样,只说"半天云上张口袋",省去了后半句"装风(装疯)";讨厌女人狐媚弄姿,只说"肚脐眼儿打屁",省去了后半句"腰气(妖气)"。歇后语的表述方式本来是前半句打个比方,后半句解注其真实含义,重庆人却偏偏要把后半句省掉,就是要让你去慢慢揣想话的余味儿,流露出一种重庆式的狡黠与幽默。

重庆言子儿和重庆话实является有着统属关系的两个概念,但重庆人说话总爱夹杂大量的言子儿,则是重庆方言表述的一大特殊现象。故此,你要解析重庆话,就不能不聊到言子儿;而要说清楚言子儿,又不能不解析重庆话。

当然,欲探究重庆话,还有必要对它在汉语方言体系中所处的位置做一个界定。按照目前较多人士的共识,汉语方言大致可以划分为八大类,即以北京话为代表的北方方言,以上海话为代表的吴方言,以长沙话为代表的湘方言,以南昌话为代表的赣方言,以广东梅县话为代表的客家方言,以福州话为代表的闽北方言,以厦门话为代表的闽南方言,以广州话为代表的粤方言。北方方言又称"北方语系",其他七种方言则统统归入"南方语系"之中。

重庆方言总体归入北方方言范畴,隶属于西南官话川黔片区成渝小片区。在成渝小片区中,川东一带占比较重的是重庆方言,川西一带占比较重的是成都方言。若是更深入一点,重庆方言内部还须做广义与狭义之分：广义的重庆话囊括了大重庆范围内的使用语言，即除了重庆中心地区的方言以外，也包括江津话、丰都话、秀山话、开县话等各具特色的区县方言；狭义的重庆话则仅指重庆主城区通行的口音及语汇。

由上可见，重庆方言实在是一个庞大而复杂的系统，故不敢轻率地指东道西。对于明清以降逐步形成的近代重庆话，我打算尝试着说道个一二。虽说是些浮光掠影式的漫谈，却也能从形态到实质都留下点儿有用且有趣的东西。

二

关于近代重庆方言形成的原因，若往深了探究同样够复杂，但若只论其主要成因，我以为其实也就这么两点：一是独特地理环境与独特历史造就的地域民俗及人群性情的影响，二是大移民导致的异乡文化的渗透。

从理论上说，某一种方言的形成绝对不是纯粹的语言现象，总会受到一定的地理、历史、社会、政治、经济等诸因素的影响，其中最核心的又是上述诸因素综合着力造就的地域民俗的影响。在人类文明史上，民俗与语言具有一种相与共生的关系。民俗是一种原生文化形态，语言则是其最主要的载体和传播媒介。温端政先生认为："民俗是第一性的，先有了某种民俗，然后才产生和这种民俗相联系的方言词语。"这是一个很有见地的判断。

重庆人世代生沽在大山大川之间，道路坎坷，劳作艰难，加之气候湿热难耐，生存条件分外险恶，由此养成了一种刚强、好斗、直爽、急躁的性格，动不动就要跟人"雄起"，外地人视之为"泼辣"，重庆人自称为"干燥"。而长期处在闭塞环境之中，且生活贫穷而乏味，则不免好看闹热，喜弄纠纷，百无聊赖时还会自制一点滑稽、幽默乃至自嘲、自黑，以达自娱自乐之目的。这是重庆方言形成的地域民俗条件之一。

自古以来重庆便号称长江流域有数的码头，其自汉晋以降勃兴，至明清两代更盛，年复一年接纳着南来北往的客人，又致使原本封闭的山地环境有了某种意义的打破，令重庆人的性格里也不乏开放包容、热情好客的因子。重庆人对此也做了个自我鉴定，叫作性情"耿直"，"三伏天烫火锅——热心热肠"。这是重庆方言形成的又一个地域民条件。

另一方面，大移民对于重庆方言的形成也产生了很大的影响。可以元代为点划一个界，之前北方移民的影响多一些，之后南方移民的影响多一些。

自公元前316年秦将张仪灭巴国、筑江州城始，由秦至宋，历代都有因政策驱使抑或避战乱躲天灾而迁入重庆（及四川）的移民，其迁徙主体主要是翻越秦岭而入的中原汉人（以陕西、甘肃等地的人为主），故元代以前古巴语接受的外来影响主要是北方话。在现代汉语体系中，重庆方言也依旧划归于北方语系。

元以后，重庆方言则主要受到了南方移民的影响，具体而言就是元末明初、明末清初两次"湖广填四川"的影响。据民国《巴县志》记载："自晚明献乱，而土著为之一空，外来者十九皆湖广人。"民国《涪州志》亦载曰："自楚迁来者十之六七。"移民的到来，使重庆、四川乃至西南地区形成一种"五方杂处，言语各异"的局面。

但是，这种局面并未一直持续下去，伴随着越来越多的南方移民进入，早期方言混杂的局面反而被打破了，外乡语言与土著汉族、土家族、苗族的语言相互渗透、融合，具有独特个性的西南地域方音开始形成。其时为推动方音趋同，甚至还出现了一些专为西南地域方音"正音"的韵书，例如明正统年间兰茂的《韵略易通》、万历年间葛中选的《泰律篇》等。方言与方言的差异主要就体现在语音上，这些表示地域方音特点的系统出现，是西南官话开始形成的一个显著标志。

抗战时期的移民对于重庆方言的影响也不小。作为战时陪都，国民政府、工业企业、商业店铺、高等院校、文化团体以及难民大众迁入，移民人数最多时达80多万人（1946年），竟然占到了其时重庆人口的三分之二。五花八门的"下江人"带来了五花八门的异乡语言，且与本土语言历经了长久的碰撞、整合与交融，由此促使重庆方言再次发生了奇特的转型和变异。

从语言源的角度简括之，近代重庆方言是独特的时空条件造就的，是源起于古巴语继而融汇南北方言而生成的一种奇妙的语言混合物。

三

混杂"南腔北调"而成的重庆方言，又

具有一些什么特征呢？我们不妨来做一点简单有趣的比较。

西南地区的方言是在明朝官话的基础上传承下来的，称作"西南官话"，它跟以西安话为代表的"西北官话"、以北京话为代表的"华北官话"、以南京话为代表的"江淮官话"一起，同属北方大方言区。而北方语系的内部一致性是很强的，别说云贵川三省的话颇为相似，外地人很难区分，就是西南地区的人同东北地区的人直接交谈，相互间也大致能够听懂对方的意思。所以北方民间自古流传着这样一句俗语："从北京到南京，人生话不生。"

就语法特征而言，重庆话和普通话的差别并不大，不会给交流带来太多的障碍。就音系特征而言，二者间虽有不少形同音异或者音同四声异的词语，并且重庆话有鼻音边音（n和l）不分、前鼻音后鼻音（n和ng）不分、平舌音卷舌音（z、c、s和zh、ch、sh）不分以及f和h颠倒发声等诸多毛病，但只要重庆人把语速放慢一点，外地人也还是能够听懂。

而说到词汇特征，重庆话跟普通话的差异就大了，重庆人与外地人交流的障碍主要就出在这里。就拿疑问词来说吧，不光是"啥子、啷个"这两个另类常常会把初来重庆的人头脑弄晕，还有"哈、嘚、嘛、吔、哟、嗦、哦、唛"这些语气助词，在普通话里甚至都找不到确切的对应词汇。

仅供重庆人独享的方言实词那就更称海量了，诸如方脑壳（呆板之人）、偷油婆（蟑螂）、丁丁猫儿（蜻蜓）、倒拐子（手肘）、克膝头儿（膝盖）、经蹦（精力充沛）、经试（耐用）、挖抓（肮脏）、假打（虚伪）、紧倒（连续）、灯儿晃（游手好闲）、千翻儿（调皮）、狡（倔强）、嚗（骂）、麻（骗）、踏屑（贬斥、讥讽）、拉爆（决裂）、达扑爬（摔跟斗）、捡趴货（捡便宜）、夹毛驹（给人穿小鞋）、冒皮皮（吹牛）、不存在（不在乎，没关系）、你啷个恁个嘞个吔（你怎么能这样呢）……还特别喜欢使用叠音词，如䐗䐗（肉）、浃浃（身上的污垢）、摊摊儿（小摊位）、把把儿（小个子）、哈戳戳（傻乎乎）、神戳戳（神经状）、瓜兮兮（尴尬状）、鬼胆胆儿（胆大顽皮的小孩）等。这一大堆的方言词语若碰巧在一起集中使用，外地人也就只能落得个"诓眉诓眼"（一脸迷糊的模样）了。

正是因为上述这些异古稀奇的方言词再加上拗口的地方口音，当重庆人摆弄他们僵直的舌头学起普通话来,那叫一个费劲儿、滑稽,连他们自己听着都觉难受,于是便命个名叫作"椒盐普通话"或者"川普"。

重庆方言词汇的个性色彩很大程度是受南方移民的影响。许多随"湖广填四川"传入重庆的南方语系词汇至今都还在使用。比如源自江西话的老表(表兄弟)、上海话的格式(时尚)、苏州话的行势(能力强)、广东话的人客(客人)等。受湘方言和粤方言的影响尤为明显,如堂屋(正房)、灶屋(厨房)、折边(旁边)、蚌壳(蚌)、好久(多久)、酽(浓稠)、跍(蹲)等词汇,都是从湖南传入的;而像 yǒ(药)、gào(窖)、hǎn(咸)、hǎi(鞋)、gāi(街)、gài(解)、嘞(这)这些读音,原本都是广东方音,有人因此也将这一类方言称为"四川客家话"。

但是,重庆方言是否就此便融入了南方语系呢?也没有。从总体上看,重庆方言跟北方方言要更为靠近一些。

就拿构词法来举一个例。跟普通话一样,重庆话也经常使用词缀"头",而且应用更加广泛,如骨头、念头、甜头、赚头、屋头、锅头、手头、上头等。特别抢眼的是,几乎所有动词都可以加上个"头"来构成名词,诸如"看头、说头、想头、吃头、耍头"等。

跟普通话相通的还有儿化音现象。儿化音本是北方话的普遍特点,南方话少有用,特别是在吴语、粤语、闽语里根本就没有儿化音。但是,重庆话里的儿化音似乎比北方话用得还多,比如妹儿、老汉儿、姑娘儿、胖娃儿、闷灯儿、茶杯儿、鼎罐儿、邹军儿(人名)、杨家坪儿……不一而足。

重庆方言的特征确实有些独特。按照历史习惯,一般都用秦岭至淮河的连线来区分中国南北方,那么重庆的位置显然属于南方范围,但它的方言又恰恰归入了北方大方言区,这就有意思了。都说北方人粗犷,南方人细腻,若借它来给重庆方言的特征打个比方,可否说有些南人北相呢?

四

诚如前文所云,一定的地理环境、生活方式及民风习俗,决定着方言的产生与其蕴含的特质。而反之亦可以说,一定的方言是一定地域文化、地域人群性格的构成材料。重庆方言那一整套融汇了"南腔北调"而形成的独行其是、自成一格的语言体系、风格色彩和表达习惯,也体现着重庆人鲜明的性格特征。我以为，不管重庆方言还是重庆人，与其说其特征鲜明、风格独异，倒不如干脆说其十分另类、奇葩。

俗语云："千里不同风，百里不同俗。"一方之言自然会染上一方独特的民俗色彩。有时候，即便一词一语也能生动呈现出不同的地域民俗。比方说表达"自杀"的意思，南昌人的传统说法叫"跳井"，厦门人的传统说法叫"跳海"，而到重庆则说成"跳岩（加前鼻音的 ǎi）""跳河"了，因为重庆这地方最不缺的就是大山大河。重庆大妈们若生起气来，还习惯用一个形象的隐语去诅咒人家："大河没抗（罩）盖盖！"

从历史沿袭看，重庆话也属于四川话的一部分。但四川方言内部也各具个性。比如：成都话绵软，男人也有点女腔；自贡话的卷舌音颇带喜感，听着就会联想到方言喜剧《抓壮丁》中的王保长；而重庆话则硬直平、简洁而干脆。并且，重庆的男女老少都个个大嗓门儿，说起话来就像是在吼，跟这个地方的天气和火锅一样的火辣、劲爆。难怪抗战时期流行这样一句俗语："宁听下江人吵架，不听重庆人说话。"

将绵软的成都话和劲爆的重庆话拿来做个对比，特别有意思。甚至连成渝两地小青年演唱当下最潮的"嘻哈"，同样使用方言，呈现出来的也是迥然不同的画风。

20 世纪末至新千年之初，有人曾这样描述重庆人的性情和习俗：爽直中带几分鲁莽，热情中带几分狡黠，幽默中带几分土俗，认真中带几分滑稽，闲逸中带儿分急躁，宽容中带几分排外。所言颇为贴切！另有一段民谣则更加富于形象性："说话着急像比赛，言子儿又多又古怪，七十岁叫女娃儿不为怪，八十岁喊崽儿很自在，男人染发装老外，女人肚脐眼儿在裤子外，麻辣烫越热越要卖，不吃小面不自在，爬坡上坎儿当小菜，坐车没得走路快，棒棒满街找买卖，路边打望好愉快。"

五

客观地说，上面闲聊种种都只是重庆话阶段性的表现形态，古人的语言肯定与之大不相同，现在及将来的重庆话也在持续不断地演变。

目前依旧还在说着"纯正"老派重庆话的，大多是年龄 50 岁以上的老重庆人，年轻人尤其是在校学生的用语，无论音素、声调还是词汇,都已经与传统重庆话产生了诸多的差异,更加接近于普通话了,这就是所谓"方言普化"现象。例如:雷电的"雷"字已由方音 luī 改为了普通话音 léi,岳阳楼的"岳"字已由 yǒ 改为了 yuè,解放碑的"解"字已由 gài 改为了 jiě,应该的"应"字已由 yín 改为了 yīng,正确的"确"字已由 qiǒ 改为了 què,经验的"验"字已由 liàn 改为了 yàn。再如传统重庆话中的"我、爱、安、咬、澳"等字,其字首原本都有一个鼻辅音 ŋ,而在如今的年轻人口中却都已悄然无存。此外,一些重庆传统的日常用语也日渐被书面语所替代。例如这样一些方言词汇:经忧(服侍)、代席(协助)、称唤(呻唤)、枉住(亏得)、左还(反正)等。又如一些方言短语:肩头上扛蒸笼——恼火、细娃儿穿西装——大套、叫花子挑醋担儿——穷酸、进茅司不带草纸——想不揩(开)、十五个驼子睡一床——七拱八翘等。你若是再将这些隔宗隔代的词语翻拣出来使用,别说外地人听不懂,就连许多土生土长的年轻人也已经不解其意了。

重庆方言的动态演进予人启迪。《易》曰:"为道也屡迁,变动不居,周流六虚,上下无常,刚柔相易,不可为典要,唯变所适。"天地万物,唯一不变的就是"变",语言、文字也无脱其轨。懂得这个道理,对于个人、民族、人类都是大有裨益的。

重庆的味道（上）

在远行游子的记忆深处，都有一种割舍不了的乡情。那浓浓乡情里，总混合着一抹故乡食物的味道。那味道，是中国的饺子、韩国的泡菜、日本的生鱼片、巴西的烤牛肉、意大利的比萨、美利坚的汉堡、法兰西的鹅肝酱、比利时的巧克力、英格兰的炸鱼薯条、加拿大的肉汁奶酪、西班牙的伊比利亚生火腿、俄罗斯的红菜汤……

中国人历经了漫长的农耕社会，祖宗崇拜植根于观念之中，讲究个"树高千尺，叶落归根"，比他国人更多了一种渗透骨血的归乡基因，也更多了几分思念故乡食物的情感。在中国传统文化里，乡愁与食物常常呈现为一种相依相存的关系。从《晋书·张翰传》的"因见秋风起，乃思吴中菰菜、莼羹、鲈鱼脍"，到汪曾祺《故乡的食物》中喋喋诉说的炒米、荠菜、穿心红萝卜、虾子豆腐羹、咸菜慈姑汤，再到梁实秋"偶因怀乡"即"谈美味以寄兴"的《雅舍谈吃》……无一不是借助故乡的饮食来抒写那"剪不断，理还乱"的乡愁。尤其对于那些皓首苍颜于他乡的离人,哪怕是一杯蒙山茶、一壶西凤酒、一碗担担面、一串冰糖葫芦、一罐小鸡炖蘑菇……都能唤起他们对故土的无限眷恋。

一定的饮食、口味,总关乎着一定的地理、气候和历史、人文原因,此所谓"一方水土养一方人"。中国人口味之杂堪称世界之冠,其内部各地域各具饮食旨趣。有句流行民谚叫"南甜北咸东辣西酸",概括虽不尽准确,却也揭示出了中国饮食文化地区性差异的实质。

作为一个土生土长的重庆人,我常常凝思品味的是这一片巴渝桑梓地。俗语云:"月是故乡明,饭是老家香。"乡愁,的确是有味道的,那是岁月的味道,是故乡的味道,是"妈妈的味道"。

一

重庆这方水土既落在了四川盆地之中,自古号称"巴蜀同囿",那么,说重庆就不能不兼说四川,谈重庆的"味道"也不能不言及四川的"味道"。

巴蜀地区的烹饪历史和巴蜀民族一样古老,可以追溯到新石器晚期,巫山大溪遗址出土的鼎、釜、罐、杯、盘、碗、盒、豆、簋、壶等陶质食器,广汉三星堆遗址出土的罍、樽、盘、罐等青铜食器,都为其原始烹饪提供了确凿的文物实证。但是,具有巴蜀地域特色的"川菜"则历经了一个漫长的演进过程,若大致划分一下,可分为"古典川菜"和"近现代川菜"两个大阶段。

由春秋战国肇始至清代前半叶,属于古典川菜阶段。

透过战国时候巴人高超的酿酒技术,即可窥测到古典川菜萌芽的迹象。《水经·江水注》记载云:"江水又经鱼腹县之故陵……江之左岸有巴乡村,村人善酿,故俗称'巴乡清'。"《太平御览》卷五十三引《郡国志》亦有如是记载:"南山峡峡西八十里有巴乡村,善酿酒,故俗称巴乡村酒也。"这种巴人清酒酿造时间长,冬酿夏熟,色清味重,堪称酒中上品。《华阳国志·巴志》里就提到了这样一段有趣的史实。秦昭王时秦巴两国曾刻石为盟:"秦犯夷,输黄龙一双;夷犯秦,输清酒一盅。"秦国宁可用"黄龙一双"与巴国交换"清酒一盅",足见其时的巴人清酒身价之高。

秦灭巴蜀至西汉末的这300余年间,疆

土的大一统促进了巴蜀经济的长足发展,物产的丰富又促使饮食业兴旺起来。司马迁的《史记》记载了一段卓文君和司马相如当垆卖酒的轶事,亦可由此窥见西汉饮食业充斥巴蜀市井之一斑。不过,其时的巴蜀烹饪是伴随着秦陇移民进入而形成的,还基本呈现为一种被中原以及江南同化的情状。就其烹饪风格而言,主要接受了中原汉人"五味调和"的饮食基调;就其烹饪原料而言,有资格摆上宴席的食材、调料就地选取的并不多,大多是经由长江下游和秦岭以西的水陆运输途径获得的。西汉扬雄的《蜀都赋》云:"调夫五味,甘甜之和,芍药之羹,江东鲐鲍,陇西牛羊。"这几句描述,可以视为上面论述之生动注脚。

到汉末魏晋,巴蜀饮食文化就成熟多了。曹操写过一本《四时食制》的书,其中就谈到了巴蜀的鱼烹饪技艺:"郫县子鱼,黄鳞赤尾,出稻田,可以为酱。"又云:黄鱼"大数百斤,骨软可食,出江阳、犍为"。喜欢吃鱼的曹操还提到了"蒸鲇",可见当时的巴蜀地区已经有了清蒸鲶鱼的菜式。西晋张载的《登成都白菟楼》一诗描述,"鼎食随时进,百和妙且殊","芳荼冠六清,溢味播九区",则反映出巴蜀地区不仅"佳肴"丰盛,而且"名饮"也极出色。1981年5月,忠县东汉墓葬出土了一些庖厨陶俑,其中一个世族家厨俑尤为引人注目。他头戴配花高帽,一手执刀,一手执肉,身旁的厨案上摆满了猪羊鸡鱼及果蔬等各种食料。这从实证角度印证了汉代巴蜀饮食文化的渐趋成熟。

西晋末元帝迁都建业,中原士族纷纷随之"衣冠南渡",则为巴蜀饮食水平的进一步提高创造了社会条件。在东晋常璩所著《华阳国志》一书中,他将巴蜀烹饪的特点明确地归纳为六个字:"尚滋味,好辛香。"这种"重口味"的嗜好与先前中原"五味调和"的恬淡风格相比,显然已有了泾渭之别。彼时迄今已跨越悠悠千年,这个"六字箴言"依然是川菜的精髓。

隋唐时期,古典川菜遇到了几次特殊的发展契机,很有点意思,不妨在这里闲聊聊。隋文帝杨坚的第四子杨秀,素以"奢侈"之名著称于史,此人曾被封为蜀王,其享乐好食的行径也随之带到了巴蜀。这对于巴蜀饮食消闲文化的推广倒是起到了一种"表率作用",可谓歪打正着。另外,中晚唐至五代社会一直动荡不安,巴蜀作为中原世族避难的两个重点地区之一,先后有安史之乱时的"明皇幸蜀",黄巢起义时的"僖宗幸蜀",后来又接纳了比西晋末叶人数更众的第二次"衣冠南渡",这些也都阴差阳错地助推了巴蜀地区经济、文化的发展,包括饮食水平的提高。

古典川菜发展至两宋达到一个高峰期,首次成为全国的独立菜系。从北宋仁宗时益州(今成都地区)知州宋祁所著之《益部方物略记》里,以及从苏东坡等骚客文人的诗词、词话、笔记里,都能窥见巴蜀烹饪技巧与实践的记载。比如在陆游的《剑南诗稿》中,涉及巴蜀饮食的诗竟多达50余首。陆游特别称道唐安薏米、新津韭黄、彭山烧鳖、成都蒸鸡、新都蔬菜等美味佳肴,直到晚年还念念不忘,借《蔬食戏作》感叹"还吴此味那复有"。

宋时的川菜成为独立烹饪体系还有一个重要标志,就是巴蜀风味的饮食输出。据南宋《东京梦华录》《梦粱录》等史籍记载,其时输出的主要是些大众化的饮食,尤其是面食,北宋称之为"川饭",南宋称之为"川饭分茶"。当时的川菜还走得挺远的,包括北宋都城汴京、南宋都城临安,都有人开"川饭店"。

元明两代至清代前半段,川菜呈现出颓败之势,主要是因为长年战乱导致了四川经济的大衰退。其时,伴随着"湖广填四川"的移民,又形成了一些新菜品"八大碗""九大碗"之类,不过都是些社会下层的粗糙饮食类型。蒙文通先生认为,明清流行的九样菜品"大杂烩、红烧肉、姜汁鸡、烩酥肉、烧明笋、粉蒸肉、咸烧白、夹沙肉、蒸肘子",除姜汁鸡的"川姜辛香"和夹沙肉的"甜腻"多少保留了一点从前巴蜀烹饪的特色,其余基本渗透了鲁菜风味。特别是古典川菜里的"麻",这时已几乎品尝不到了。

二

如今所见之川菜属近现代川菜,发端于清代中期,完善于民国特别是抗战陪都时期,升华于新中国。近现代川菜之形成,不能缺了两个必备的条件。

其一,是辣椒在四川地区的引入和广泛运用。

"椒"字在中国出现得很早,至迟春秋战国时就已见到了。如《诗经·载芟》之"有椒其馨,胡考之宁",《离骚》之"巫咸将夕降兮,怀椒糈而要之"等。但是，这些诗句里提及的"椒"并非"辣椒"，而是"花椒"。其时带"辛味"的调料指的是姜、桂、花椒、茱萸、芥辣、扶留藤这些东西，尤其是花椒、姜、茱萸这三样，古人称之为"三香"。即便算上汉代张骞由西域带回的大蒜，也未包括辣椒，故"辛味"只是"辛"而不是"辣"。

辣椒原产于中南美洲，本是印第安人的一种调味品，要到大约 16 世纪末才经由丝绸之路辗转传入中国。在明嘉靖初年高濂的植物学著作《草花谱》里，有如是记载："番椒，丛生白花，子俨秃笔头，味辣色红，甚可观。"不过，初入中国的辣椒还只是一种供人观赏的"花"，并未应用于饮食。有趣的是，明代汤显祖《牡丹亭·冥判》一折戏中，"报花名"这一情节也涉及"辣椒花"。奇才汤显祖竟用 39 种花来比喻女人一生青春、恋爱、定亲、圆房、蜜月、生儿育女、美人迟暮等 39 个阶段："……凌霄花，阳壮的吤；辣椒花，把阴热窄；含笑花，情要来；红葵花，日得他爱……"其中的辣椒花被借用来隐喻"圆房"这个阶段。

根据《中国食辣史》（2019 年 6 月出版）的说法，中国人最早食用辣椒是在清康熙年间。康熙六十年（1721 年）编修的贵州《思州府志》载曰："海椒，俗名辣火，土苗用以代盐。"传入四川要更晚一些，主要依据是乾隆十四年（1749 年）所编《大邑县志》的记载："秦椒，又名海椒。"由于辣椒是经由海道传入中国的，四川人都习惯将其叫作海椒。至于四川境内普遍食用辣椒，则很可能是嘉庆以后的事了。

前文说过，"尚滋味，好辛香"是古典川菜的精髓，而一旦原来的花椒加上新出现的辣椒共同合成了"麻辣"之香，那个"辛"的滋味就更加丰富了。特别是泡红辣椒与郫县豆瓣、永川豆豉这几味灵魂调料的出现，对于近现代川菜的形成具有划时代的意义。

其二，清代那部饮食专著《醒园录》也是不可以忽略的。《醒园录》为四川罗江人李化楠所撰，其人乃清乾隆壬戌年进士，就是那个"清代蜀中三才子"之一的李调元的父亲。李化楠借宦游之机，系统地搜集、整理了以江浙菜系为主体的 38 种烹调方法，热菜类包括炒、滑、爆、煸、溜、炝、炸、煮、烫、糁、煎、蒙、贴、酿、卷、蒸、烧、焖、炖、摊、煨、烩、淖、烤、烘、粘、氽、糟、醉、冲等，冷菜类包括拌、卤、熏、腌、腊、冻、酱等。正是这位壬戌进士汇集的这些烹饪经验,与巴蜀本土烹饪技艺逐渐融合起来,方才有效地促进了近现代川菜体系的形成。

近现代川菜在实践意义上的成型、光大,则是1840年以降的事。中英鸦片战争爆发以后,西方列强的坚船利炮闯进了中国,导致东南战事频仍,下江农业残败,唯有西部内陆还相对安定。清廷开始重视起四川来,专门委派丁宝桢、张之洞、岑春煊、锡良等一批有影响力的官员入川,开新政,办新学,四川的经济、文化逐渐在全国崭露头角,元明衰落的川菜也随之复苏。其时访华的德国地理学家李希霍芬对此深有感触,在通信集里这样写道:"在正常情况下,四川显得处处存在着对生活物资充裕的满足和幸福,这在中国其他省份是不常见的。"及至清末民初,新川菜已傲然跻身于全国名菜之列。清人徐珂《清稗类钞·饮食类》载曰:"肴馔之有特色者,为京师、山东、四川、广东、福建、江宁、苏州、镇江、扬州、淮安。"

民国特别是抗战时期,鉴于重庆成为陪都、四川成为大后方之得天独厚的条件,伴随着大批官员、富商及各界贤达的内迁,全国各地的烹饪技艺也如潮水般涌入,与本土烹饪有机交融,一时间川菜名店荟萃、名厨云集,呈现出空前繁荣的景象。出现了一批饮食行帮,如饭食帮、燕蒸帮、面食帮、甜食帮;一批老字号名店,如成都的正兴园、荣乐园、姑姑宴、枕江楼、竹林小餐、朵颐、小雅,重庆的适中楼、姑姑筵、颐之时、老四川、小洞天、陆稿荐;一批川菜宗师,如蓝光鉴、罗国荣、黄敬临;一批经典菜式,如回锅肉、坛子肉、鱼香肉丝、陈皮牛肉、麻婆豆腐、开水白菜、樟茶鸭子、清蒸江团;一批驰名小吃,如担担面、赖汤圆、椰椰糕、三大炮、毛血旺、王鸭子、鸡丝春卷、骨汁油茶、九园包子、川北凉粉……如此种种,给老四川人、老重庆人留下了一连串深入骨髓的味觉历史。

在新中国和平年代,有两件有关川菜的事儿特别值得记录。一是1959年著成了《满汉全席》一书。该书由川菜名师孔道生、张松云口述再经其师傅蓝光鉴审定而出版,收录了川派满汉全席菜单65种。1960年,该书被收入了《中国名菜谱第七辑(川菜专辑)》。二是改革开放以后,四川省政府制定、实施"走出去,把川菜推向世界"的发展战略,川菜迎来了又一个快速发展时期。

三

名列鲁、川、粤、淮扬四大菜系之一的近现代川菜,风格鲜明而独特。

首先来解析川渝味道中的"辣"。辣,是川菜的灵魂。辣椒,差不多已成为四川人和重庆人的"第二味精"。即如清末徐心余《蜀游闻见录》所云:"惟川人食椒,须择其极辣者,且每饭每菜,非辣不可。"而近现代川菜的这个"辣",又是和古典川菜之"辛"一脉相承的。

不过,知识和阅历也告诉我,若论起吃得最辣的中国人来,其实还不一定是四川人和重庆人。比如陕西人吃辣就很厉害,特别是陕南、关中一带的老乡,摆起了"三个辣子一道菜""油泼辣子一道菜"这些俗语,那是自豪得很。我亲眼见识过关中汉子吃辣:大剌剌地将面饼掰开一道口子,舀一大勺干辣椒面儿随手往里一塞,便大嚼特嚼起来,其视辣椒如无物之气势那叫一个豪爽。东北人大多不喜辣,朝鲜族人却是一个例外,不管家庭还是饭馆辣椒都是必备的调味品,餐桌上总少不了辣椒酱。还有众所周知的泡菜,鲜辣无比,更是令外地人尝而生畏。

湖南人能吃辣也是天下闻名的,甘冒口舌生疮的危险也要吃。民谣曰:"糠菜半年粮,海椒当衣裳。"而且远比川人吃得干脆利落!川人多将辣椒作为烹饪的调料,而湖南人则不管干辣椒、油辣椒还是辣椒面儿,通通可以直接当作食材且空口下肚。据说,湘潭韶山冲的乡土菜毛家红烧肉,辣椒放得最多时可以与五花肉一半对一半。

尽管如此,但社会公认的"辣之乡"似乎还是四川和重庆,所谓"苏人嗜糖,粤人好汤,川人喜辣"。我想,大约是因为川渝这一方人将辣椒吃出了浓浓的"品味",吃出了"无辣不欢"的文化氛围之缘故吧!

重庆人嗜辣的秉性似乎尤显突出,许多麻辣菜品如辣子鸡、尖椒兔、水煮鱼之类,一经推出就格外火爆,且经久不衰,麻辣劲爆的火锅就更不用说了。重庆人常以吃辣为骄傲,自诩曰"江山如此多'椒'"。一些火锅馆甚至就没打算给顾客准备清汤火锅,还要豪迈地打出广告来:"微辣,是我们的底线!"一些外地人壮着胆子尝一口,直叫唤:"我的天,你这还叫微辣?"

但是"辣"并不能全然覆盖川菜,在这一点上很多人都有误解。

川菜向来主张"物无定味,适口者珍",由是孕育出了相当丰富的味道。口味的"多厚广浓"与"清雅鲜淡"本是充满矛盾的一对儿,在川菜里却有机地融汇了起来,形成兼具"清鲜醇浓,麻辣辛香"的特点。

川菜取材广泛,调味多变,号称"一菜一格,百菜百味"。一般认为,川菜有24种基本味型:"麻辣类"有麻辣、煳辣、酸辣、荔枝辣、椒麻、家常、红油、鱼香、陈皮、怪味;"辛香类"有蒜泥、姜汁、芥末、麻酱、烟香、酱香、五香、糟香;"咸鲜酸甜类"有咸鲜、豉汁、茄汁、醇甜、荔枝、糖醋。

仅拿渝派川菜来说,烹饪方法也多达三十多种,味型二十余种,香型十多种,花色菜品四千多个。

不错,嗜麻辣、口味重的确是川渝人的风格,但他们的味觉就跟他们的行为方式一样,其实也有着极具包容性的另一面。由上述味型你就可以看出,川菜中纯麻辣的菜式最多也就占到了三分之一。作家汪曾祺说:"一个人的口味要宽一点、杂一点……对食物如此,对文化也应该这样。"对比此言,想想川菜和川人,会给予人许多的启迪。

重庆的味道(下)

虽说因为地理、历史的原因自古巴蜀一体,但若细察起来,重庆味道和四川味道还是有着若干差别的。重庆地处四川盆地东部的山脉丘陵地区,气候湿热难耐,生存条件艰苦;又濒临长江、嘉陵江,历经码头文化的漫长浸淫;再加历史上多次大移民的复杂影响:这诸种因素生发出了重庆与盆地他处不尽相同的饮食风格与习惯。在某种意义上也可以说,重庆的味道尤为不拘一格。

先来看看重庆饮食在川菜中的定位。有一种较为流行的传统说法,川菜类型大致可以划分为上河帮、下河帮、小河帮三大流派:上河帮以成都官府菜和乐山菜为主体,擅长于用豆瓣与糖类做调料,口味相对清淡一点;小河帮覆盖面较宽,包含了自贡盐帮菜、内江糖帮菜、泸州河鲜菜、宜宾三江菜等诸种菜系,讲究鲜香味浓,精致奢华中又带有某种怪异特色;下河帮则是指重庆、达州一带的川菜,也称渝派川菜,擅用泡椒与酸菜调味,用料大胆不拘,花样翻新迅速。若换个视角看，上述"三帮"，其实也就是盆地西、南、东三个地域各异其趣的饮食风格。

一个人从小习惯的口味，要改变很难。记得20世纪90年代，我因事由西北往东北走了一圈，像我这种有着顽固重庆口味的人，最难忍受的就是总觉得舌尖上少了点味儿，就如同水浒人物常说的那样："嘴里都淡出一个鸟来。"一路见识的西安羊肉泡馍、北京豆汁儿、延吉朝鲜冷面……对于人家那是日思夜想的家乡美味儿，我却强制着轻尝一口就再也咽不下去了，满脑子浮现的都是重庆的火锅、小面和江湖菜。有趣的是，后来我了解到，我强烈思念的这三样玩意儿恰恰是支撑起当今渝派川菜的"铁三角"！下面我们就来逐一谈谈。

一

说重庆江湖菜之先，有几个概念得先辨辨义。若按照制作地点和服务对象为川菜分类，可以划分为馆厨菜、家厨菜和家常菜。

馆厨菜指餐馆里面的川菜。餐馆中自然不乏川菜大师，因此创制出了诸多的高档川菜，诸如川派满汉全席、清蒸江团、白汁鱼唇、樟茶鸭子、芙蓉鸡片、蒜泥白肉等。

家厨菜指达官显贵家庭享用的私家菜。此类川菜往往选料更精细，做工更精致，而且常常汇聚起南风北味，比如源于湘北人的粉蒸肉、客家人的砂锅、北方人的熘黄菜和回族人的八宝锅珍等。"宫保鸡丁"就是其中的一道著名私家菜。传说丁宝桢出任四川总督时带来一道鲁菜"酱爆鸡丁"，家厨入乡随俗加以改进，添加了辣椒和花椒，并用白糖酱油和湿芡取代了甜酱，由是改称为"爆炒鸡丁"。其菜品鸡丁鲜嫩、花生香脆、甜辣杂糅、菜色清亮，成为川菜一绝。因丁宝桢去世后朝廷追谥其为"太子太保"，别称"宫保"，故世人又将其叫作"宫保鸡丁"。

家常菜指间巷人家的日常下饭菜。家常菜的"厨师"大多为家庭主妇，像回锅肉、烟熏腊肉、粑豌豆汤、四川泡菜、各类凉拌菜这些后来的川菜名菜品，最初都是出自她们之手。家常菜还特别喜欢利用野菜，如筒蒿、荠菜、清明菜、马齿苋、折耳根等，不可胜数。

重庆江湖菜，就是由上述民间家常菜以及乡土菜演变而成的。地区经济相对滞后，地域族群性情粗犷，是造就这种江湖菜的根本原因。也可以说，相对于正宗川菜，这是一种根植于民间的另类川菜。

江湖菜颇具平民化色彩,易学易做,开胃下饭,令川渝乡人倍感亲切。在遍布川渝各地的小餐馆里,你随处可见这些来自家常菜的江湖菜,如回锅肉呀、盐煎肉呀、炒腰花呀、炒肝片呀……烹饪江湖菜常常不拘常法,出奇制胜,比如烧白、鲊肉、酸菜鱼、辣子鸡、牛尾汤、辣子肥肠、合川肉片这些菜,看似无心之作,实乃妙手天成。

有人将重庆江湖菜做了一个极简略的概括,说其最大的特点就三个字:土、粗、杂。所谓"土",指其往往起于路边小店,出自渔夫村姑之手,如璧山来凤鱼、磁器口毛血旺、歌乐山辣子鸡。有好吃之人偶然寻得,口耳相传,大家便一窝蜂涌了去品尝。所谓"粗",指此类店面多为小酒家、大排档,乡灶土碗,装修朴实无华,本地人谓之"苍蝇馆子",充满了江湖粗豪气息。而所谓"杂",则指其烹调不拘常法,南滋北味兼收并蓄、搭配怪异,如小洞天的抄手鱼头、重庆饭店的软炸烧白、杨记隆府的柏枝锅巴腊肉,让你似曾相识又觉匪夷所思,还得拍案叫绝。

二

重庆地区的小吃,同样体现出浓郁的乡土气息,比如永川的豆豉、涪陵的榨菜、合川的桃片、万县的格格儿、江津的米花糖、忠县的豆腐乳、白市驿的板鸭、丰都的麻辣鸡块儿……熨斗糕、酸辣粉、凉糍粑、吴抄手、口水鸡、九园包子、鸡丝凉面、炒米糖开水……不一而足。

有一种传统小吃跟重庆人特别有缘分,也特别具有重庆特色,那就是重庆小面,重点说一说。

若按面条的形体分类,重庆小面可分为细面、宽面、韭菜叶三种。若按其是否带汁水来划分,则可分为汤面和干捞两种类型。重庆人一向用语不严谨,将"干捞"唤作干拈儿、干溜儿。而按照是否加面臊子来划分,又分为素面和浇头面两种。浇头面包括了牛肉面、肥肠面、炸酱面、豌豆炸酱面等。小面好不好吃,佐料是关键,一般小面店的案桌上都摆了十几二十种佐料。

许多重庆人早餐不吃豆浆油条,喜欢的是小面。不管是蓝领还是白领,棒棒还是官员,老头儿还是少女,每日清晨,小面粉丝们往路边小面摊一坐,三下五除二一碗面"呼呼"下肚,那脸上露出的满足味儿旁边人看着都舒服。食客叫面的吆喝声也有意思极了:"老板,面带黄（硬）""我的带瓢（软）""多青（菜）少面哈""气实（尽量）放辣点"……浓浓的乡音乡情。

重庆小面还有个近亲叫作担担面。担担面后来也坐摊开店,但最初只属行商性质,其名儿就因其贩卖方式而得来。小贩肩扛一根扁担,一头挑着燃烧的煤炉和盛着开水的锅,一头挑着佐料、碗筷和洗碗的水桶,晃晃悠悠地游走于大街小巷,边走边吆喝:"担担面,担担面……"由于小贩沿街窜走,是没有条件添加面汤和青菜的,于是就努力在干拈儿上头做味道文章,把芽菜、芝麻酱（或花生酱）这几味佐料下得尤重。

如今的担担面已非面食主流,但从清末直至新中国初期,都曾广泛流行于重庆坊间。街边的吊脚楼人家想吃了,便自窗口垂下一个放着面钱的竹篮来,小贩即将煮好的担担面搁入篮子内,再提上去。我父亲就是一个忠实的担担面"粉丝",周末常常携带着我们几个儿女出入几家正宗担担面小餐馆,像正东、双园、一条龙这些当年的名店,都深深地留在了我幼年的记忆之中。

三

最具代表性的渝派川菜,应该说还是重庆火锅。不过,在解析"重庆火锅"之前,得先弄清楚"火锅"为何物。

关于火锅的起源其说不一。一说始于东汉。在东汉墓葬出土文物中有一种叫作"樵斗"的东西。据《中国陶瓷史》介绍,这个樵斗放置于火盆之中,以炭火温食,很可能就是火锅的原型。也有说始于三国的。据北齐《魏书》记载,铜制火锅出现于曹丕称帝的时候,其"铸铜为器,大口宽腹,名曰铜爨,既薄且轻,易于熟食"。

还有人认为,中国人吃火锅的传统可以一直追溯至上古商周时代。两三千年前的中国人,生活上离不了两样重要的器皿——鼎和釜,它们既是日常做饭做菜的炊器,又是祭祀神灵的礼器。釜圆口圆底,类似于现代的锅;鼎的形状则有些特别,自带三只足,可以直接搁置于地面,相当于锅和灶台的结合体。不少出土的鼎腹下有烟熏火燎的痕迹,即木柴燃烧煮食的明证。关于这种炊器与盛器合二为一的"鼎食"方式,李乐清先生在其《川式火锅宝典》一书中做出了如是判断："《韩诗外传》中记载，古代祭祀或庆典，要'击钟列鼎'而食，即众人围在鼎四周，将牛羊肉等放入鼎中煮熟分食，这就是火锅的萌芽。"

上述火锅起于商周之论，倒也不乏出土文物印证。

其一，陕西历史博物馆珍藏有一柄镵戚（俗称小斧），属于商代晚期青铜兵器，其上就铸有类似"火锅"的图案：两个人围鼎而坐，一人正给另一人递送食物，场景温馨而有趣。

其二，1974至1975年，陕西宝鸡市茹家庄发掘出两座西周墓葬，二号墓中有一只刻着铭文的"白乍井姬鼎"，造型奇特，一分为二：上部为立耳鼓腹的圆鼎，中部（鼎腹下）为一根独脚圆柱，下部为一个托起圆柱的三足盘。有关专家认为，这种可以将火源与菜品一起端上餐桌的鼎，其功用绝不是普通的做饭，应该就是当时的"火锅"。特别有趣的是，从其仅够一人食用的食物容量看，它应该还是一只标准的"小火锅"。

其三，2010年11月，陕西咸阳机场二期考古工地清理出一座战国秦墓，墓的壁龛中发现了一个青铜鼎，鼎内竟然有狗骨汤的残迹。此事一时间轰动了全国媒体，被戏称为"狗肉汤锅"。

及汉魏时期，吃火锅似乎已成为一种普遍现象。从火锅的材质看，其时已不限于青铜锅，也出现了铁锅、陶锅之类。江苏盱眙县境内大云山西汉墓（江都王刘非墓），出土了一件分格鼎，可盛装不同料汤，同时烹煮不同味道的食品，证明此主不仅是一位十足的火锅吃货，而且已在吃"鸳鸯火锅""多味火锅"了。分格鼎有分为五格的，称作"五熟釜"。《三国志·魏志·钟繇传》里就有相关的记载："文帝在东宫，赐繇五熟釜。"重庆云阳的一座汉墓中也发现了一件烫火锅用的釉陶质釜灶，足见当今以吃火锅著称于世的重庆人，那可是有着悠久传统的。

史籍文献上有明确记载的"火锅"，大约是宋代火锅。在宋代，冬天吃火锅已成为一种民俗，称为"暖冬"。《东京梦华录》这样记载："十月朔，有司进暖炉炭。民间皆置酒作暖炉会。"

宋人林洪在《山家清供》一文里也说到了一件吃火锅的轶事。林洪自叙游武夷六曲，访隐士止止师，适逢雪天，得一兔，却苦无庖人可制。师云："山间只用薄批，酒酱、椒料沃之。以风炉安桌上，用水半铫，候汤响一杯后,各分以箸,令自夹入汤摆熟,啖之,乃随意各以汁供。"林洪遵循此法烹制,将薄如蝉翼的兔肉片在滚汤中来回摆动,只见其色、其形动人,宛若天上缥缈的云霞,不由诗兴勃发,吟诵道:"浪涌晴江雪,风翻照晚霞。"随即将其命名为"拨霞供"。此菜品逐渐在民间流传开来,成为福建崇安的传统名菜"兔肉涮锅",豫菜中迄今仍有"拨霞供"这道名菜。

直到明清,火锅才真正兴盛了起来。不光民间火爆,皇室的宫廷火锅也热闹非凡,在清帝王的冬季食单上,就写有野味火锅、羊肉火锅、菊花火锅等诸多菜品,锅具也有了双环方形火锅、蛋丸鱼圆火锅、分隔圆形火锅等诸多形制,耀人眼目。据《清代档案史料丛编》记载,乾隆四十八年(1783年)正月初十办了一场宫廷火锅,共530桌,声势浩大;嘉庆皇帝登基时(1796年)也摆了个"千叟宴",火锅达1550个,极一时之盛况。

四

弄清了"火锅"的渊源,再回过头来说"重庆火锅"。

按照一般的看法,正宗的近现代重庆火锅兴起的时间较晚,大约在明末清初。开始是一种码头底层百姓的粗放餐饮方式,后来逐步演变才升华为一个渝派川菜品牌。

具有鲜明地域色彩的"麻辣烫火锅",萌生在重庆两江畔。最初,长江、嘉陵江的船工、纤夫们出于经济和便捷的目的,自创出了一种陶炉煮汤料的烹制方法,采用无人问津的牛下水(毛肚、黄喉等)来作为食料。经历一段岁月的演变,出现了一种供路人食用的简易火锅,名曰"水八块儿",由小贩们挑着担子沿街叫卖。大约到清道光年间,这种火锅方才正式出现在了富人的筵席上。因为初期主要采用牛毛肚作为食材,所以重庆人也称之为"毛肚火锅",直到现在仍有不少人习惯于这样的叫法。

四川乡土作家李劼人也基本秉持这样的观点。他还认为,四川的火锅都源自重庆。李劼人在其亲创的刊物《风土什志》中做过如是描述:"吃水牛毛肚的火锅,则发源于重庆对岸的江北。最初一般挑担子零卖贩子将水牛内脏买得,洗净煮一煮,而后将肝子、肚子等切成小块儿,于担头置泥炉一具,炉上置分格的大洋铁盆一只,盆内翻煎倒滚着一种又辣又麻又咸的卤汁。于是河边、桥头的一般卖劳力的朋友，便围着担子受用起来。各人认定一格，且烫且吃，吃若干块儿……既经济，又能增加热量……直到民国二十三年，重庆城内才有一家小饭店将它高尚化了，从担头移到桌上，泥炉依然，只是将分格盆换成了赤铜小锅，卤汁、蘸汁也改由食客自行配合，以求干净而适合人的口味。"

也有人说，重庆第一家毛肚火锅店是民国十年（1921年）开张的，店名叫作"白乐天"。因为唐代诗人白居易写过一首诗，"绿蚁新醅酒，红泥小火炉。晚来天欲雪，能饮一杯无"（《问刘十九》），所以店主就取了白居易的字"乐天"来给火锅店命名。还有人说，毛肚火锅店应是诞生于民国十五年（1926年），是重庆马氏兄弟仿照挑担小贩的"水八块儿"开创的；发源地也不是江北城，而是在下半城南纪门的宰房街。究竟孰是孰非，真实已不大好判断，不妨待后来人释疑吧。

20世纪三四十年代抗日战争时期，因陪都效应，重庆火锅特别兴旺。市场的变化导致了经营模式的变化，重庆火锅逐渐由跑摊、沿街临摊升格为规范的店堂。重庆的大街小巷几乎都开起了火锅店，最有名者，如临江门杨海林的"云龙园火锅店"、杨述林的"述园火锅店"，保安路兰树云的"一四一火锅店"，五四路杨建臣的"不醉无归火锅店"，以及南岸海棠溪李文俊的"桥头火锅店"等。

有钱人家宴宾请客也不一定非去大餐馆了，掉头转身去了火锅店，就是要去体味体味既能开胃又别具风味的火锅。就连许多外省人、下江人（包括达官显贵、商贾名流、文人墨客）也纷纷为之着迷上瘾，像军统首领戴笠、电影导演谢添，都是当年出了名的"火锅老饕"。戴笠曾经摆设过一次五百人的沱人火锅宴，一时间成为街头巷尾的热门话题。

抗战胜利以后，还流行过这样一首小诗："朝天门，枇杷山，火锅小吃店，伴我八年度磨难，饭菜麻辣香，雾都印记难消散！"

五

重庆火锅形成高潮，应是最近40余年的事；长期的和平的环境，是其繁荣的前提；改革开放促使商贸、旅游业爆炸式发展，是其根本动因。在当今渝派川菜中，重庆火锅绝对称得上是最为抢眼的一道菜式，无论烹饪技艺之高妙，还是菜品花样之繁多，历史上最兴旺的时期都难以望其项背。

就食材而言，已从单一的牛下水发展到

了几百种选料,囊括了家禽家畜、水产海鲜、内脏、各色干鲜菌类和蔬菜。

就炒制原料而言,单瞅瞅它的配料单就令人眼花缭乱:郫县豆瓣、豆豉、干辣椒、干花椒、胡椒、老姜、大蒜、醪糟、食盐、冰糖、料酒、味精、鸡精、山柰、八角、丁香、小茴香、甘蔗、草果、罗汉果、砂仁、灵草、排草、白豆蔻、肉豆蔻、桂皮、香叶、白芷、紫草、山楂、陈皮、草豆蔻、良姜、栀子、紫苏、孜然、香附子、香茅草、川木香……还有常用的七种食用油:牛油、猪油、鸡油、鸭油、菜油、麻油和色拉油。

就锅底而言,除了大分类的红汤锅、清汤锅、鸳鸯锅以外,细分则有鸡火锅、鸭火锅、鱼头锅、全牛锅、全羊锅、药膳锅、海鲜锅、山珍锅、粥底锅乃至西洋火锅等,林林总总不下百余品种。就是敲边鼓的调料,也分出了清油碟、麻油碟、茶油碟、干油碟等,不一而足。

就火锅品牌企业而言,前有德庄、秦妈、小天鹅、苏大姐,后有孔亮、刘一手、奇火锅、乾矿火锅等,诚可谓品牌林立,姹紫嫣红,八方拓展;北京、天津、南京、上海、广州、深圳、贵阳、昆明、西安、拉萨……重庆火锅随处可见,香满神州,占据了全国火锅产业的半壁江山。就是在港澳台等地,在新加坡、日本、美国、俄罗斯等外国,重庆火锅也照样走红。

火锅,的确与重庆有着极为密切的关系,是重庆人赋予了火锅热辣鲜活的灵魂,而火锅也铸造着重庆人热辣鲜活的性格。作为一种地域文化现象,我以为重庆火锅具有三个显明的文化特征,就是自由、包容、乐观。

从古巴人到现代重庆人都崇尚自由,表现出一种不喜约束、我行我素的性格色彩,饮食上也素有标新立异、逐怪猎奇的癖好。有专家甚至夸张地宣称:"重庆人三天就能推出一道新菜。"正是基于这种吃新奇、吃风味、吃感觉的祖传秉性,方才催生出了不拘一格的重庆火锅来。同时,重庆人大多热情、爽直、率真而又脾气火爆,"麻辣烫"的火锅倒也蛮符合他们痛快宣泄的情感诉求方式。

重庆火锅蕴含着包容、和谐的因子。就其食具而言,火锅本身就意味着炊具、盛具的合二为一。就其食材而言,飞的、跑的、游的无所不包,品尝者尽可"各取腹所需,各吃口所长"。就其食艺而言,从原料、汤料采用到烹饪技法配合,无不同中求异,异中求和，愣是将麻辣与鲜甜、嫩脆与绵烂、清香与浓醇以及荤与素、生与熟美妙地结合在了一起。就其食客而言，遍及农工商贾、贩夫走卒、文人骚客、达官显宦，囊括红男绿女、黄发垂髫，其消费群体涵盖之广，人均消费数量之大，是许多餐饮食品类望尘莫及的。重庆火锅所营造出来的那种亲朋同聚的民俗风情，其乐融融的氛围环境，绘声绘色地摹写着中国饮食之道的一个"和"字。

喜欢吃麻辣劲爆的火锅，也透露出了"重庆崽儿"乐大的性情。明明生在号称长江流域"三大火城"之一的重庆城，却偏偏就好这一口。寒冬腊月吃，三伏酷暑也吃，尽管赤膊上阵、汗流浃背，丝毫不妨碍其推杯换盏、划拳吆喝之豪情，吃得个雷翻阵仗的。吃高兴了，还要说上点儿重庆式的俏皮话。20世纪末谐音电视栏目戏称"每周一歌（锅）"，新千年又发明个词儿叫作"热盆景"。

当今的重庆火锅，最能体现重庆人"雄起"的性情，最能体现重庆粗犷而另类的地域文化特征。它已成为重庆美食的代表和一张耀眼的城市名片，不管你推出"十大城市名片"还是"三大城市名片"，其中肯定不会缺了火锅。天南地北的人说起重庆，首先想到的也一定是火锅。按照八方游客的说法："重庆旅游有三大亮点：夜景、美女、火锅！""到重庆不吃火锅，等于没到重庆！"

至于我本人，并非最能吃辣的重庆人，但是，我的味蕾上也照样满布着麻辣烫的味道……

巴风渝韵 乡愁依依（上）

一

乡愁，是民间记忆、民族文化血脉的特殊传承；而悠悠乡愁里，必定含有民俗文化的积淀。民俗文化，涵盖了特定地域、族群的岁时节令、工商交易、鬼神观念、崇拜禁忌、衣食住行、婚丧嫁娶、文娱游戏、民间艺术等范畴。本文的侧重点，是想集中谈谈其中的民间艺术，谈谈民间艺术中所蕴含、渗透的故乡情怀。

若追溯民间艺术的源头，不妨做这样的理解：民间艺术始自原始先民对于宇宙人生感悟的一种"集体无意识"，是人们理解生活、表达情感的一种民间符号形式。由于民间艺术始终与民众的生活息息相关，蕴藏着大量延续民族特征的可识别元素。故此，透过它即可清晰地解读到特定地域、族群的基因密码，感受到面貌各异的乡土、乡音、乡风、乡情。

凡人类，皆有一种普遍性的民俗文化习惯，就是将思乡怀亲的情感寄托在某种小物事上。这一表现中国人显得尤为突出一些,从珍藏的民间工艺小物件,到对于风土人情的俗事回忆,无论是潍坊的风筝、北京的吹糖人儿、苏州的评弹、川剧的变脸、唐山的皮影戏,还是牧童的短笛、农夫的烟袋、妈妈的针线包……无一不可以借题发挥,借之宣泄浓浓的乡愁抑或苦苦的恋情。

西汉时候就发生过这么一段借物思人的轶事。据《汉书》《拾遗记》等古籍记载,汉武帝的宠妃李夫人不幸早逝,令这位皇帝思念不已,食卧难安,他便传诏命某方士为其招魂。传说该方士还曾用麻纸为李夫人剪裁过影像,这个"剪影"或许就成为中国最早的剪纸手工艺。

在中国古今文学作品中,借助民俗活动或者民间艺术来传达怀乡思亲情感的,不胜枚举。

宋人张先的《千秋岁·数声鶗鴂》就是一个著名例证。这首诗里含有大家熟知的千古名句"心似双丝网,中有千千结",那个"双丝网",大约指同心结、合欢结、连理文一类爱情信物,就是一种民间手工艺小玩意儿。明代洪应明《菜根谭》中的几句诗也很有意思:

"土床石枕冷家风,拥衾时魂梦亦爽。麦饭豆羹淡滋味,放箸处齿颊犹香。"这首诗的大意是说,即便家境贫寒,睡土床石枕,食麦饭豆羹,那感觉也是够舒适的。虽说该诗的原旨是在阐释安贫乐道之禅机,但有意无意间却也透露出一种故土情结。

鲁迅先生的短篇小说《社戏》同样采用了民俗活动作为写作素材,手法堪称高明。鲁迅回忆儿时到母亲老家去短住的往事,不仅细致描绘了绍兴乡下的地理环境、风土民情,还巧妙融入了到邻村赵庄去看社戏的情节。通过一群小伙伴月夜驾船前往赵庄的点点滴滴描述,生动地展现出一派江南水乡风情,也传达出了自己对于故土的深深眷恋。

作为艺术领域里的一项分类,民间艺术之所以被冠以"民间"的字样,是相对于"宫廷"艺术、"贵族"艺术而言的。至于民间艺术本身的类别,则由于其属性往往呈现为多元的性质,表现形式纷纭复杂,并且诉求的视角还千差万别,还真不是那么好划分。这里,我姑且扣住民间艺术的主要属性,将其粗略地划分为民间文艺和民间工艺两大类型:凡具有民间表演艺术性质的,统统归入民间文艺,包括民间文学、民间音乐、民间舞蹈、民间小戏以及曲艺、杂耍等；凡具有民间造型艺术性质的，统统归入民间工艺，包括剪纸、绘画、雕塑、镌刻、扎糊、编织、刺绣、纺织、印染、建筑、装饰等。或许这并不是最合理的划分方法，但它既可达到化繁为简的目的，又有利于读者的阅读和理解，就不妨作为一种思路吧。

正文未始就先写了这么些闲笔，是想定一个立论的基调：凡民间艺术，总会带上地域色彩，反映特定地域的民风民俗和文化底蕴，渗透特定地域、族群的精神价值和审美追求。换句话说：在民间艺术里，有地域文化的"根"。

二

历史夙缘决定了，谈"巴"必涉及"蜀"；解读巴蜀民俗文化，又不能不将其置于中华民俗文化的宏大背景中。

巴蜀民俗文化与中国各地的民俗文化，有着割不断的血脉联系。巴蜀历来是四方移民的迁入之地，历史上曾发生过多次大移民运动，其民风民俗跟各地区渐入者不断交汇融合，渐渐也就大同小异了。就拿岁时节令习俗来说吧，诸如春节过年、清明上坟、中元祭祖、端午节赛龙舟、中秋节吃月饼以及各式灯会、花会等，历经汉唐盛世的大交融以后，与中原地区已经没有多大的区别。

但是，这种兼容南北、并蓄东西的历史过程也使得巴蜀之地又带有了"一方之会，风俗分杂"的另类民俗特色。

比如，源起于中原的民间习俗贴桃符，就是流传到巴蜀地区以后演变成为贴春联的。据说，先秦时中国人就已经有了贴桃符的习惯，即在桃木板上刻上神荼和郁垒两位捉鬼的大神，于新年之际悬挂于各家的门框上，以祈福禳灾。待到后蜀时，"后蜀主孟昶令学士章逊题桃木板，以其非工"，便亲自命笔题写了两句联诗，曰"新年纳余庆，嘉节号长春"，由是"桃符"就变成了"春联"。有人认为，这就是我国的第一副春联。

再比如，许多中原的习俗一旦融入巴蜀地界，就变得分外的热闹。元人费著的《岁华纪丽谱》就说了，正是因为巴蜀民众的"俗好娱乐"，方才造就了"成都游赏之盛"。在明人杨升庵的《全蜀艺文志》里，曾这样描述巴蜀地区通宵达旦的游乐盛况："绮縠画容，弦索夜声，倡优歌舞，赋媚靡曼，裙联袂属。"与此关联，巴蜀民俗还形成了另一个惹眼而另类的特色，就是常常将游玩活动同各种艺术表演合在一起进行。正是鉴于这些不拘一格的民俗表现，西晋地图学家裴秀在《禹贡地域图》中将巴蜀地区视为"别一世界"，唐代诗人杜甫亦称巴蜀民众为"新人民"，慨叹其地"异俗嗟可怪"。

就巴蜀地区自身的情况而言，虽说重庆和四川的民俗文化不可以贸然割裂开来，但二者也自有其独具的特质，并且笔者的着眼点也在"巴"而非"蜀"，故本文也更侧重于谈巴渝民间艺术，侧重于文章标题所示之"巴风渝韵"。

巴渝民间艺术得追根溯源到远古巴人的民俗文化活动中去。透过悠远的巴人神话、巴地音乐舞蹈，你可以触摸到巴渝"民间文艺"的最初脉动；透过巴人遗址那些琳琅满目的出土文物，你又可以察查到巴渝"民间工艺"的原始痕迹。据此，下文的解读思路也便打算由古及今：一是窥探巴渝民间艺术的古今传承脉络，二是勾勒其多姿多彩的表现形态。

三

远古巴人神话，应视为最早的巴渝民间文艺。

在原始部落时期，巴人部族的巫鬼文化异常发达，在巴山南北尤其是三峡地区形成了一个触目的巫文化圈，由此产生了丰富的神话传说。古籍《山海经》即可作为一个资证。这是中国古代一部记载神话最多的奇书，书中反复提到的上古神奇国度"巫咸国""巫臷国"等，就在今日的重庆市巫溪县境内。由此推断，书中不少的神话故事和民间传说也应该源自远古巴人。

巴人神话大体可以分为两类：一曰自然神话，如巴蛇吞象、马桑树治水、比翼鸟等；一曰社会神话，如伏羲降世、女娲补天、白虎化廪君、盐水女神、巫山神女、神兵板楯蛮等。这些脍炙人口的神话传说，通过口头文学的方式在巴人族群里世代相传。

到春秋战国时期，巴人的神话传说还成为楚辞的重要题材源头之一。就拿屈原的诗作来说，不管神巫的形象塑造、意象的运用，还是男女比兴、浪漫情节等一系列的艺术处理，无不浸透了巴地的民俗——巫风。

秦汉以后，文人们进一步整理、润色巴人故事，将其记入了各种文献史籍中。《山海经·海内经》就记载了人文始祖伏羲和巴人的血脉渊源："西南有巴国，太皞生咸鸟，咸鸟生乘厘，乘厘生后照，后照始为巴人。"还有那个著名的盐水女神的故事，也可以在《世本》《后汉书》等古籍中找到相关的记载。

四

透过古老的巴人音乐舞蹈，同样可以窥测到巴渝民间文艺的初始痕迹。

现代重庆人已经很难想象，他们的巴人先辈竟是一个能歌善舞的民族。有人更明确地判断，中国最古老的音乐创作就发生在巴楚交界的长江三峡地区。《山海经》里也确实能找到这样的记载。《山海经·海内经》曰："帝俊有子八人，始为歌舞。"《山海经·大荒南经》曰："有臷民之国……爰有歌舞之鸟，鸾鸟自歌，凤鸟自舞。"王国维的《宋元戏曲考》也这样说过："歌舞之兴，其始于古之巫乎？"众所周知，《诗经》所包含的"郑卫之音"向来称为"世俗之乐"的精华，而巴人乐舞却还产生于郑卫之音之先。

最早的巴人乐舞，史书上谓之曰"巫舞"。东汉许慎的《说文解字》如是解析"巫"字："巫，祝也，女能事无形，以舞降神者也。象人两袖舞形。"郭沫若先生考证甲骨文，也认为其中的"巫"即"舞"。作为一种原始图腾舞蹈，巴人巫舞甚至被史家誉为"古文化的活化石"。

需要强调的一点是，巴人民间歌舞是在民俗活动中发展起来的，其创作最突出的特征之一，就是集歌舞乐为一体。并且，这一特征贯穿了巴渝歌舞的整个沿革轨迹：自原始部落的巫舞发端，历经商周的战舞、春秋战国的嬥歌、秦汉的巴渝舞、唐代的竹枝词，直到宋元的灯会、杂耍、说唱、跳神以及元明的戏曲，无一不呈现为载歌载舞的艺术形式。

在原始部族时代，巴人凡举办祭祀、庆典、喜丧集会，必联手"踏蹄"而歌，或曰"跳歌"。诚如《夔府图经》所云：巴氏"其歌必号，其众必跳"。古籍《周官·司巫》亦有如是记载："若国大旱，则率巫而舞雩。"原始巫舞就已经透露出了这么两个现象：一是巫舞呈现为歌舞乐三位一体的形式，二是巴人喜欢跳集体舞。在綦江县横山乡堰坝村二墩岩汉代崖墓旁，发现了几幅五人牵手舞蹈的石刻画像，提供了巴人"集体巫舞"的实证。

巫舞从原始时代延续至商周，已不仅限于为祭祀活动服务，为了适应狩猎与战争的需要，其主要功能逐渐衍变为一种"战舞"。表演者身披铠甲，手持弩箭，边歌边舞，舞风刚烈，乐音铿锵，场景宏大，惊心动魄。

傅玄的《宣武舞歌》对此做了生动的描述："剑弩齐列，戈矛为之始。进退疾鹰鹞，龙战而豹起。"司马相如《上林赋》的描述更加绘声绘色："巴渝宋蔡……族居递奏，金鼓迭起，铿鎗闛鞈，洞心骇耳。""千人唱，万人和，山陵为之震动，川谷为之荡波。"据史籍文献记载，巴人还将这种战斗舞蹈带到了商周决胜的牧野之战中。《华阳国志·巴志》载曰："巴师勇锐，是歌舞以凌殷人，殷人前徒倒戈。故世称之曰'武王伐纣，前歌后舞。'"

及至西汉初，汉高祖刘邦将商周"战舞"移植到了宫廷之中，让乐工对其改编、完善，并亲自命了个名儿叫作"巴渝舞"。从此，巴人的这种民俗战舞又承担起了宫廷娱乐舞蹈的职能。同时，它还兼作了汉王朝的祭祀乐舞、天子丧礼乐舞。三国曹魏时期，巴渝舞更名曰"昭武舞"，西晋时再易名曰"宣武舞"。由刘邦一手创建的这种宫廷巴渝舞风，从汉初至唐初延续了800余年，方才逐渐在宫廷乐舞中消失。

春秋战国时期，巴人地区还流行过一种民歌曰"嬥歌"。杨雄的《蜀记》释其义道："嬥，讴歌，巴土人之歌也。"左思的《魏都赋》曰：巴人"明发而嬥歌"。意思是巴人每天黎明起身都要唱嬥歌。和巴渝舞一样，嬥歌也呈现为歌舞乐三位一体的艺术形式。曹魏时候的何晏就这样说了："巴子讴歌，相引牵连手而跳歌也。"这个"嬥"字很有意思，川渝方音"嬥"就是"跑"的意思，而"嬥歌"又与"跳歌"谐音。所以，不管"跑"也好，"跳"也好，都描摹出了巴人唱歌伴着舞蹈的生动情景。

其时的嬥歌不仅流行于巴地，在邻境的楚地也广为流传。《文选·宋玉对楚王问》就记载了这么一段楚人唱嬥歌的情景："客有歌于郢中者，其始曰'下里''巴人'，国中属而和者数千人。其为'阳阿''薤露'，国中属而和者数百人。其为'阳春''白雪'，国中属而和者，不过数十人。引商刻羽，杂以流徵，国中属而和者，不过数人而已。是其曲弥高，其和弥寡。"这段记载甚为生动有趣，由此可知，"下里巴人"和"阳春白雪"这两个妇孺皆知的成语就是由嬥歌的几个曲目演化而成的。

从先秦至汉魏六朝，嬥歌逐渐衍变为竹枝词民歌。竹枝词流传的年代亦称得上古老了，白居易的诗即有如是吟咏："幽咽新芦管，凄凉古竹枝。"早期竹枝词著名者有《巴东渔歌》《巫山高》等。《巴东渔歌》最初见于北魏郦道元《水经注·江水》，其文引用了这样两句："巴东三峡巫峡长，猿鸣三声泪沾裳。"北宋郭茂倩编著的《乐府诗集》，将《巴东渔歌》收入了《杂曲歌辞》这一大类别中。南齐范云的竹枝词《巫山高》则添加了一些文人趣味儿："巫山高不极，白日隐光辉。霭霭朝云去，溟溟暮雨归。崖悬兽无迹，林暗鸟疑飞。枕席竟谁荐，想望空依依。"

自唐代诗人刘禹锡始，竹枝词转化为一种文人诗体。刘禹锡任夔州刺史，在建平（今巫山县）耳闻目睹"巴儿联歌，吹短笛，击鼓以赴节，歌者扬袂睢舞"的场景，不由大为动容，于是效仿屈原《九歌》方式"作'竹枝'新词九章"，以"俾善歌者飏之"。当年刘禹锡新作，迄今仍挂于妇孺口舌之间。比如："杨柳青青江水平，闻郎江上唱歌声。东边日出西边雨，道是无晴还有晴。"又如："白帝城头春草生，白盐山下蜀江清。南人上来歌一曲，北人莫上动乡情。"和刘禹锡同时代的白居易、李涉以及其后的皇甫松、孙光宪等诗人，都曾写过许多的新作。唐代竹枝词是名副其实的流行音乐，杜甫在夔州时就曾著诗赞曰："万里巴渝曲，三年实饱闻。"

唐宋以降，巴渝舞、竹枝词的古老因子广泛地渗透到了各种巴渝民间表演艺术中，故民间唱词里多有"起于唐，兴于宋"的提法。《四川通志·舆地·风俗》如是记载了宋元时期的巴渝民俗活动："正月七日"，万州"乡市士女渡江南峨眉碛上作鸡子卜，击小鼓唱竹枝歌"。元明时期，各种民间艺术形式综合形成中国戏曲表演艺术，竹枝词也有幸列入了元北曲，成为其中的一个曲牌。重庆地区迄今流传的摆手舞、踢踏舞、羽人舞、盾牌舞，皆由古巴渝舞演变而成；其余如花鼓调、花灯调、莲花落、薅草锣鼓、川江号子、劳动号子、翻山铰子乃至川剧帮腔等，也都处处闪烁着巴渝舞、竹枝词的影子。

巴风渝韵 乡愁依依（下）

一

跟巴渝民间文艺一样，巴渝民间工艺的基因密码也潜藏在远古巴人的文化活动里。几处巴文化发祥地的出土文物就很能说明问题。

巴人最早的故土夷城在湖北长阳清江一带，清江北岸香炉石遗址出土的许多文物，实质上就是一些带有巴文化原初风格的手工艺制品。那些覆盖了夏商周三代的石器、陶器、铜器、骨器、甲骨、印章、贝币，制作都很精良。特别是陶器群体，包含了炊器、盛器、饮食器、捕鱼工具和纺织工具，装饰着粗细绳纹和方格纹，十分精美。出土文物中的鱼鳃卜骨尤其珍贵，还有两枚中国最早的陶质印章也格外引人注目。

四川省宣汉县罗家坝遗址涵盖了新石器晚期至两汉的墓葬，其出土文物同样精彩，金器流光溢彩，玉器图案奇异，青铜器光怪陆离，也称得上是手工制作中的珍品。男性墓葬品多兵器，女性墓葬品多饰品，有青铜剑、青铜矛、箭镞、陶器釜、罐、纺轮、串珠、玉管等。最抢眼的是一柄"柳叶剑"，这是巴人的标志性兵器；还有一柄铜矛也很出众，这种"长喙鸟"纹饰的铜矛，在国内还属于首次发现。

再来看看重庆市涪陵区的小田溪墓群。由这里出土的铜、玉、陶、石、骨、漆、木、金等各种材质的珍贵文物，也充分彰显了战国时代巴人的手工艺制作水平。墓葬品大部分为铜器，以兵器为主，也包括了礼器、乐器、车马器、生活用器等。除此之外，还发现了一部分异常罕见的器物。比如10号墓出土的一件"战国青铜鸟形尊"，集鱼嘴、鹰喙鼻、兽耳、凤冠、鸽身、鸭脚于一身，通体装饰着细密的羽纹，羽纹上还残留有孔雀石镶嵌，造型奇特。再比如15号墓的"左手握蛇身状的带钩"，20号墓的"贴金刻花剑鞘短剑"，制作也都十分精致，极具审美价值。

最后说说巴人手工制品的另一件杰作——虎钮錞于。"錞于"是一种古代的打击乐器，始作于春秋，盛行于战国至西汉前期。錞于的顶上一般都设计有一枚环形钮或者桥形钮，以方便用绳索悬挂在横梁上敲击，其钮有虎、马、龙等各种各样的形状。1989年夏，在万州甘宁乡红旗水库泄洪道的巨石缝中发现了一件錞于，其顶部的"虎钮"就像一只栩栩如生的老虎。这件虎钮錞于属于战国晚期的巴人作品，通高68厘米，重30千克，有"錞于王"之美誉，如今已被重庆三峡博物馆封为了"十大镇馆之宝"之一。

二

翻阅史籍文献你能分明感受到，民间工艺这玩意儿确实十分接地气。

在机器大工业时代之前的人类社会生活中，在千百年漫漫岁月里，民间手工艺制品与生产器物、生活器物往往是合二为一的东西，"艺术"与"技术"并无质的区别。所谓"艺术家"，也就是那些从事手工杂活儿的民间职业者，亦即木石泥瓦之类的匠人。诚如《包豪斯宣言》所云："艺术家和手工艺者之间并没有什么根本的区别。艺术家就是一个高级的手工艺者。"汉字"艺"的本义也是指的技能、技术。《庄子·天地》就说了："能有所艺者，技也。"《诗·鸨羽》里的"王事靡盬，不能艺稷黍"，指的是种植技能。《颜氏家训·勉学》里的"工巧则致精器用，伎艺则沉思法术"，指的是手工艺技能和表演技能。贾谊《新书·官人》里的"声乐技艺之人",指的是音乐技能。还有《周礼·保氏》所言周朝官学的"养国子以道,乃教之六艺",其礼(礼仪)、乐(音乐)、射(射箭)、御(驾车)、书(识字)、数(计算)之"六艺",同样是说的六种技能。

旧时民间有个"九佬十八匠"的说法,广泛流传于中国南方如湖北、湖南、江西、重庆、四川等一些省市地区,就很生动地反映出了民间工艺的民间性质。这个传说跟匠人祖师爷鲁班有关。相传鲁班八十寿辰时,有十八个徒弟前来祝寿,鲁班分别给每个徒弟传授了一门手艺,于是产生了十八个工匠行当,曰金、银、铜、铁、锡、石、木、雕、画、皮、弹、轧、篾、瓦、垒、鼓、伞、漆,十八个徒弟也被世人称为"十八匠"。谁知第二天余下的九个徒弟也从天南地北赶来了,鲁班又给他们传授了九门手艺,曰阉猪、杀猪、骟牛、打墙、打榨、剃头、补锅、修脚、吹鼓手,这九个人便成为"九佬"。当然,"九佬十八匠"也不过是个泛指数,实际的工匠行当远远不止这些,比如还有织布匠、染布匠、磨刀匠、铸造匠、窑匠、绒匠……不一而足。

民间手工艺的品种看似五花八门,却有着明显的共性。其他特征姑不论,单说"九佬十八匠"中的这个"佬"字就很有意思。所谓"佬",含有土俗、蔑视之义,比如川渝方言中就有乡巴佬、土巴佬、下江佬、和事佬、烧火佬之类的戏谑称谓,充溢着一股浓浓的民间气味儿。"匠"与"佬"异曲同工,这里就无须赘述了。

三

再回过头来看看巴渝本土的民间工艺。有许多巴渝民间手工艺技术历经千百年流传,迄今尚存于世,堪称历史文化遗产的瑰宝,不妨择其要做一点浮光掠影的了解。

先说说重庆漆艺,其历史极为悠久,早在商周时期即已源起,而重庆漆器为中国四大漆器之一。重庆漆器光润坚滑,色彩富丽,装饰纹样丰富,尤其以研磨彩绘、金银粉分光罩漆、彩色蛋壳镶嵌、夹纻胎、堆漆塑像等极富地方特色的工艺而著称于世。其珍品被中国美术馆、故宫博物院、北京人民大会堂、英国维多利亚博物馆等国家级单位收藏、陈列,也一直被当作赠送外国首相和国际友人的热门礼品。

再说荣昌夏布。夏布即苎麻布。其纺织原材料苎麻,乃中国古代重要的纤维作物之一，原产地就在中国西南地区。苎麻纤维史称"富贵丝"，外国人则将其称为"中国草""中国的三大物宝之一"。苎麻布的生产历史亦称古老，传说炎帝神农就已开始治麻为布了。荣昌夏布的生产历史也够久远，得要追溯至汉代。用苎麻丝织成的夏布，在中国古代当之无愧要归入高档衣料。据古籍记载，其"轻如蝉翼，薄如宣纸，平如水镜，细如罗绢"。古乐府《白苎辞》亦赞曰："质如轻云色如银，制以为袍余作巾。"由于荣昌夏布既具有夏日消暑的功能，又具有精致悦目的审美价值，故历代都被皇室列为贡布。经历岁月长河的冲刷消磨，夏布生产的传统手工技艺目前已仅存于江西、湖南、重庆、四川等少数地区。重庆地区的传承尤为突出一些。1998年，国家农业部给荣昌县盘龙镇先后授予了"中国夏布之乡""夏布加工基地"的称誉。

接着谈秀山龙凤花烛，这也是历史悠久的民俗工艺品。中国人婚礼"点花烛"的习俗由来已久，在旧时的观念中，"花烛夫妻"方才算正式夫妻。据史料记载，六朝时已有花烛生产，用于新婚仪式则始自南梁。唐代以降，拜堂成亲点花烛已蔚然成为一种社会风气。到明清时，花烛不再限于婚嫁，逐渐扩散成为祝寿、过年等活动的必需品。至于"龙凤花烛"，则应是源于华夏民族的图腾崇拜。秀山的土家族、苗族尤其擅制龙凤花烛。朱红底色的蜡柱上，龙盘柱昂首，吐须扬角；凤雍容华贵，展翅欲飞；再配以花朵等图案，喜庆、吉祥而煽情。

梁平竹帘也很著名。梁平竹帘旧称梁山竹帘，也称竹帘画。《辞海》解释曰："竹帘画，在细竹丝编织的帘子上加上画的工艺品。"据《梁平县志》记载：这种民俗工艺品"征诸宋史，则尝贡锦"。大意是说梁平竹帘曾经作为"贡锦"奉献给皇帝，可见其制作历史多半起自宋代以前，迄今也逾越千年了。《梁平县志》又云："竹，栩毛之属，必他处所无及。"则点出了制作的地域优势。梁平竹帘采用当地盛产的慈竹为原料，运用传统工艺，结合书画、刺绣、植绒等表现手法，制作出各种形式的挂帘、屏风、装饰画及实用工艺品，工艺精细，外观典雅，风格独特，具有浓郁的地方特点和民族风味。

巴渝民间工艺中还有一朵奇葩，叫作艺庐微刻。"艺庐"乃清代乾隆年间永川刘圣富创建的一个民间手工艺作坊。至道光年间，第八代传人刘代荣以"艺庐"作为名号深入钻研"微刻"技艺，形成了"艺庐微刻"的品牌。传说刘代荣能在衣袖里雕刻印章，时人称其为"神刻"。第十一代传人刘声道集微型雕刻技艺之大成，一生留下了许多出类拔萃的微刻作品。20世纪40年代，刘声道在米粒大小的象牙片上刻成了孙中山先生遗嘱全文；50年代，又在约三个火柴盒大小的面积上镌刻下一万八千余字，并组合出狮子滩水电站全景图；60年代，他的微刻技艺更上一层楼，借助科学仪器在头发丝上刻出了唐诗、宋词。

特别值得说一说的，是声誉播于海内外的铜梁龙灯。这是一项十分独特的巴渝民间艺术。单从彩扎"龙"和"灯"的角度看，它理应属于"民间工艺"的范畴；而将其视为以龙和灯为道具的舞蹈，视为集舞蹈、音乐、美术、手工艺品为一体的民间综合艺术，将其归入"民间文艺"似乎更妥帖一些。

铜梁龙灯兴起于明，鼎盛于清。古时每年新春，中国民间多有耍龙灯拜年的习俗，最初只是一种祈祷人寿年丰的宗教仪式，后来逐步演化成大众娱乐形式。清代《铜梁县志》就绘声绘色地记叙了一年一度的铜梁龙灯会："上元张灯火，自初八九至十五日，辉煌达旦，扮演龙灯狮灯及其他杂剧，喧阗街市，有月逐人、尘随马之观。"

尤为可贵的是，铜梁龙灯一直在因时而变，发展升华，而且延续至今仍然保持着一片繁荣的景象。

就"铜梁龙灯"的造型看，其经历了火龙、正龙、肉龙三个阶段。最后形成的肉龙，身长一般在二十四节左右，体形庞大，造型夸张；美工上集国画、素描、剪纸、刺绣等技巧为一体，并参考了戏剧脸谱的描绘手法，彩笔走脊、描箸；为便于舞龙操作，还引入机械原理，研制出了手摇、发条、电动等各种方式。特别是近几十年来，铜梁艺人进一步创新设计，将狮头、鹿角、虾腿、鳄鱼嘴、乌龟颈、蛇身、鱼鳞、鼍腹、鱼脊、虎掌、鹰爪、金鱼尾集于铜梁龙一身，并且将传统的闭口龙改为开口龙，龙口内还添加了龙舌与口宝，由是愈发体态丰腴、神威傲张，大有吞云吐雾、气夺天地之气概。

从"铜梁龙舞"的角度看，其包括了龙灯舞和彩灯舞两大系列。龙灯舞主要包括大蠕龙、火龙、稻草龙、笋壳龙、黄荆龙、板凳龙、正龙、小彩龙、竹梆龙、荷花龙等十个品种；彩灯舞主要包括鱼跃龙门、泥鳅吃汤圆、三条、十八学士、亮狮、开山虎、蚌壳精、犀牛望月、猪啃南瓜、高台龙狮舞、雁塔题名、南瓜棚等十二个品种。

铜梁龙舞曾两度进京参加国庆大典，铜梁舞龙队被中国龙狮协会冠名为"中国国家舞龙队"，铜梁龙具被国家体委指定为全国舞龙竞技比赛的标准道具。2006年5月20日，铜梁龙舞经国务院批准列入了第一批国家级非物质文化遗产名录，铜梁县则被国家文化部命名为"中国龙灯之乡"。

四

岁月流转，白云苍狗。进入现代社会以后，人们更加重视艺术的创意性而非技能性，"艺术"和"技术"逐渐有了相对的分野，"艺术家"和"工匠"也有了相对独立的分工。但是，就在大部分手工技能都被机械化、智能化所取代的条件下，却依旧顽强地保留下了一部分抗拒程式化操作的人工技能，也主要依靠这部分建立在"人工"创意基础上的"技能"，成就了今日的艺术。足见，技能仍然是当代艺术的本质特征之一。

古老的民间艺术的确并未离我们远去，不管民间工艺也好民间文艺也罢，迄今仍在现实生活中散发着鲜活的气息。就拿重庆地区来说吧，2000年3月，由重庆市文化局、重庆晚报等单位承头组织，通过群众投票和专家评议结合的方式，搞了个"巴渝十大民间艺术"的评选，评出了铜梁龙灯、酉阳摆手舞、秀山花灯、梁山灯戏、梁平年画、梁平竹帘、接龙吹打、木洞山歌、綦江农民版画、九龙楹联等十个项目，社会反响就很强烈。

以上列举的巴渝民间艺术项目，在历史上的发生时段或远或近，却无一不散发着巴渝大地的泥土芬芳。前面的文字已经做过诸多的解读，这里再略为补叙几例。

酉阳土家摆手舞，始于唐代，属于一种民间集体舞蹈。"大摆手舞"的人数动辄成千上万，"小摆手舞"的人数也不下数十百。舞蹈时必击大鼓，鸣大锣，气势雄浑壮阔，动人心魄，淋漓尽致地体现出古老巴民族一脉相承的粗犷豪放性格。

秀山花灯，起源于元代土著人的"跳团团"，其集歌、舞、乐为一体的综合艺术形式，也透露着古老巴渝舞、竹枝词的影响。秀山花灯还将多民族文化熔于一炉，格调抒情、优美而又古朴、诙谐，得到了汉、土、苗族人民的共同喜爱。

梁山灯戏，产生于明代，脱胎于民俗表演。它将乡村俚俗语言融入台词，采用民歌、薅秧歌的音律，花灯、车车灯的舞姿，民间杂耍的技巧，具有小、喜、闹的特点，实质上颇似一种表现巴渝民间风情的综合艺术。

綦江农民版画，发端于明清的木板年画，是一种先在木板上雕刻图画再拓印而成的纯手工之作。其创作将石刻、木雕、泥塑、剪纸、挑花刺绣、蜡染等古老民间工艺融入版画之中，使其充满生动、活泼、亮丽、质朴、稚拙、幽默等个性鲜明的特征，乡土气息十分浓郁。

所谓"十大""八大"之类的评选，自然还不足以覆盖整个的巴渝民间艺术。比方说在巴渝民间音乐中，有着"长江文化活化石"之称的川江号子，包括著名民歌《太阳出来喜洋洋》在内的石柱土家啰儿调，这二者也颇具代表性，它们都被国务院于2006年列入了第一批国家级非物质文化遗产名录。又比如大足石刻、丰都泥塑等成系列的巴渝民间工艺作品，也都是些惊世骇俗的杰作，稍后另文解读。

族群民俗文化（包括民间艺术）形成与传承有一个重要条件，就是地理隔绝。随着现代交通与信息的超强发展，不同的族群文化不断互动、碰撞、融合、创新，这种隔绝被打破，逐渐形成一种"你中有我，我中有你"的局面，故从一定角度上说，传统民间艺术正在淡出人们的视野。但是，"淡化"不等于"消失"，作为族群精神文化内核的重要表达方式之一，民间艺术依然还在顽强地叙述着自己似隐还存的故事。不管民族还是个人，都常常会追问自己"从哪里来""到哪里去"，其目的就是为了不忘记自己的根，并且需要寻找自己的根。我想，这就是我们解读民俗文化及民间艺术的意义吧。

门外观戏

一

小时候,我常常跟在四舅的屁股后头钻戏园子。我家四舅是那个时代一枚标准的"潮"青年,琴棋书画吹拉弹唱什么都喜欢摆弄一下,时不时还会窜去票票戏,混迹在重庆京剧团厉家班里同台演出。因为四舅偏爱京剧,所以我搭捎着看的京剧就比川剧要多一点儿。

母亲则对川剧感兴趣,她大约很在乎那股子乡土气味儿。想来也是,巴蜀的历史、文化、民俗、风情无疑是孕育川剧的一片沃土,而川剧则是巴蜀历史文化风土人情的一扇聚焦的窗口。

儿时看过一出川剧折子戏《秋江》,讲尼姑陈妙常思凡下山追情郎潘必正的故事,许多情节如今都记不清了,只隐约记得剧里满是些充满了川味儿的方言俏皮话。特别是陈姑和老艄公的一段问答,依旧留着栩栩如生的印象。艄公问陈姑多大了,陈姑答"十八岁"。艄公说:"我们是老庚。"陈姑不乐意:"我才不和你当老庚哩。"艄公又打趣:

"我把六十岁花甲丢到秋江里头去喂鱼，十八对十八，就打得老庚了。"陈姑急了，连说："打不得打不得。"老艄公乐了："打不得？那我们又走。哎呀，软皮浪来了！坐稳，莫动哈！"这出戏是由川剧名家周企何与陈书舫演的，不需一丝舞台背景渲染，单单一人一桨，就把巴蜀乡人的举止及秋天的江景、山景表现得惟妙惟肖。

儿时看戏的经历已经很遥远，我长大后却并未跟戏剧结缘，始终是一个门外汉——命运自有其路。说实话，本文想给大家谈谈川剧还是有些勉为其难，这毕竟涉及一个完整而独特的艺术门类，门外观戏总觉得有那么一点儿唐突，何况它跟今日社会的娱乐趣味也早已南辕北辙。不过有一弊也自有一利，从门外看进去影像虽难免稍欠清晰，但一个门外汉目光所敏感触及的玩意儿，或许又恰恰是事物最突出的特征。

二

川剧，是流行于川渝地区及云南、贵州部分地区的一个地方剧种，号称中国八大戏曲剧种之一。其形成于何时迄今尚无定论，这是一个需要继续探讨的学术问题。不过，透过巴蜀戏曲沿革这条线做一些角度不同的观察与思考，对于理解川剧的形成也不无裨益。

先简言几句中国戏曲的演绎脉络，给川剧这个"地方戏曲"提供一个有效的参照系，还是必要的。中国古典戏曲和古希腊悲喜剧、印度梵剧一起，并称为世界古典戏剧三大样式，并且是沿袭至今的唯一存活体。自原始时代巫舞、傩戏孕育戏曲元素始，历经夏商的宫廷"俳优"，汉代的"角抵百戏"、隋唐五代的"参军戏"、宋元的"南戏"、元代的"北曲杂剧"、明清的戏曲"传奇"，发展到清代的各地方戏曲剧种，中国戏曲历史悠久。此发展过程中几个重要的时期也需要特别提点一下：一是隋唐五代出现参军戏、歌舞戏，标志着中国古典戏曲已基本形成；二是元杂剧使戏曲发展达到第一个鼎盛期；三是明清传奇是又一次戏曲高潮；四是清中叶地方戏曲剧种纷纭涌起，则是第三次发展高潮。

巴蜀戏曲的历史同样悠久，其渊源也可一直追溯到商周时期。《华阳国志·巴志》即有如是记载：巴人与殷人交战，头戴青铜面具，"前歌后舞"。这种巴渝战舞，其实就是原始傩舞的一种；而"傩舞"演绎下去，也就变成了后来的"傩戏"。傩戏即巴蜀戏剧之原根。

汉代角抵百戏兴起以后，巴蜀地区的百戏也十分昌盛，其中还特别融入了傩戏的元素。在四川出土的汉代画像砖上，就有许多百戏表演的生动描摹，不仅有驱傩的场景，还出现了众多的"绝技"，如顶竿、高絙（走索）、吞刀、履火、鱼龙曼延（变幻）等。尤其是变脸、飞刀、吐火、倒立之类技巧，在现代川剧表演中都还一直保留着。

隋唐五代是中国古典戏曲正式形成的时期，巴蜀戏曲显得尤为活跃，已处于引领全国新潮流的位置，被时人誉为"蜀戏冠天下"。就连杜甫老夫子也为之惊叹："锦城丝管日纷纷，半入江风半入云。"此时之蜀戏，不但"生旦净丑诸色当已具备"，并且还集中涌现出了一批著名剧目，如讽刺剧《刘辟责买》、猴戏《侯侍中来》、歌舞戏《灌口神队》等。这一时期巴蜀还出现了许多个中国戏曲史上的"第一"，如中国第一个戏班子、第一次杂剧记载等。后蜀主王衍自创《蓬莱采莲舞》，则是第一次进行山水实景表演；而该舞以"水纹地衣"模拟波浪形态，则是中国戏曲第一次使用机械布景。

仅就旧时川戏班奉祀的两位"祖师爷"而言，也可以窥见川剧与唐五代巴蜀戏曲传承关系之一斑。从前川戏演员上场，都必须向悬挂在戏台入场口的两张画像躬身膜拜：白面黑三绺须龙袍者，就是自诩"梨园之首"的唐明皇李隆基；白面无须龙袍者，则为"因戏亡国"的后唐庄宗李存勖。

至宋代，巴蜀的川杂剧盛况空前。北宋苏轼的《蚕市》一诗云："酒肴戏属坊市满，鼓苗繁乱倡优狞。"南宋大觉禅师的《杂剧诗》亦有描述："戏出一棚川杂剧，神头鬼面几多般。"这个"神头鬼面几多般"透露出了很特殊的信息，说明川杂剧很可能尚存有原始傩戏的痕迹。此诗句中的"棚"，还透露出宋时的巴蜀地区已经出现了固定的"草棚戏台"。

元明两代巴蜀戏曲的发展相对落后，乏善可陈。主要原因是宋末元初至明末清初的400年间两度遭受兵燹战乱，社会剧烈的动荡使得封闭的四川盆地人口锐减，经济衰退，文化萧条。康熙初张德地入川赴巡抚任时，曾历经广元、顺庆（今南充）、重庆，一路所见之凄惨境况就很能说明问题："川省境内行数十里……居民不过数十人，穷赤数人而已……舟行数日,寂无人声,仅存空山远麓……"在这种情况下,巴蜀戏曲历史出现了某种程度的断裂,实不足为怪。

巴蜀戏曲的再度繁荣,是伴随着明末清初的移民填川运动开始的。社会逐步稳定,人口日益稠密,文化重新活跃,是巴蜀戏曲复苏的外部保障;而清代康熙晚期各种地方戏曲剧种蓬勃兴起,则为其提供了重新兴盛的行业基础。

如上考察,川剧的诞生或许就跟清初至清中叶的移民运动有关,并且跟这一时期的另一个戏曲文化现象有关。从乾隆至道光的150多年间,发生了中国戏曲历史上著名的"花雅之争"。"雅"指"雅部",即原来明清传奇中的"昆曲";"花"指"花部",就是昆曲以外各种新形成的地方戏曲。所谓"花"者,乃取地方戏曲"花杂"之义,故有时也称之为"乱弹"。由于花部(地方戏)的结构形式更紧凑,音乐变化更灵活,故事内容更贴近民众,故而大受底层老百姓欢迎,逐渐替代了从前的昆曲。1956年全国做第一次戏曲剧目统计,统计出传统戏曲剧目51867个,其中属于清代地方戏的剧目就有上万个,可见清代花部之繁盛。若据此推测,川剧于雍乾年间随地方戏兴起而兴,可能性是极大的。

史籍文献对此亦不乏记载。如清嘉庆年间晋岩樵叟的《成都竹枝词》即这样写道:"弋阳腔调杂钲鼓,及至天明已散场。"乾隆年间六对山人杨燮的竹枝词亦曾描述云:"见说高腔有苟莲,万头攒看万家传,生夸跂四旦双彩,可惜斯文张士贤。"杨燮还言及一个现象,每逢川戏艺人苟莲官进省城演出,"则挤墙踏壁,观者如云"。雍乾以降,四川境内的戏曲演出场地也变得极为广泛。据《中国戏曲志·四川版》记载:"清中叶,建造戏台风气盛极一时。""泸州所熟悉台总数在567个以上。"其时从城市到农村,从平原到山区,凡人群聚居地都在竞相兴修戏台。若遇到寺庙、会馆举办酬神赛事活动,川戏也会借机上台去演他一把,这也应该是其时川剧兴起的一个旁证。

只不过,川剧的名称在历史上是发生过变化的,清代都称"川戏",直到民国元年创建"三庆会"时才改叫了"川剧"。

三

粗略了解了巴蜀戏曲的演绎脉络,并对

川剧形成时段做了一定推测以后，可以简单归结这样几点认识：

其一，探讨川剧形成必须首先确立一个论述立足点。川剧演化成形，应是一个渐变的过程而非突变的过程。

其二，还应确立一个基本认识。不论纵向对巴蜀戏曲历史做考察，还是横向对川剧要素进行分析，川剧的形成都包含两个元素：一为移民文化的影响，二为传统戏曲的渗透。其形成虽深受移民运动的影响，但绝非纯粹的外省舶来品，而是有着本土的根，并且这个根还扎得挺深。

其三，川剧形成的时间。目前学界主要有三种说法：一曰明代，一曰雍乾年间，一曰清末民初。根据上文的述析，似乎透露出了川剧形成的某些蛛丝马迹：明代形成川剧的可能性应较小，因为那时形成一个崭新剧种的条件尚不够成熟；而清末民初时，川剧的发展又太"成熟"了，早已不存在所谓"形成"的问题了；故川剧很可能是于雍乾年间随"花部"兴起而形成的。

其四，川剧最初的形成情况。明末清初之际，各种地方戏曲蓬勃涌起，贵族化的昆曲日渐式微。但昆曲毕竟号称"百戏之祖"，于是，许多地方剧种如晋剧、蒲剧、湘剧、赣剧、桂剧、越剧、闽剧等，都或多或少沿袭着它的影响。就连国剧京剧也同样受到了昆曲的滋养。京剧的前身为地方戏徽剧，也是综合融汇了昆曲、汉调、秦腔才最终形成的。四川境内的情况亦同此理，最初流行着五种单独的声腔艺术，即外省流入的昆曲、高腔、胡琴、弹戏和本土的民间灯调，自雍乾年间"五腔"开始相互交汇、交融，逐渐形成一种具有共同风格的地方剧种——川剧。

四

接下来换个角度，再从内部对川剧做一番观照。概言之，川剧是一种具有独特美学思想、予人独特文化体验的地方传统戏剧。

按照业界的习惯，通常将川剧艺术概括为"五种声腔""四条河道"。五种声腔，指昆曲、高腔、胡琴、弹戏、灯调。四条河道，说的是四种艺术流派：以成都为中心演唱胡琴为主的"川西派"，以自贡为中心演唱高腔为主的"资阳河派"，以南充、保宁为中心演唱弹戏、灯戏为主的"川北河派"，以重庆为中心混合演唱高、昆、胡、弹、灯的"五腔共和派"。

川剧形成这300余年间，累积下了繁多的剧目，素有"唐三千，宋八百，数不完的三列国"之说。其中高腔剧目尤为丰富，谓之"五袍"（《青袍记》《黄袍记》《白袍记》《红袍记》《绿袍记》）、"四柱"（《碰天柱》《水晶柱》《炮烙柱》《五行柱》）、"四大本头"（《琵琶记》《金印记》《红梅记》《投笔记》）以及"江湖十八本"，也涌现出了众多的川剧表演名家。史料中常常列举的川剧开山祖师，就有号称"蜀伶之冠"的须生萧遐廷，号称"戏状元"的丑角岳春，号称"文行泰斗"的旦角黄金凤，号称"花脸王"的花脸罗开堂，号称"圣人"的小生康子林等。此外，还产生了不少的优秀剧作家，如李调元、黄吉安、赵尧生、赵熙等。

有戏曲专家评点川剧的艺术特征，谓其有"三气六特性"。三气，指"人气、仙气、猴气"。六特性，则涵盖了剧目的丰富性、剧本的文学性、表演的精湛性、声腔的多样性、锣鼓的独创性、特技的人物性。老百姓口中的川剧则更为接地气一些，谓之曰"三分唱，七分打，半台锣鼓半台戏"——他们更强调川剧生动活泼、幽默风趣以及热闹非凡的氛围。

对于川剧的艺术特征和地域文化特征，当然还有别的解读。吕岱先生在其《且听川剧韵悠长》一文中，就挑选出六个川渝方言字来进行了一番别开生面的概括与解析，这六个字曰"盐、绕、憨、诡、特、跩"。你还别说，若对照着川剧的剧本文辞、唱腔音乐、程式功法、行当类型、服饰道具、绝技绝活，细细咀嚼这些蕴含丰富的方言字，还真是韵味悠长。下面就从川剧的文辞、唱腔、表演等几个方面来品味品味。

五

许多老戏迷都喜欢谈论川剧的文辞，其文辞确实饶有趣味。

但凡地方戏自然都具有地域语言色彩，一唱"刘大哥讲话理太偏"，你就会想到豫剧；一唱"天上掉下个林妹妹"，你就会想到越剧；一唱"树上的鸟儿成双对"，你就会想到黄梅戏。而在这一点上川剧的个性似乎尤为突出一些，谁要开口唱"一张马脸三尺长，白麻子脸上起凼凼，几根癞毛快掉光，噗鼾扯得比雷响"（《射雕记》），你就算不知道剧名，也定然听得出来这是在唱川剧。这里显然体现出了川剧文辞的一大特色"俗"——喜欢说笑打趣,还要捎带上一点儿粗野味——这是川渝人从小习染的语言习惯。

但是,若就此认为川剧文辞只有"俗"而无"雅",从而嘲讽其"士大夫见了羞,村浊人看了喜",那又是天大的误会。你且听听《情探》中王魁的这一段唱词:"更澜静,夜色哀,月明如水浸楼台。梨花落,杏花开,梦绕长安十二街……纸儿、笔儿、墨儿、砚儿,件件般般都似君郎在,泪洒空斋,只落得望穿秋水不见一书来。"这可雅致极了。

平心而论,川剧文辞的"芝兰之芳"是远多于"鲍鱼之腥"的,像《情探》这样的雅致唱词川剧里可谓俯拾皆是。不过更重要的还在于,这种"高大上"与"接地气"一旦巧妙融为了一体,便形成了中国戏曲中一种独特的文辞美。

六

川剧的唱腔堪称别具一格。川剧唱腔涵盖了中国所有戏曲音乐的样式,号称具有"五腔共和"的形态,这在中国剧种中是十分罕见的。

你仅观察一下五腔中昆曲的演变情况,就可以体味到川剧文化的这种融合态势。明清之际,一些江浙戏班子随着"湖广填四川"的大潮涌入川渝地界,面对着一个全新的环境和人群,迫于生计,他们不得不抛弃原来的吴语改用四川话演唱,同时又自觉不自觉地将一些本土音乐元素杂糅进来,由是便形成了一种颇为另类的"川味昆曲"。

川剧中的高腔尤其值得重点谈一谈。高腔是川剧唱腔的主要形式,据统计,川剧共有几千个大小剧目,超过百分之六十的剧目是用高腔来演绎的。高腔极富个性魅力,有人将其风格概括为"帮、打、唱"三个字。

所谓"帮",就是"帮腔"。即除了独唱,还有领唱、合唱、伴唱、重唱等多种演唱方式。帮腔最初都是由男声担任,鼓师领腔,其他乐工帮腔,直到 20 世纪 50 年代才出现了女声帮腔。帮腔的舞台作用很多,可以辅助叙事、描述景物、烘托氛围乃至反馈观众的即时心态等。比如,两个丑角在舞台上抓扯争吵:"你混蛋!""你才混蛋!"台边的帮腔演员便会不失时机地高声唱道:"你两个都混蛋咯!"这简直是把观众的心中所想都唱出来了,其方式则实在是别致至极。川剧帮腔很容易让人联想到春秋战国时巴人的嬥歌和唐代的竹枝词,这种"一唱众和"的徒歌形式，或者体现着巴蜀戏曲某种潜移默化的传承关系？

所谓"打"，指"打击乐"。川剧的打击乐器品种甚多，常用的小鼓、堂鼓、大锣、大钹、小锣（兼铰子）俗称"五方"。小鼓充当指挥。"坐桶了"的鼓师通过鼓签子"发眼"，敲打二鼓，发出锣鼓点子，指挥"下手"演奏者击打大锣、大钵、堂鼓、小锣、马锣的不同部位，由此打出刚柔、轻重、缓急、长短等各个不同的音响。配合着演员的唱、念、做、打，川戏锣鼓"打人物""打剧情"，所谓"行有声，坐有音"，有如红线穿珠一般，将各色表演融洽地统一于一种特定的舞台节奏之中。川渝民间向来有"半台锣鼓半台戏"的说法，此说虽有些夸张，却也抓准了锣鼓在川剧中的特殊地位。全国戏曲剧种有300余个，不看表演不听唱腔、念白，仅凭锣鼓声即能辨别是何剧种者，恐怕也只有川剧锣鼓了。我偶尔忆及幼时的川剧，脑海里首先浮现的也一定是"哐啾喽啾哐"的锣鼓声……

所谓"唱"，指"唱腔"。高腔的音乐意味隽永，引人入胜。据说对高腔演员的嗓音条件要求极高，不仅要能一般地演唱低中高音，有时甚至要唱得比帕瓦罗蒂的音区都高。

灯调也有必要说几句，因为它是川剧五种声腔中唯一的本土音乐。有说灯调源于川北（今南充一带）民歌小曲，也有说是源于梁山灯戏（梁平灯戏）的。灯调旋律短小、明快、活泼，尤喜运用方言土语，诙谐灵动，颇富乡土气息。川剧中不少"接地气"的剧目如《裁衣》《闹窑》《滚灯》等，就都是用灯调来演绎的。透过灯调，似乎也能窥见川渝本土的戏曲传承。

七

川剧表演的独特艺术魅力，就更被世人广为称道了。

川剧的角色行当分为"小生、旦角、花脸、须生、丑角"五种基本类型，跟其他剧种的"生、旦、净、末、丑"相比，除叫法略有不同外并无质的区别。程式功法亦相似，四功曰"唱、念、做、打"，五法曰"口法、手法、眼法、身法、步法"云云。但是，川剧表演却自有其独到的特色。其中最突出的是"三小"（小生、小旦、小丑）的舞台表现，如行云流水，美妙动人。

比如小生的表现形态就十分丰富。川剧名家蓝光临先生将小生划分为六大类型：风流潇洒型、斯文儒雅型、瓜嗲媚秀型、穷酸落魄型、气派官生型、贩夫走卒型。小生最著名的功法是褶子功和扇子功。"褶子"是一种戏装长便服，在制作上有一些特殊的讲究，比如开衩高、质地轻薄等，那是为了让演员们在做踢、顶、蹬、勾、掺、拈、理、撒、衔、端等独特技巧表演时更方便。扇子功也十分了得，其功法有三十余种，如恭敬挽开扇、看物凤尾扇、心悦指转扇、窃听假顾扇等。小旦的表演也极讨观众喜爱。因为川剧聊斋戏多，就特别形成了一种表演形态曰"鬼狐旦"，更是十分抢眼。

跟小生、小旦比起来，小丑的表演尤负盛名，说它在川剧中占有举足轻重的地位似乎也不为过。

川剧丑角给观众的第一印象就是特别多，过去梨园流行一句行话，叫作"无丑不成戏"。演什么戏都有小丑在穿来晃去的，饰演的对象也五花八门，不管其属于哪行哪业，也不管男女老少还是好人坏人。这大约跟川渝人俏皮逗趣的性格有关吧？小丑特别有观众缘，也就成了票房的保证，所以地位也高。有老戏迷回忆，每次演出都得待丑角到了后台，其他角色才能打开衣箱；又要等丑角化装完毕，大家才能接着装扮。

由于川剧里的丑角多而杂，其类别划分也十分繁杂。我以为赵又愚先生的分类法最为简洁独到，不妨提供给大家参考。赵先生认为："川剧丑行按袍带丑、褶子丑、襟襟丑、丑旦的分法，是比较相宜的。"具体指的是：袍带丑为帝王将相、公卿大夫，褶子丑为纨绔子弟、膏粱商贾，襟襟丑为差役、乞丐、市井无赖，丑旦则为鸨儿、媒婆、店妈等中老年妇女。

至于川剧丑角的表演特征，我以为可以概括为这么三点：喜剧品格、批判精神、平民趣味。而这些，又恰好是川剧表演的一些基本特征。

川剧的本质属性是喜剧，而川剧丑角夸张的扮相、滑稽的语言以及搞笑的动作，则集中地体现着这种喜剧元素。小丑在舞台上往往只需三言两语或者几个逗笑动作，即可将观众带入一种浓浓的喜剧氛围中。比如《做文章》里宦门公子徐子元的自白："你把我倒吊起，吊在那黄葛树的尖尖上，三天三夜，也吊不出一滴墨水来！"又如《迎贤店》里店婆奚落穷秀才："人没得钱声气都不好听，干吱吱的一点油气都没得。"

川剧小丑的表演，在令人捧腹之余，也流露出川渝民众的一种朴素的民主意识和批判精神。在中国传统戏曲里，川剧的这一现象显得最为突出。川丑饰演的角色可谓不拘一格，不仅可扮高官显贵，就连皇帝老儿也尽可纳入其中。比如《反冀州》中的殷纣王、《烽火台》中的周幽王、《问病逼宫》中的二皇子杨广、《花子骂相》中的范丞相等，就都是些川剧舞台上出了名的丑角形象。

川剧丑角还十分接地气，充满了平民趣味。小丑们很喜欢即兴发挥，以引发现场观众的互动，行话谓之"现挂"。这个"现挂"其实有点类似于今日之"脱口秀"。记得年轻时在茄子溪看过一场"坝坝川戏"——《乔老爷上轿》。那位小丑演员居然随心应景地念白道："乔老爷只要有酥饼吃，你就是把我抬到茄子溪，那都没得关系。"顿时引得满场欢笑，喜剧效果极佳。

川剧在表演过程中还衍生出了许多的"绝活"，如变脸、吐火、藏刀、变胡子、踢慧眼、踩高跷及打叉等，也为川剧平添了一抹异彩。

川剧表演中的各种功法、技巧虽不免有些噱头的成分，但总体而言，绝非单纯地技巧卖弄，而是融汇在推动情节发展、勾描内心情感、塑造人物性格的戏剧演绎之中。老辈川剧艺人有句常挂于口头的自励语："戏无理不服人，戏无情不动人，戏无技不惊人。"这是对川剧表演的精辟概括。

八

俗话说："人生如戏，戏如人生。"中国人对此应该体会尤深。在中华传统文化中，戏曲是一个独特而富于魅力的元素，也是个不可或缺的重要元素。千百年来，戏曲深远地影响着中国人的观念，特别是中古以后形成了对中国社会生活的全面覆盖，更是生动形象地反映着中国农耕时代社会文化的基本精神。

而对于生活在重庆、四川的中国人来说，巴蜀传统戏曲则具有另一种不可替代的历史文化意义。尤其是最具代表性的川剧这一艺术样式，不仅可以借之认知普遍的中华传统文化，而且更能借之认知巴蜀的文化、艺术、历史、民俗。它不仅生动地体现着中国戏曲虚实相生、以形写意的美学特色，而且还生动地体现着充满了独特地域味道的巴蜀艺术魅力。

岁月在流逝，生活在更新，热闹的川剧已经淡出了昔日的茶馆戏台，淡出了街头巷尾的嘴角耳畔，对于我们这代人而言多少有些遗憾。但是，在川渝地区的历史文化传承里，却一定会给川剧留一个永远的记忆空间。

插件 游江画重庆

◎ 重庆的女人

女人如猫宅家好（国画）

重庆是一个多雨的城市，经常会不停歇地下几天，而困在家里的人容易风雨卷旧春（国画）

这世上总有一只猫把你盯到（国画）

不能熬过半夜的风（国画）

仍不忘抬头看（国画）

春天又重来，暖风撩人怀（国画）

鸟鸣窗外树，花落枕边人（国画）

忽见千帆隐映来（国画）

除了夏天，我还能在哪里等待（国画）

四野绿荫迎夏至（国画）

三月的消息，春风小裤衩（国画）

主编简介

任竞，男，现任重庆图书馆馆长，重庆市图书馆学会理事长，文学学士、中共党史专业研究生，研究馆员，"文化部优秀专家"，重庆市宣传文化"五个一批"人才，首批"重庆英才·名师名家"。此外还担任重庆市古籍保护中心主任、重庆市政协文化文史及学习委员会副主任、重庆市科委软科学项目专家评审委员会委员、重庆市社会科学界联合会第三届委员会委员。

作者简介

邹克纯，1949年生于重庆。自1977年始发表文学作品，共计发表小说、散文、随笔、诗歌、回忆录、报告文学、文学论文等数百万字。主要作品有长篇小说《弯曲的光阴》、随笔集《巴风渝韵话古今》等。报告文学《金戈铁马行》被收入"中国大三线报告文学丛书"第一卷《中国圣火》，该丛书被评为四川省1993年优秀图书；与邓鹏先生（主编）等人合编之大型知青回忆录《无声的群落》，被《中华读书报》评为"2006百佳图书"。

游江，重庆漫画家、专栏作家，磁器口古镇重庆生活体验者。他继承家学，醉心艺术，并取得丰硕成果。他曾为重庆市渝中区创作"渝中旅游"等明信片，为重庆公交一卡通创作"重庆言子""重庆景点"等公交卡旅游纪念版并公开发行，连续六年为《中国图书评论》漫画创作封面。受聘为重庆华龙网《鸣家》专栏作家、《重庆日报》上游网帮帮频道特约艺术专家。

游江曾在重庆图书馆、曾家岩书院等地多次举办艺术与本土研究讲座。成功举办个人画展，被国内几十家媒体报道，其作品被英国、丹麦等国驻重庆领事馆收藏。